Josep
Francis JORDANE

BASKET
150 situations d'entraînement

@mphora sports
14, rue de l'Odéon – 75006 PARIS

À Touassem

Photo de couverture : Presse-Sport

Conception et Réalisation
Couverture et Intérieur : **Amphora**

ISBN 2-85 180-506-1

Sommaire

Avertissement

Jusqu'à ce jour, de très nombreux ouvrages ont été consacrés à la technique du joueur et très rares sont ceux qui abordent les problématiques issues des techniques de gestion d'une situation d'entraînement spécifiques à l'entraîneur de Basket-ball.

Il nous est apparu donc essentiel d'aborder ce sujet, d'autant plus que les recherches actuelles issues des Sciences de l'Éducation permettent de mieux analyser et de mieux comprendre le comportement de l'entraîneur confronté à une stratégie d'enseignement.

Nous espérons éclairer, par le biais de cet ouvrage, la lanterne de bon nombre d'entraîneurs, favoriser leurs réflexions théoriques sur leurs pratiques vécues et à vivre, faciliter l'élaboration de stratégies d'entraînement, faciliter la conception d'outils pédagogiques, et enfin, les amener à une remise en cause permanente et formatrice.

Ces objectifs, bien qu'ambitieux, correspondent certes à un besoin réel auquel nous ne prétendons point apporter des solutions définitives, mais bien quelques éclairages théoriques appuyés de quelques pistes méthodologiques et de nombreuses fiches pratiques.

Lors de la réalisation des grilles d'évaluation et des référentiels d'exécution, nous avons identifié les indicateurs qui correspondaient à nos exigences techniques ou à notre philosophie de jeu. Le lecteur prendra note de ce choix et n'y verra pas une prescription absolue. Selon le niveau de ses joueurs, il pourra les élargir ou les rendre plus contraignantes.

Aussi, avons-nous conçu ce livre comme un manuel formant un tout et pouvant se prêter aussi bien à une lecture linéaire que fractionnée par thèmes.

Préface

L'ambition des auteurs, au travers de cet ouvrage, est sûrement de faire partager un Basketball qu'ils ont laborieusement observé, analysé, construit et enfin pratiqué. En associant la rigueur du haut niveau par le biais de Francis Jordane à la connaissance des problèmes de masse mis à nu par Josep Martin, ce livre ficelle la problématique des besoins en savoirs et savoirs faire des entraîneurs.

Ce recueil, véritable outil de travail quotidien de l'entraîneur, fait entrer Josep Martin et Francis Jordane au club privilégié des auteurs qui auront laissé une empreinte indéniable sur le Basket Français.

Le grand mérite des auteurs sera de faire prendre conscience, à quiconque veut s'en donner la peine, qu'il est toujours possible de transmettre sa « foi » dans le Basketball et de faire connaître aux autres les moyens d'y « communier ».

Il est incontestable qu'après avoir fondé l'ALREB (Association d'Entraîneurs) dont la qualité et la notoriété des articles a largement dépassé le sud de la France, Josep Martin se devait d'œuvrer encore plus intensément pour un sport qui se veut être celui de l'an 2000. C'est aux côtés de Francis Jordane qu'il a décidé de mener ce combat et les fruits de cette collaboration sont considérables.

Ayant eu le plaisir de travailler avec les auteurs, je ne formulerai qu'un souhait : c'est que Josep Martin, tout comme Francis Jordane l'a fait, revienne vite dans sa région qui a un grand besoin de ses connaissances et de ses compétences pour se développer encore davantage.

Jeff DUBREUIL
Conseiller Technique
Languedoc-Roussillon

Introduction

L'objet de cet ouvrage est centré sur les activités de l'entraîneur qui ont trait aux situations d'entraînement. Ce n'est surtout pas un ouvrage destiné à émettre des hypothèses sur l'exécution motrice des fondamentaux, ni un livre concernant le perfectionnement des joueurs. En revanche, nous nous proposons d'identifier tout ce qu'il y a de commun, et en même temps d'indispensable, dans les situations d'entraînement auxquelles l'entraîneur doit faire face. Cette analyse s'insère dans une logique de continuité et vise par conséquent aussi bien les étapes de *pré-entraînement* (évaluation, conception), d'*entraînement* (mise en place, interventions, régulation) et de *post-entraînement* (bilan, évaluation).

Notre synthèse englobe également l'entraînement sous toutes ses dimensions temporelles : à *long terme* (projet club et programmation), à *moyen terme* (planification de la saison, cycles et séquences de formation) et à *court terme* (séances d'entraînement et exercices). Le lecteur aura l'occasion de se familiariser avec ses termes au fur et à mesure qu'il découvrira les différents chapitres qui composent l'ouvrage.

Nous abordons, de prime abord, les intérêts de l'approche projéviale - seul garant d'une continuité et de la poursuite d'un but commun -, de la programmation et de la planification. Ce chapitre passe en revue la *didactique* de l'enseignement du Basketball.

Dans un deuxième temps, nous mettons en relief les compétences sollicitées chez l'entraîneur par les situations d'entraînement dont il a la gestion. Ce chapitre met en avant les aspects *pédagogiques* de l'enseignement du Basketball.

Nous terminons par la mise en œuvre de fiches relatives aux différentes situations d'entraînement. Tous les thèmes de travail y sont abordés. L'originalité de la fiche, de ses supports graphiques et de ses informations pédagogiques fait d'elle un outil précieux et apprécié des entraîneurs.

Signes conventionnels

Déplacement de la balle

Déplacement d'un joueur

Ballon roulé au sol

Changement de direction

Tir en course

Tir en suspension

Rotation des joueurs

Déplacement d'un joueur avec ballon

Écran et rouler (pick and roll)

Pose d'écran

1 2 3 4... A B C Joueurs attaquants sans ballon

Joueurs défenseurs

Plots

1 2 3	Joueurs attaquants avec ballon
X	Joueur
E	Entraîneur
P	Passeur
R	Rebondeur

Approche projéviale, programmation et planification

« Quand les parents ont un projet,
les enfants ont un destin ».

Jean-Paul SARTRE

Approche projéviale

Le Basketball Français rassemble une multitude de personnes, de nationalités, de groupes sociaux, dont le seul point commun est leur moyen d'expression : la pratique du Basket. Les uns sont là pour satisfaire leurs besoins associatifs, les autres s'efforcent de devenir professionnels, il y a encore ceux qui tentent de dégager le stress cumulé durant la journée de travail, etc. Face à cette diversité de public, face aux contraintes purement sportives, l'équipe dirigeante, conjointement avec l'équipe technique, bâtit un *Projet Club* dont l'objectif est de clarifier le but poursuivi par le groupement et de réfléchir aux moyens nécessaires pour l'atteindre.

Initialiser une démarche de projet revient d'abord à s'interroger collectivement sur les finalités et le sens de l'action du club. C'est tenter d'avoir une idée claire de la ligne directrice à suivre. Ainsi, les différents acteurs du groupe œuvreront dans le même sens. De plus, la réalisation d'un projet est étroitement liée à la motivation, à l'adhésion, à l'enthousiasme et au degré de mobilisation que peut générer son enracinement dans l'histoire du club, dans son identité et son style naturel. Il y a des clubs qui sont naturellement formateurs et d'autres qui ne le seront jamais. C'est pourquoi, le projet doit s'ajuster à la réalité particulière du club et ne pas prétendre forcément que la qualité d'un club se mesure au classement de l'équipe fanion. Combien de clubs n'ayant pas les moyens financiers d'engager leur équipe en championnat professionnel fournissent la matière première à bien d'autres clubs? Ils sont certainement plus nombreux qu'on ne le croit, et ils constituent sans doute la plate-forme sur laquelle repose la pyramide de la réussite du Basket Français. Chaque club doit avoir une vocation et nul ne peut prétendre les hiérarchiser.

Une fois compris qu'il n'y a pas plus de mérite à être club Pro qu'à être club formateur et une fois choisie la direction qui guidera tout le travail du club, il reste à concevoir les différents scénarios pouvant subvenir durant la réalisation des différentes étapes du projet afin de ne pas être pris au dépourvu, de mieux mobiliser les ressources humaines et financières indispensables à la concrétisation du Projet.

De plus, dans la mesure où le fonctionnement démocratique de nos clubs assure un certain recyclage des équipes dirigeantes, le projet apparaît comme un atout majeur car il est le trait d'union entre les uns et les autres.

Clarifions, tout d'abord, ce que représente à nos yeux le concept de *Programmation* qui le rend différent de celui de *Planification*.

Programmer les contenus d'entraînement correspond à déterminer, dans un premier temps, les aspects du jeu que nous allons aborder dans chaque catégorie, dans chaque groupe s'il s'agit de groupes de niveaux. À cette liste thématique suivra, dans un deuxième temps, une série d'objectifs d'acquisitions adaptés aux possibilités de chaque groupe de travail. Ceci permettra d'assurer la continuité entre les différents niveaux et les différentes catégories dans la mesure où les entraîneurs auront conscience des pré-acquis que possèdent leurs joueurs ainsi que les acquis qu'ils visent à atteindre.

Les grilles ci-dessous, vous proposent un listing de contenus d'apprentissage répartis par catégories d'âge et selon trois degrés de priorités (*Peu prioritaire*, *Moyennement prioritaire* et *Très prioritaire*).

- *Contenus de formation par catégories illustration* 1, (*page* 15).

- *Objectifs relevés pour l'apprentissage et le perfectionnement du tir en course* (*page* 20).

Il va sans dire que les contenus portant la mention *Très prioritaire* bénéficieront d'un volume de travail plus important que ceux portant les mentions *Moyennement prioritaire* ou *Peu prioritaire*. L'illustration 2 reprend une check-list relative à l'acquisition technique du tur en course. Or, afin de rester cohérent et de ne pas s'éterniser dans certains domaines, il convient de se donner des points de repères* et d'évaluer s'il y a progrès ou pas, acquisition des objectifs ou non. L'illustration 3 vous donne un exemple d'outil pratique permettant d'évaluer l'exécution des tirs par rapport à un référentiel. Cette même grille peut servir comme outil de mesure des progrès lorsqu'elle est exploitée à plusieurs reprises. Voir l'illustration 4. La grille suivante (illustration 5) montre que le référentiel doit correspondre à la philosophie de jeu que l'on préconise. Si l'on prêche pour des attitudes de priorité au ballon en défense, cela doit se refléter dans les référentiels d'observation/évaluation.

---

* Ce sont les référentiels d'exécution, partiels ou terminaux, qui tiennent compte de l'objectif poursuivi et du niveau d'expertise des pratiquants, c'est le recensement des comportements observables que doit identifier l'entraîneur afin de juger atteint ou pas l'objectif. Les mêmes référentiels peuvent servir comme grilles d'évaluation.

Contenus d'entraînement (illustration 1)

Tp : très prioritaire *Mp : moyennement prioritaire* *Pp : peu prioritaire*

CONTENUS OFFENSIFS INDIVIDUELS	POUSSINS			BENJAMINS			MINIMES			CADETS		
	Tp	Mp	Pp	Tp	Mp	Pp	Tp	Mp	Pp	Tp	Mp	Pp
DEXTERITE / TOUCHER DE BALLE	■			■				■			■	
APPUIS	■			■					■			■
Déplacements	■			■					■			■
Départs	■			■					■			■
Arrêts	■			■					■			■
Pivoters	■			■					■			■
Changements de rythme	■			■					■			■
Changements de direction	■			■					■			■
ATTITUDE OFFENSIVE	■			■					■			■
AGRESSIVITE OFFENSIVE			■		■			■			■	
Du porteur			■		■			■				■
Du non-porteur			■		■		■				■	
FEINTES			■		■		■				■	
Du porteur			■		■		■				■	
Du non-porteur		■	■		■		■				■	
LECTURE DU JEU		■			■		■			■		
S'informer sur l'adversaire direct		■			■		■			■		
DEMARQUAGES	■			■				■			■	
Simples	■			■				■			■	
Réception de balle	■			■				■			■	
Appuis dans la réception de balle	■			■				■			■	
PASSE	■			■			■			■		
Directe	■				■			■			■	

	Tp	Mp	Pp	Tp	Mp	Pp	Tp	Mp	Pp	Tp	Mp	Pp
Au dessus de la tête												
Passe main à main												
A terre												
De base-ball												
A une main												
A deux mains												
Passe dans le dribble												
DRIBBLE												
Changement de direction simple												
Changement de direction entre les jambes												
Changement de direction dans le dos												
Changement de direction Reverse												
De Protection												
De Progression												
De Pénétration												
De Percée												
TIR												
En course												
De champ												
Le lancer-franc												
En course avec un seul appui												
En course croisé												
LE 1C1												
Position de danger immédiat												
Les départs												
Les feintes												
Les enchaînements												
Par poste de jeu												

CONTENUS OFFENSIFS COLLECTIFS	POUSSINS			BENJAMINS			MINIMES			CADETS		
	Tp	Mp	Pp	Tp	Mp	Pp	Tp	Mp	Pp	Tp	Mp	Pp
JEU SANS BALLON		■			■		■			■		
Améliorer les lignes de passe		■			■		■			■		
Organisation spatiale	■			■				■				■
LE 2C2		■		■			■				■	
Passe et va		■		■				■				■
Améliorer les lignes de passe		■			■		■			■		
Relation extérieur-intérieur			■			■		■		■		
Ecrans directs			■			■		■		■		
LE 3C3		■			■			■		■		
Ecrans indirects			■			■		■		■		
Améliorer lignes de passe		■			■		■			■		
CONTRE-ATTAQUE		■		■			■			■		
Occupation des couloirs		■		■			■				■	
Jeu rapide	■			■			■			■		
Rebond et sortie de balle		■			■			■		■		
Finitions à 2c1		■		■				■				■
Finitions à 3c2			■		■		■			■		
Finitions à 4c3			■			■			■		■	
JEU PLACE	■				■			■			■	
Jeu libre	■					■			■			■
Jeu par concepts		■			■		■			■		
Systèmes de jeu			■			■		■			■	
Touches			■			■		■			■	
Situations spéciales			■			■			■		■	
LECTURE DU JEU		■			■		■			■		
S'informer sur les coéquipiers		■			■			■		■		

	Tp	Mp	Pp	Tp	Mp	Pp	Tp	Mp	Pp	Tp	Mp	Pp
S'informer sur les autres défenseurs			■		■		■			■		
DEMARQUAGES COLLECTIFS			■			■		■		■		
REBOND OFFENSIF			■			■		■		■		

CONTENUS DÉFENSIFS INDIVIDUELS	POUSSINS			BENJAMINS			MINIMES			CADETS		
	Tp	Mp	Pp	Tp	Mp	Pp	Tp	Mp	Pp	Tp	Mp	Pp
ATTITUDES	■			■				■				■
APPUIS	■			■				■			■	
Déplacements	■				■		■				■	
Changements de direction	■				■			■		■		
VISION PERIPHERIQUE		■			■			■			■	
AGRESSIVITE		■		■			■			■		
Sur porteur de balle		■		■			■				■	
Sur non-porteur			■			■		■		■		
Conquête de balle	■			■			■			■		
DEFENSE SUR PORTEUR	■			■			■				■	
DEFENSE SUR NON-PORTEUR		■			■			■		■		
Contestation de passe		■		■			■				■	
Contestation de déplacement			■			■		■		■		
Notion Proximité/Eloignement		■		■			■					■
Aide		■		■			■			■		

CONTENUS DÉFENSIFS COLLECTIFS	POUSSINS			BENJAMINS			MINIMES			CADETS		
	Tp	Mp	Pp	Tp	Mp	Pp	Tp	Mp	Pp	Tp	Mp	Pp
2C2		■		■				■			■	
Déf. du passe et va		■		■				■			■	
Déf. écran direct			■			■	■			■		
3C3		■		■			■			■		
Déf. écran indirect			■			■	■			■		

	POUSSINS			BENJAMINS			MINIMES			CADETS		
	Tp	Mp	Pp	Tp	Mp	Pp	Tp	Mp	Pp	Tp	Mp	Pp
AIDES DÉFENSIVES			■	■			■			■		
ROTATIONS DEFENSIVES			■			■		■		■		
REBOND DEFENSIF			■		■		■			■		
CONTENUS PHYSIOLOGIQUES												
COORDINATION	■			■				■				■
SOUPLESSE		■			■		■			■		
VITESSE DE DEPLACEMENT		■			■		■			■		
VITESSE D'ACTION	■			■				■			■	
DETENTE			■			■		■		■		
ENDURANCE			■		■		■				■	
FORCE			■			■		■		■		
TEMPS DE REACTION	■			■			■			■		

Remarque : Afin de bien interpréter ce tableau récapitulatif des contenus d'entraînement en fonction des catégories, il convient de savoir qu'il faut d'abord se référer aux TITRES écrits en majuscules puis à partir de la valeur relative conseillée (Tp, Mp ou Pp) redistribuer le travail selon la valeur accordée aux sous-titres (écrits en lettres minuscules). Ainsi, si l'on se réfère au titre PASSE en catégorie Poussins, nous lisons Très prioritaire. Or, d'après la valeur accordée aux sous-titres, il nous faudra insister beaucoup plus sur la passe directe et peu sur la passe au dessus de la tête ou la passe main à main.

CHECK-LIST DES OBJECTIFS D'APPRENTISSAGE ET DE PERFECTIONNEMENT DU TIR EN COURSE*
(illustration 2)

Catégorie : .... Coach : ....

❑ pour la séquence
❑ pour la séance
❑ pour le....../ ....../ ...... (date butoir)

❑ **être capable de faire un double pas à droite du panier**
- ❍ sans opposition ❍ Après dribble ❍ Après passe
- ❍ avec opposition fixe ❍ Après dribble ❍ Après passe
- ❍ avec opposition mobile ❍ Après dribble ❍ Après passe
- ❍ avec un poursuiveur ❍ Après dribble ❍ Après passe

❑ **être capable de faire un double pas à gauche du panier**
- ❍ sans opposition ❍ Après dribble ❍ Après passe
- ❍ avec opposition fixe ❍ Après dribble ❍ Après passe
- ❍ avec opposition mobile ❍ Après dribble ❍ Après passe
- ❍ avec un poursuiveur ❍ Après dribble ❍ Après passe

❑ **être capable de faire un double pas croisé à droite du panier**
- ❍ main intérieure ❍ main extérieure ❍ Après dribble ❍ Après passe
- ❍ sans opposition ❍ Après dribble ❍ Après passe
- ❍ avec opposition fixe ❍ Après dribble ❍ Après passe
- ❍ avec opposition mobile ❍ Après dribble ❍ Après passe
- ❍ avec un poursuiveur ❍ Après dribble ❍ Après passe

❑ **être capable de faire un double pas croisé à gauche du panier**
- ❍ main intérieure ❍ main extérieure ❍ Après dribble ❍ Après passe
- ❍ sans opposition ❍ Après dribble ❍ Après passe
- ❍ avec opposition fixe ❍ Après dribble ❍ Après passe
- ❍ avec opposition mobile ❍ Après dribble ❍ Après passe
- ❍ avec un poursuiveur ❍ Après dribble ❍ Après passe

❑ **être capable de faire un tir en course avec un seul pas à droite du panier**
- ❍ sans opposition ❍ Après dribble ❍ Après passe
- ❍ avec opposition fixe ❍ Après dribble ❍ Après passe
- ❍ avec opposition mobile ❍ Après dribble ❍ Après passe
- ❍ avec un poursuiveur ❍ Après dribble ❍ Après passe

❑ **être capable de faire un tir en course avec un seul pas à gauche du panier**
- ❍ sans opposition ❍ Après dribble ❍ Après passe
- ❍ avec opposition fixe ❍ Après dribble ❍ Après passe
- ❍ avec opposition mobile ❍ Après dribble ❍ Après passe
- ❍ avec un poursuiveur ❍ Après dribble ❍ Après passe

❑ **être capable de faire un tir en course croisé avec un seul pas à droite du panier**
- ❍ main intérieure ❍ main extérieure ❍ Après dribble ❍ Après passe
- ❍ sans opposition ❍ Après dribble ❍ Après passe
- ❍ avec opposition fixe ❍ Après dribble ❍ Après passe
- ❍ avec opposition mobile ❍ Après dribble ❍ Après passe
- ❍ avec un poursuiveur ❍ Après dribble ❍ Après passe

❑ **être capable de faire un tir en course croisé avec un seul pas à gauche du panier**
- ❍ main intérieure ❍ main extérieure ❍ Après dribble ❍ Après passe
- ❍ sans opposition ❍ Après dribble ❍ Après passe
- ❍ avec opposition fixe ❍ Après dribble ❍ Après passe
- ❍ avec opposition mobile ❍ Après dribble ❍ Après passe
- ❍ avec un poursuiveur ❍ Après dribble ❍ Après passe

*Cocher les items correspondant aux objectifs ciblés pour la séquence d'entraînement, pour la catégorie, etc.

GRILLE INDIVIDUELLE D'ÉVALUATION POUR LE TIR
(illustration 3)

JOUEUR : .... CATÉGORIE : .... COACH : ....

Phase du tir	Excellent	Bien	Passable	Faible	Commentaires
APTITUDES MENTALES					
Prédisposé à apprendre					
Sélection des tirs					
- Dans son « Assiette » de tir					
- Savoir choisir le moment du tir					
- Choisir le type de tir le plus juste					
TECHNIQUE DE TIR					
Concentration sur le point de mire					
- La cible					
- Durée de fixation de la cible					
- Savoir utiliser la planche					
- Garde la tête dans l'axe					
- Shoote avec confiance					
Mains et poignets					
- Prise de balle souple					
- La balle repose sur la paume des doigts					
- Armé du tir en U					
- Le coude antéposé au poignet (+ de 90°)					
- Le coude aligné avec la cible					
- Utilisation de la main d'appui					
- Poignet « cassé »					
- Finir le tir à 60°					
- Extension complète du bras					
- Les doigts dans le cercle					
- Garder le poignet cassé après le tir					
- Trajectoire vers le cœur de la cible					
Équilibre et vitesse d'exécution					
- Position d'armer					
• mains prêtes					
• genoux fléchis					
- Appuis orientés vers la cible					
- Anticiper l'ouverture sans la balle					
• mains orientées vers le passeur					
• appuis orientés vers la cible					
- Vitesse d'ouverture avec la balle					
- Prise de balle après dribble					
- Appuis lors du dernier dribble					
- Lâcher de balle juste avant le sommet					
- La montée de balle					
- Continuité de l'action après tir					
TIRS EN COURSE					
Concentration sur le point de mire					
Utilisation de la planche					
Protection de balle					
Tir en course sur un appui					
Tir en course sur deux appuis					
Hauteur et longueur du saut					
LANCERS FRANCS					
Alignement					
Genoux fléchis					
Rituel					
Armé du tir en U					
Finir sur la pointe des pieds					
Montée de balle					
Doigts dans le cercle					

GRILLE INDIVIDUELLE D'ÉVALUATION POUR LE TIR
(illustration 4)

JOUEUR : .... CATÉGORIE : .... COACH : ....

Phase du tir	Évaluation 1			Évaluation 2			Évaluation 3			Évaluation 4		
	I	M	C	I	M	C	I	M	C	I	M	C
APTITUDES MENTALES												
Prédisposé à apprendre												
Sélection des tirs												
- Dans son « Assiette » de tir												
- Savoir choisir le moment du tir												
- Choisir le type de tir le plus juste												
TECHNIQUE DE TIR												
Concentration sur le point de mire												
- La cible												
- Durée de fixation de la cible												
- Savoir utiliser la planche												
- Garde la tête dans l'axe												
- Shoote avec confiance												
Mains et poignets												
- Prise de balle souple												
- La balle repose sur la paume des doigts												
- Armé du tir en U												
- Le coude antéposé au poignet (+ de 90°)												
- Le coude aligné avec la cible												
- Utilisation de la main d'appui												
- Poignet « cassé »												
- Finir le tir à 60°												
- Extension complète du bras												
- Les doigts dans le cercle												
- Garder le poignet cassé après le tir												
- Trajectoire vers le cœur de la cible												
Équilibre et vitesse d'exécution												
- Position d'armer												
• mains prêtes												
• genoux fléchis												
- Appuis orientés vers la cible												
- Anticiper l'ouverture sans la balle												
• mains orientées vers le passeur												
• appuis orientés vers la cible												
- Vitesse d'ouverture avec la balle												
- Prise de balle après dribble												
- Appuis lors du dernier dribble												
- Lâcher de balle juste avant le sommet												
- La montée de balle												
- Continuité de l'action après tir												
TIRS EN COURSE												
Concentration sur le point de mire												
Utilisation de la planche												
Protection de balle												
Tir en course sur un appui												
Tir en course sur deux appuis												
Hauteur et longueur du saut												
LANCERS FRANCS												
Alignement												
Genoux fléchis												
Rituel												
Armé du tir en U												
Finir sur la pointe des pieds												
Montée de balle												
Doigts dans le cercle												

GRILLE INDIVIDUELLE D'ÉVALUATION POUR LA DÉFENSE SUR NON PORTEUR DE BALLE
(illustration 5)

JOUEUR : .... CATÉGORIE : .... COACH : ....

Phase du tir	Excellent	Bien	Passable	Faible	Commentaires
APTITUDES MENTALES					
Endurance psychologique					
Combativité					
Persévérance					
Volonté					
DÉFENSE SUR JOUEUR PROCHE DU BALLON					
Attitude fléchie					
Contestation de la ligne de passe avec la main la plus proche du ballon					
Respect du niveau du ballon					
Appuis face à son vis-à-vis					
Placement dans le triangle (ballon - moi - adversaire)					
Regard contrôle balle et vis-à-vis					
DÉFENSE SUR JOUEUR LOIN DU BALLON					
Attitude fléchie					
Contestation de la ligne de passe avec la main la plus proche du ballon					
Respect du niveau du ballon					
Appuis s'ouvrent légèrement					
Placement dans le triangle					
Placement en aide					
Exécution de l'aide					
Regard contrôle balle et vis-à-vis					
DÉFENSE SUR JOUEUR QUI S'EN APPROCHE					
Attitude fléchie					
Contestation de la ligne de passe avec la main la plus proche de la balle					
Contestation du déplacement (body-check)					
Appuis face à son vis-à-vis					
Regard contrôle balle et vis-à-vis					
Replacement dans le triangle					
DÉFENSE SUR JOUEUR QUI S'EN ÉLOIGNE					
Attitude fléchie					
Contestation de la ligne de passe avec la main la plus proche de la balle					
Replacement en aide					
Regard contrôle balle et vis-à-vis					

Donc, programmer revient à légitimer des priorités et à les doser afin d'assurer la continuité de la progression. Si nous empruntons une image à la gastronomie, nous pouvons dire qu'il s'agit de trouver les aliments et le dosage nécessaire à la réalisation d'une recette donnée.

En revanche, planifier correspondrait à orchestrer le temps et l'ordre des mélanges afin que le produit concocté et obtenu soit celui attendu. Planifier les contenus d'entraînement revient alors à les organiser dans la saison par rapport à des priorités pédagogiques ou de calendrier. Planifier consiste à articuler ces priorités.

La planification de la saison

La planification permet, avons-nous dit, de coordonner et d'harmoniser les contenus d'entraînement ainsi que les exigences de la compétition (calendrier, matchs, etc.) pour la saison sportive. Pour mieux exploiter les ressources dont il dispose, l'entraîneur se doit d'en faire l'inventaire avant de procéder à la planification détaillée (illustration 6). Le découpage, la structure et les contenus des étapes se précisent, s'affinent et s'ajustent au cours d'une démarche qui traduit, en pratique, la stratégie d'entraînement.

La saison sportive se compose de trois grandes périodes : la *période compétitive* destinée à développer les composantes d'entraînement (technique, tactique et physique), la *période de préparation* dont le but est de préparer le groupe et les individus au travail développé durant la période de compétition, puis la *période de transition* permettant aux joueurs de récupérer.

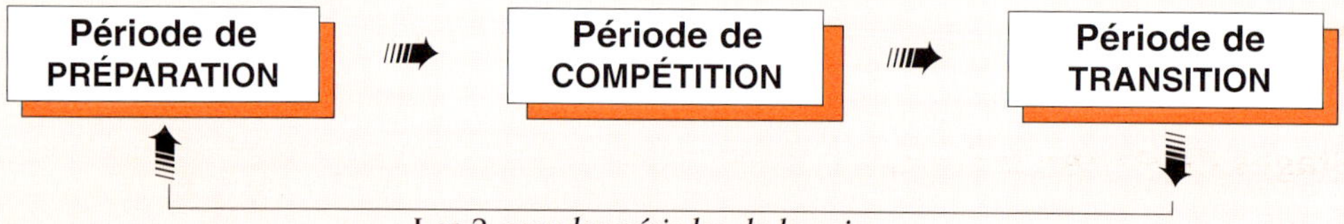

Les 3 grandes périodes de la saison

Caractéristiques du découpage de la saison

La période de préparation :

Cette période est fondamentale car c'est sur elle que repose l'élévation des performances durant la période de compétition. Elle peut durer de 20 à 60 jours.

Elle comporte une première phase de *préparation générale* qui vise au développement des aptitudes fonctionnelles de l'organisme (force-vitesse-endurance) ; ainsi qu'à l'enrichissement du répertoire des techniques motrices. Puis, une deuxième phase de *préparation spécifique* dont le but est d'assurer une progression rapide vers la spécificité par l'amélioration continue et la maîtrise complète des procédés techniques et tactiques sous la forme même qui sera utilisée lors des compétitions à venir.

INVENTAIRE DES RESSOURCES
(illustration 6)

Saison : .... **Catégorie :** .... **Coach :** .... **Club :** ....

RESSOURCES HUMAINES

Nombre de joueurs : .... Joueurs
Cadres techniques : .... Entraîneurs .... Assistants

Caractéristiques du groupe :
- ❑ très hétérogène
- ❑ assez hétérogène
- ❑ hétérogène
- ❑ homogène
- ❑ assez ou très homogène

RESSOURCES TEMPORELLES

Nombre d'entraînements hebdomadaires :....... entraînements
Volume horaire d'entraînement :...... heures
Jours d'entraînement : ❑ lundi ❑ mardi ❑ mercredi ❑ jeudi ❑ vendredi

Calendrier sportif

- début de saison : ....
- phase aller : ....
- trêve : ....
- phase retour : ....
- trêve : ....
- play-offs : ....
- fin de saison : ....

Calendrier scolaire

- vacances de Toussaint : ....
- vacances de Noël : ....
- vacances de Pâques : ....
- vacances de Pentecôte : ....
- vacances d'été : ....

Stages de Perfectionnement :

- du .... / ..../ .... au .... / ..../ ....
- du .... / .... / .... au .... / .... / ....
- du .... / .... / .... au .... / .... / ....
- du .... / .... / .... au .... / ..../ ....

RESSOURCES MATÉRIELLES

Nombre de terrains entiers disponibles :................ terrains entiers
Nombre de paniers disponibles :................ paniers
Salle de musculation : ❑ oui ❑ non
Nombre de ballons disponibles :...... ballons

Petit matériel :

- ❑ Plots :..
- ❑ Cerceaux :..
- ❑ Bancs :..
- ❑ Cordes à sauter :..
- ❑ Dossards :..
- ❑ Mannequins :..
- ❑ Lattes :..
- ❑ Haies :..
- ❑ Médecine-balls :.................... poids :.......... poids :..........

À la fin de cette préparation spécifique, le niveau optimal de condition physique doit être atteint afin de pouvoir consacrer la majeure partie du temps d'entraînement à la préparation des collectifs offensifs et défensifs.

La période de transition :

C'est une période d'entraînement que relie la fin d'une saison avec le début de la suivante. Sa durée peut varier de 30 à 60 jours pour des équipes expertes et peut aller jusqu'à 3 ou 4 mois pour des amateurs. C'est une période durant laquelle la forme régresse, et où l'intensité et le volume d'entraînement diminuent.

La pratique d'activités complémentaires est conseillée afin de réduire au minimum les périodes d'inactivité et de permettre une récupération active. Dans la mesure du possible ces activités complémentaires auront un lien avec les caractéristiques du Basketball afin de faciliter un transfert positif.

La période de compétition :

Durant cette période, les entraînements et les compétitions s'alternent. L'intensité des efforts fournis durant les compétitions stimule le développement et la stabilisation de la forme maximale. L'entraîneur est souvent confronté à une dualité : doit-il respecter le programme de formation ou préparer une défense spéciale pour vaincre l'équipe adverse samedi après-midi ? Il est bien évident que les entraîneurs de jeunes doivent respecter les programmes de formation en priorité, et que les entraîneurs d'équipes seniors doivent rechercher avant tout le gain du match. Mais tout n'est pas si simple car l'entraîneur doit faire face à la pression des dirigeants, à l'enjeu, à son ambition personnelle, au plaisir d'ajouter un titre à son Curriculum Vitae. Revenez en arrière et relisez la partie consacrée au Projet Club. Ceci vous aidera à prendre la meilleure solution.

Catégorie	Période de préparation	Période de compétition	Période de transition
Poussins	Néant	INITIATION-APPRENTISSAGE de Septembre à Juin	Personnelle et naturelle Juillet/Août
Benjamins	Néant	APPRENTISSAGE de Septembre à Juin	Personnelle et naturelle Juillet/Août
Minimes	30 jours	APPRENTISSAGE-PERFECTIONNEMENT de Septembre à Mai	Dirigée/non-contrôlée Juin à Juillet
Cadets	30 jours	PERFECTIONNEMENT de Septembre à Mai	Dirigée et contrôlée indirectement Juin à Juillet
Espoirs	Entre 30 et 45 jours de	PERFECTIONNEMENT-COMPETITION Septembre à Mai	Dirigée et contrôlée indirectement Juin à Juillet
Seniors	Entre 45 et 60 jours	COMPÉTITION de Septembre à Mai	Obligatoire et contrôlée Juin à Juillet

(illustration 7) *Répartition des différentes périodes selon les catégories*

Devant l'ampleur des périodes, il est plus cohérent de les décomposer en portions selon le calendrier sportif et scolaire (phase aller, phase retour, trêves, play-offs, etc.) : ce sont les *cycles* d'entraînement.

Chaque cycle comporte lui-même des sous-périodes dites *séquences* qui correspondent à des unités thématiques (par exemple l'apprentissage du tir en suspension, perfectionnement de la défense match-up, etc.). Chaque séquence permet d'acquérir, de développer, de renforcer et/ou de stabiliser un ou plusieurs facteurs de la performance Basket*.

La séquence doit avoir une durée assez importante afin que l'objectif recherché puisse être atteint et consolidé (en général, entre 8 et 12 séances d'entraînement). C'est ce que l'on appelle le temps utile d'apprentissage. Elle s'envisage en tenant compte de la fréquence des entraînements, du nombre de joueurs, de leur homogénéité, etc. Plus les situations sont optimales et plus les séquences seront spécifiques. En revanche, si les conditions de travail sont précaires, il faudra probablement inclure plusieurs thèmes à la séquence afin de respecter le programme.

La séquence reflète une progression pédagogique où l'entraîneur doit sérier les *situations-problèmes* et les aborder dans un ordre croissant de difficulté afin de faciliter l'atteinte de l'objectif. Chaque situation-problème doit être abordée et résolue en tant qu'unité grâce aux *séances d'entraînement*. Voir illustration 9 (p. 28).

Caractéristiques de la séance d'entraînement

Elle peut être de nature technique, physique, tactique, physico-technique ou technico-tactique. Elle a toujours un thème de travail (la contre-attaque par exemple), un objectif (l'utilisation des couloirs par exemple) et une durée (généralement comprise entre 60 et 120 minutes). Elle est structurée comme suit :

• La mise en train ou l'échauffement : elle comporte une première étape générale destinée à préparer à l'effort les principales fonctions organiques, et une deuxième plus spécifique chargée de solliciter plus particulièrement les éléments ayant un lien avec le thème et l'objectif de la séance. Une série d'étirements complète cette préparation du muscle à l'effort.

Les différentes phases d'un échauffement

(illustration 8)

*Pour de plus amples renseignements concernant les facteurs de la performance Basket consultez Basket Performance, J. Martin et F. Jordane, Éditions AMPHORA, Paris, 1995.

GRILLE DE PLANIFICATION THÉMATIQUE (illustration 9)

Périodes

Préparation	Compétition	Transition

Mois

Août	Septembre	Octobre	Novembre	Décembre	Janvier	Février	Mars	Avril	Mai	Juin	Juillet

Cycles

Préparation	Phase Aller	Trêve	Phase Retour	Play Off	Transition

Séquences	1	2	3	4	5	6	7	8	9	10	11	12	13	14
Nombre de séances d'entraînement	8	14	8	8	8	12	6	12	14	14	10	10	10	10

Contenus d'entraînement*

	1	2	3	4	5	6	7	8	9	10	11	12	13	14
Dextérité														
Appuis														
Attitude offensive														
Agressivité offensive														
Feintes														
Lecture du jeu														
Démar-quages														
Passes														
Dribbles														
Tirs														
1c1														
2c2														
3c3														
Contre attaque														
Jeu placé														
Démarq. collectifs														
Rebond offensif														
Attitudes défensives														
Appuis défensifs														
Vision périph.														
Agressivité défensive														
Défense du porteur														
Défense non-port.														
Défense 2c2														
Défense 3c3														
L'aide défensive														
Rotations défensives														
Rebond défensif														
Coordi-nation														
Souplesse														
Vitesse														
Détente														
Endurance														
Force														

*Coloriez les cases des contenus à aborder.

• Les situations pédagogiques allant de l'apprentissage au perfectionnement des relations joueur-ballon, joueur-partenaire et joueur-adversaire. Elles ont leur propre objectif qui découle du thème de la séance. Les situations peuvent être analytiques ou globales, individuelles, pré-collectives ou collectives. L'enchaînement de ces situations doit respecter les principes de progression pédagogique. Elles peuvent être de nature très différente selon qu'il s'agisse de joueurs débutants ou de joueurs confirmés, selon qu'il soit question de la découverte ou de l'application d'un concept. Nous développerons cet aspect quelques lignes plus loin.

• Le jeu réel permettant le réinvestissement des acquis et de vérifier si l'objectif a été intégré ou pas.

• Un retour au calme ou bilan ayant comme objectif d'apporter un regard « à chaud » sur le travail fourni par rapport à l'objectif poursuivi, les difficultés rencontrées, les constats de réussite ou d'échec.

• La répartition temporelle de chacune des étapes correspond au profil type suivant :

Échauffement	Situations pédagogiques d'apprentissage (drills et exercices)	Situations pédagogiques d'application (jeu dirigé, jeu réel)	Bilan
20 %	35 %	35 %	10%

Cette répartition peut être modifiée selon les besoins ponctuels du moment. En début de séquence, il est probable que les situations d'apprentissage prendront le dessus pour devenir secondaires, au fur et à mesure du perfectionnement, au profit des situations d'application en fin de séquence.

Caractéristiques des situations pédagogiques

Ce sont des situations aménagées de façon à permettre à l'entraîneur de mieux faire passer son savoir et à l'apprenant de mieux se l'approprier. Tirées du jeu lui-même, ces situations peuvent être toutefois plus ou moins proches de la réalité du jeu. Nous distinguons, dans un premier temps, le *travail à vide* ou *drill* dont l'objet est de faciliter la saisie et l'appropriation de la structure gestuelle des fondamentaux, l'enchaînement des comportements pour une situation tactique. Ce type de travail nécessite obligatoirement d'être renforcé par des formes plus évoluées de coopération/opposition.

Démarquage simple

Objectif : **être capable d'exécuter différents types de démarquages à vide**

Drill

Consignes

• Mise en place

Tout terrain. Les joueurs placés comme montre le diagramme ci-contre. Les colonnes d'attente sont situées à chaque extrémité.

• Déroulement

Faire progresser la balle par enchaînement de passes au joueur le plus proche (qui s'est démarqué préalablement). L'avant-dernier joueur fixe en dribble puis fait la passe au dernier joueur qui s'est démarqué en backdoor. Ce dernier fait un lay-up et va à la file d'attente. Le 1er joueur de cette file prend le rebond et fait une passe de base-ball à B qui s'est également démarqué. B termine avec un lay-up.

• Rotation/Continuité

Travail en continuité.

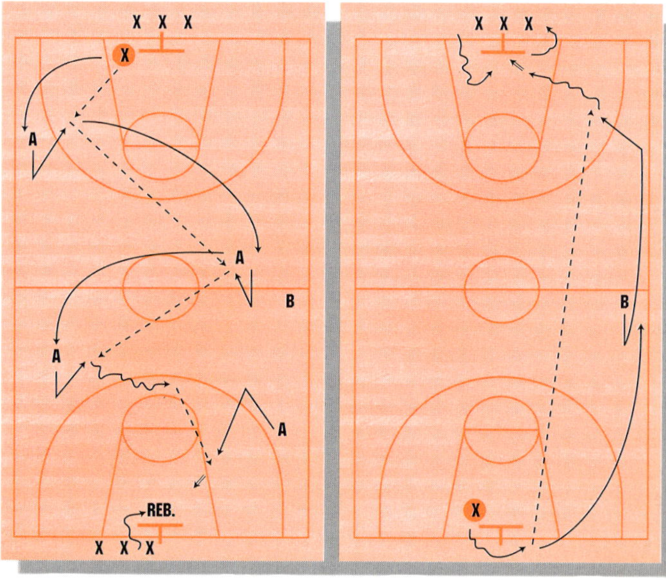

Matériel : 1 ballon par groupe de travail.
Lorsque l'exercice est maîtrisé 2 et 3 ballons.

Exemple de situation d'entraînement à vide ou drill

Nous trouvons alors l'*exercice* dont l'objet est de faire répéter un élément du jeu extrait de son contexte. La difficulté de la tâche réside toujours dans l'exécution d'un fondamental. Ce sont des situations où les rapports de coopération/opposition sont simples et ne sollicitent que des interactions individuelles.

Démarquage simple

Objectif : être capable de se démarquer dans un espace restreint

Exercice

Consignes

• Mise en place

Diviser le demi-terrain en deux quarts. Un attaquant, un défenseur et un passeur par quart de terrain.

• Déroulement

L'attaquant sans ballon doit tenter de recevoir la balle dans l'espace délimité par les lignes de touche, de fond, de la zone et la prolongation de la ligne des lancers francs. Dès réception de balle, jouer le 1c1. Interdire les passes dans la zone.

• Rotation/Continuité

3 réceptions pour l'attaquant ou 3 interceptions pour le défenseur, puis inverser les rôles.

• Variantes

Autoriser les passes dans la zone restrictive afin de favoriser le démarquage en back-door.

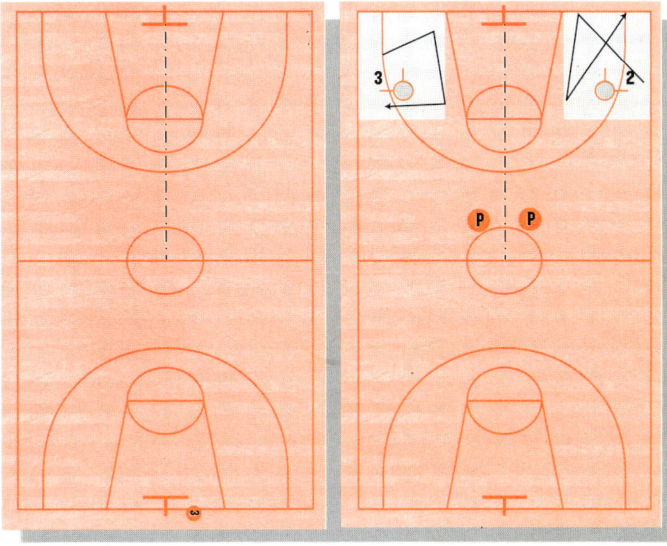

Matériel : 1 ballon par groupe de 3 joueurs et par 1/4 de terrain.

Exemple de situation d'entraînement sous forme d'exercice

Le *jeu dirigé* constitue sans doute le maillon pédagogique le plus intéressant pour l'entraîneur et l'apprenant dans la mesure où l'acquis est testé dans des situations similaires à la réalité du jeu, et qui plus est, revêt une forme jouée et donc tend à accroître la motivation des joueurs.

Démarquage simple

Jeu dirigé

Objectif : **être capable de se démarquer dans un espace clé**

Consignes

• Mise en place

Matérialiser plusieurs espaces clés (par poste de jeu ou mixtes).
3c3 sur 1/2 terrain.

• Déroulement

Jouer 3c3 en accordant 3 points pour tout tir réussi de l'un de ces espaces clés. Tous les autres tirs ne comptent que 1 point. Les écrans sont interdits.

• Rotation/Continuité

L'équipe arrivée à 20 points exécute 2 L.F. par joueur, le temps pour l'équipe perdante de réaliser la sanction (prévue et annoncée par l'entraîneur).

• Variantes

Jeu à 4c4 et 5c5.
Modifier la valeur des paniers marqués depuis les espaces clés selon les besoins du jeu.

Matériel : 1 ballon par groupe de travail.
Matérialiser les espaces clés à l'aide d'une craie.

Exemple de situation d'entraînement sous forme de jeu dirigé

Chacune de ces situations peut être introduite sous forme de test, d'évaluation ou de compétition ou encore comme situation d'échauffement spécifique.

Durant une séquence d'enseignement, la répartition des différentes situations pédagogiques aura les caractéristiques suivantes : en début de séquence, le temps consacré à la découverte du concept ou du fondamental, et à sa structure spatio-temporelle primera sur le temps consacré à l'application. Les formes de travail les plus usitées seront le *drill* et l'*exercice* (le temps d'application sera exclusivement du *jeu dirigé*). Voir situation 1

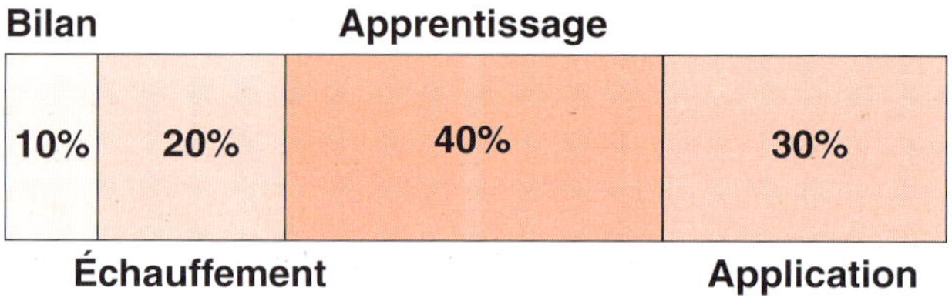

Situation 1

Une fois le fondamental intériorisé, il convient de le consolider par un dosage équilibré entre le temps de jeu et le temps consacré au passage de l'apprentissage au perfectionnement. La forme de travail la plus courante sera l'*exercice*. Les situations d'application seront réparties équitablement entre *jeu dirigé et jeu réel*. Voir situation 2.

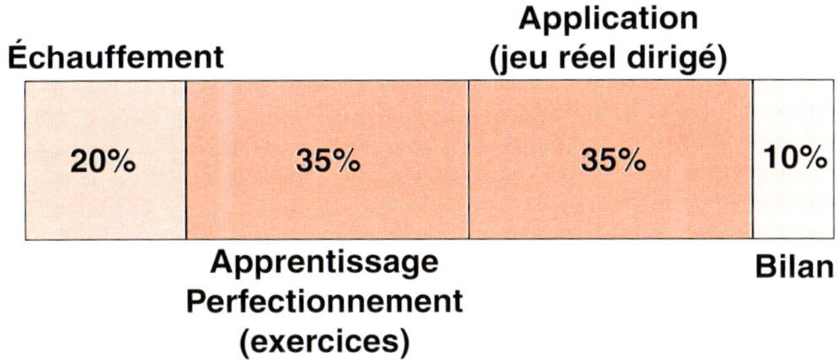

Situation 2

En fin de séquence, les joueurs ont intégré le fondamental, perfectionné certains éléments liés à la vitesse d'exécution et à l'exploitation de l'espace. Il convient, alors, de s'attaquer au perfectionnement des rapports attaquant/défenseur, joueur/partenaires. Pour ce faire, il faut accroître le temps d'application et insister sur la fréquence et la sélection du comportement attendu lors de situations principalement de *jeu réel*. Le temps consacré au perfectionnement n'est plus prioritaire et se limite à l'apport et correction de petits détails. Voir situation 3.

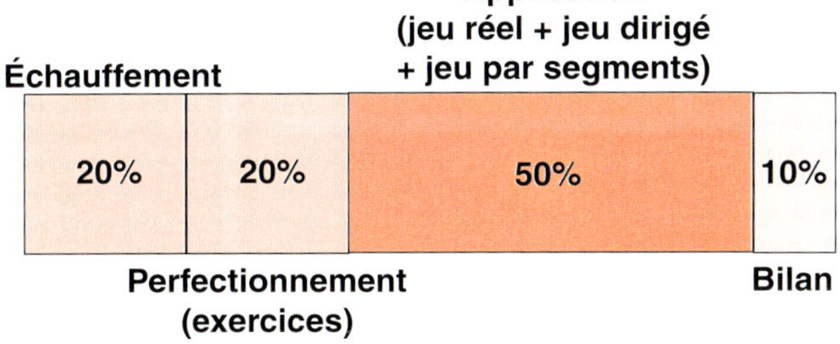

Situation 3

Cette évolution structurelle répond aux différentes phases que tout joueur traverse lors d'un apprentissage :

• **La phase d'incompétence inconsciente** : *je ne sais pas que je ne sais pas*. C'est la phase préalable à tout début d'apprentissage. Exemple : le joueur ignore qu'il ne maîtrise pas le dribble. Appliquer le profil de la situation d'enseignement 1.

• **La phase d'incompétence consciente** : *je sais que je ne sais pas*. C'est la phase à laquelle se prend la décision d'un apprentissage organisé. C'est souvent une phase douloureuse, source de réactions de rejet et de découragement. Exemple : le joueur sait qu'il ne sait pas dribbler correctement. Appliquer le profil de la situation d'enseignement 1.

• **La phase de compétence consciente** : *je sais que je sais*. Un joueur est en compétence consciente lorsqu'il a conscience d'appliquer une technique nouvellement apprise, au moment même où il l'applique. C'est la phase d'exécution consciente. Il concentre son attention dans le contrôle du geste moteur.

Exemple : il arrive à mieux dribbler mais contrôle du regard la balle. Appliquer le profil de la situation d'enseignement 2.

• **La phase de compétence inconsciente** : *je ne sais plus que je sais.* Nous arrivons à cette phase grâce à l'entraînement et à l'autoformation. L'objectif de la progression pédagogique est d'amener chaque pratiquant à l'**automatisme** (phase de compétence inconsciente) afin qu'il n'ait plus besoin de contrôler son geste avec le regard. Ceci lui permettra de consacrer ce sens à la prise d'information et à la lecture du jeu. Exemple : le joueur a intégré le dribble et se suffit du sens kinesthésique pour contrôler la balle. Le regard est libéré pour d'autres tâches. Appliquer le profil de la situation d'enseignement 3.

Au terme de cette analyse partielle, il nous est apparu nécessaire de faire prendre conscience au lecteur qu'une situation d'entraînement (séance d'entraînement ou situation pédagogique) est la résultante d'une réflexion préalable. Cette dernière prend en compte toute une série de données temporelles, spatiales et humaines pertinentes de façon à concevoir la meilleure stratégie d'enseignement.

La situation d'entraînement doit donc s'inscrire dans cette logique de projet, de programmation et de planification au sein de laquelle elle trouve sa finalité. L'organisation, l'imbrication des différentes situations doit respecter un axe de progression strict et ne peut se succéder sans un fil conducteur qu'est l'objectif à atteindre.

Conscient de cette réalité, l'entraîneur se doit de perfectionner les compétences sollicitées par la gestion de situations d'entraînement afin de pouvoir transposer ses connaissances théoriques lors des situations pratiques.

L'entraîneur : compétences sollicitées par les situations d'entraînement

> « *Si tu donnes un poisson à un homme,*
> *tu l'as nourri pour la journée;*
> *si tu lui apprends à pêcher,*
> *tu l'as nourri pour toute sa vie* »
>
> Dicton Chinois.

Entraîner exige tantôt des *connaissances* liées au jeu, aux sportifs dont on a la charge, aux techniques de transmission du savoir, tantôt des *compétences* concrétisant la théorie en pratique. Ces dernières ont été écartées des ouvrages techniques et confinées aux ouvrages transversaux et aux formations de style « Tronc commun » des Brevets d'État. Cependant, au moins deux arguments nous poussent à réfuter ce mode de fonctionnement.

Tout d'abord, l'accès à l'information s'en trouve limité car tout jeune entraîneur cherche en premier dans les ouvrages spécifiques à sa discipline et n'a pas toujours la possibilité de se procurer les ouvrages généralistes. Ensuite, la revendication d'une spécificité des compétences sollicitées par les situations propres au Basketball. Tel est le rôle de ce chapitre.

En s'inscrivant dans le quotidien des situations d'entraînement, respectueux de son unité et de son inévitable fragmentation en activités multiples, l'entraîneur est un didacticien capable de concevoir les contenus d'enseignement les mieux adaptés aux besoins de ses joueurs; il est également un pédagogue capable de mettre en œuvre un dispositif stratégique permettant l'acquisition des habiletés. Il fait de l'organisation un trait de caractère permanent, il sélectionne remarquablement la nature et le moment de ses interventions; il est aussi un expert de l'observation et de l'évaluation afin de mieux gérer les acquis et les lacunes de son groupe. Finalement, il demeure un fin stratège prêt à réguler, à optimiser, à adapter sa stratégie en fonction des besoins naissants.

L'activité de l'entraîneur se résume à au moins cinq tâches qui apparaissent invariablement dans son travail, peu importe le niveau auquel il évolue, le sexe des apprenants, le volume d'entraînement et les autres variables :

- ✔ *Savoir concevoir* la situations d'entraînement;
- ✔ *Savoir mettre en place* la situation d'entraînement;
- ✔ *Savoir intervenir* durant la situation d'entraînement;
- ✔ *Savoir évaluer* la situation d'entraînement ainsi que la prestation des joueurs;
- ✔ *Savoir réguler* l'ensemble des autres activités.

L'activité de l'entraîneur ne se résume pas à l'une des tâches et aucune d'entre elles ne prime sur les autres. Chaque composante de l'activité fait partie d'un tout, d'un cycle permanent interactif où chaque compétence s'imbrique à une unité de sens : l'objectif poursuivi.

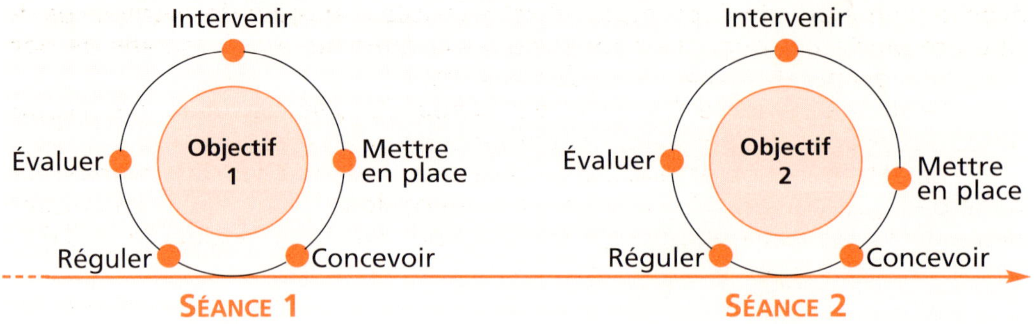

Cycle permanent interactif

L'étude détaillée de chacune des compétences identifiées, nous permettra de mieux appréhender leur rôle et leur apport à la globalité interactive.

Savoir concevoir la situation d'entraînement

Qui n'a pas été victime de la quête de recettes miraculeuses ? Il va sans dire que les fiches pédagogiques proposées soit par la Fédération, soit par les ouvrages spécialisés ont un intérêt dans la mesure où ils fournissent un support pertinent à l'entraîneur. Cependant, il serait fort déplorable et peu enrichissant d'accepter cet apport sans jugement.

L'entraîneur, lorsqu'il consulte un document pour s'informer ou pour se l'approprier, doit essayer de comprendre la logique de l'outil mis à sa disposition. Si besoin est, il doit le transformer en vue de l'améliorer et de l'adapter à ses besoins du moment.

Avant tout, les situations d'entraînement doivent correspondre aux besoins de ceux à qui elles sont proposées, c'est-à-dire aux joueurs. Afin de déterminer ces besoins, l'entraîneur opère soit par consultation des programmes proposés par l'Institution, soit par analyse des faiblesses lors des prestations en compétition, soit par les performances réalisées lors de tests.

Savoir concevoir la séance d'entraînement :

Le Projet Club, les contenus programmés, ainsi que les besoins étant clairement établis, l'entraîneur propose une séance d'entraînement dans laquelle la poursuite de la tâche impose de surmonter un ou plusieurs obstacles. Ce sont ces derniers qui justifient le thème et l'objectif de la séance. Il faut savoir que plus les pratiquants sont jeunes et moins ils acceptent de s'entraîner en vue d'objectifs éloignés. Les objectifs intermédiaires constituent donc un élément de motivation indéniable et doivent être précisés en début de séance.

Savoir déterminer le thème et les objectifs de la séance :

Le *thème* correspond au(x) contenu(s) d'entraînement que l'on souhaite aborder. En général, il est fortement conseillé de n'aborder qu'un seul thème à la fois, mais, il peut y avoir un sous-thème ou thème secondaire compatible avec le thème principal (exemple : il est possible d'aborder des séquences de tir entre plusieurs situations pédagogiques concernant la défense afin de permettre la récupération organique des joueurs).

Le thème demeure donc le fil conducteur de la séance et assure la cohérence des exercices d'une part, de leur articulation d'autre part.

La détermination des *objectifs* de la séance, ainsi que des différentes situations pédagogiques qui la composent, permet de décrire ce que l'on attend des joueurs, de construire une progression pédagogique pertinente et d'évaluer les résultats obtenus par rapport à un référent.

Or, pour que l'énoncé de l'objectif soit opérationnel, c'est-à-dire exploitable tant par l'entraîneur que par les joueurs, il faut qu'il décrive l'activité attendue par un comportement observable (quelle est l'action qui prouve qu'il a atteint l'objectif?), préciser les conditions dans lesquelles le comportement doit se manifester (à quoi le joueur a-t-il droit pour atteindre l'objectif?), et finalement, préciser quels seront les critères qui serviront à l'évaluation (à quelle vitesse, avec ou sans opposition, la marge d'erreur tolérée, etc.).

Connaissant les contenus à aborder ainsi que l'objectif poursuivi, il ne reste plus à l'entraîneur qu'à concevoir les situations pédagogiques qui vont lui permettre d'atteindre ledit objectif. Comme nous l'avons déjà dit, ces situations pédagogiques peuvent revêtir plusieurs formes : le *drill*, l'*exercice*, le *jeu dirigé* et le *jeu réel*.

Savoir concevoir les situations pédagogiques :

La situation pédagogique est un dispositif construit par l'entraîneur dont le but est de permettre aux joueurs d'apprendre, d'intégrer ou de perfectionner un comportement de jeu. Elle doit correspondre à l'objectif recherché.

Pour cela, l'entraîneur agit sur la réalité du jeu, le milieu et/ou le règlement afin d'augmenter la qualité d'exécution d'un comportement, sa fréquence et sa justesse de parution. La situation vise à placer l'exécutant dans des conditions telles que la seule réponse que puisse fournir l'apprenant aux sollicitations du milieu corresponde à l'habileté que l'entraîneur envisage de faire acquérir. Cet ensemble d'aménagements correspond aux *consignes de réalisation*.

D'autre part, afin de s'assurer de la continuité de la situation pédagogique, l'entraîneur doit préciser sous quelle forme de travail apparaîtra-t-elle et quel sera le roulement à respecter en vue d'optimiser le nombre de répétitions par joueur et de réduire les pertes de temps. Cet ensemble d'informations constitue les *consignes d'organisation*.

De même, l'entraîneur doit concevoir les situations pédagogiques selon le *matériel* mis à sa disposition. Il faut s'assurer de la faisabilité matérielle.

Dresser un *référentiel d'exécution* permettra à l'entraîneur et au joueur d'être plus objectifs quant au comportement attendu. Il décrit les compétences, les habiletés, les savoir-faire que doit exécuter l'apprenant dans une situation donnée.

Savoir minuter la séance d'entraînement :

Le minutage permet d'avoir des repères quant à la gestion du temps d'entraînement. Ces repères permettent à l'entraîneur de déceler d'éventuelles situations d'échec dues à des mises en place trop longues, à une mauvaise maîtrise des pré-requis. La durée moyenne des situations pédagogiques est de 15 à 20 minutes. Elles doivent être entrecoupées de pauses. Celles-ci ont une dimension pédagogique car elles favorisent les échanges informels dans le groupe.

L'entraîneur doit savoir utiliser ce minutage à bon escient, c'est-à-dire qu'il l'exploite comme indicateur et point comme un élément « dictateur ». Seuls les acquis et les besoins dictent la marche à suivre.

Savoir concevoir une progression pédagogique

Toute séance d'entraînement doit comporter une progression pédagogique permettant aux apprenants d'atteindre l'objectif ciblé. Il ne suffit plus, comme antan, d'avoir une large palette d'exercices. Il faut savoir les emboîter par rapport aux objectifs recherchés. Il faut être capable d'identifier les étapes intermédiaires et les hiérarchiser. La qualité résulte de la pertinence de chaque situation considérée comme un passage obligé à la réussite d'un comportement plus complexe. Pour être totalement efficace, chaque situation doit subvenir sur les traces laissées par la précédente (phénomène de stratification, voir illustration 10).

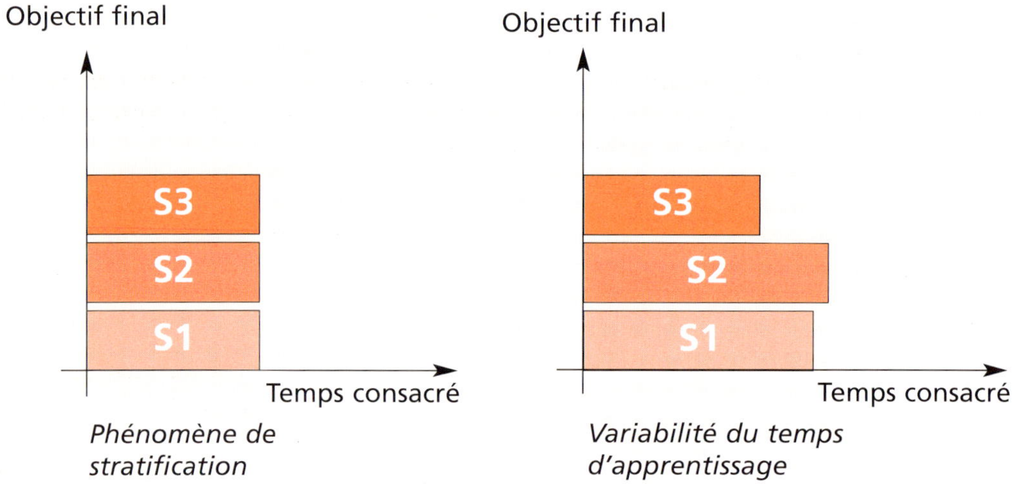

illustration 10

S'il est vrai que le temps d'apprentissage (illustration 10) varie selon les aptitudes des joueurs à apprendre et des entraîneurs à enseigner, il n'est pas moins vrai que la progression pédagogique doit rester la même, peu importe le temps que l'on doit consacrer à chaque étape.

En revanche, l'entraîneur se doit de concevoir des situations intermédiaires lorsque la situation initialement proposée ne correspond pas aux capacités des joueurs. Si l'écart existant entre les aptitudes de l'apprenant et les compétences visées est trop important, le joueur stagnera (voir illustration 11).

En effet, il y a apprentissage lorsque l'activité proposée se situe à un niveau immédiatement supérieur au niveau atteint par le développement cognitif; le joueur n'apprend que si ce qu'il fait est juste assez difficile pour qu'il ne puisse le faire automatiquement mais pas trop difficile pour qu'en s'y exerçant et en raisonnant il puisse exécuter cette tâche au moins partiellement.

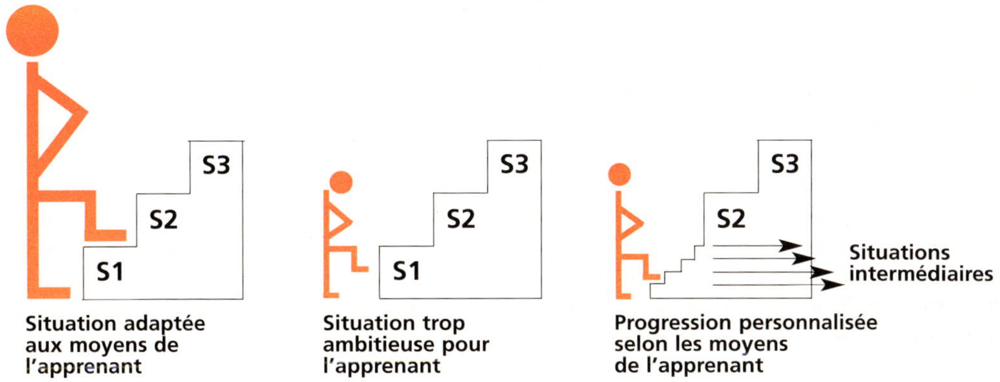

Illustration 11

L'entraîneur doit disposer d'une batterie de situations intermédiaires en vue d'accompagner la progression de chaque joueur. Il doit être capable de *différencier** son enseignement (illustration 12).

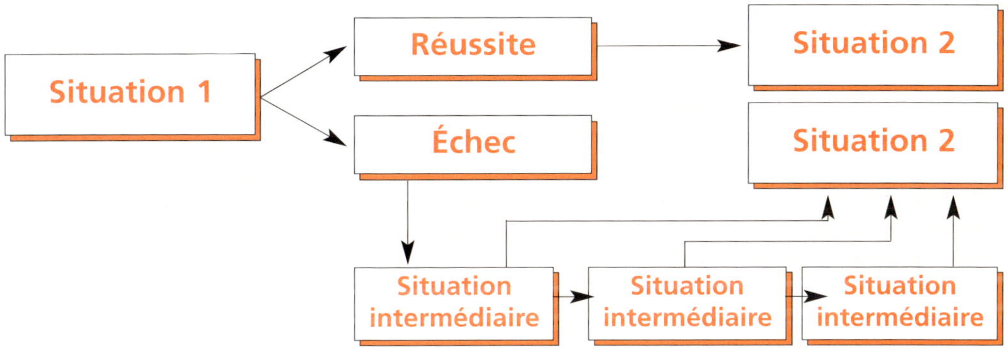

illustration 12 : Logique de progression selon les notions de réussite et d'échec

---

- Exemple de progression pédagogique concernant l'apprentissage de la contestation de passe (page 40)

---

*Adapter les contenus, les objectifs et les méthodes pédagogiques aux besoins et aux caractéristiques individuelles de chaque pratiquant ou de chaque groupe de pratiquants.

PROGRESSION D'APPRENTISSAGE DE LA CONTESTATION DE PASSE

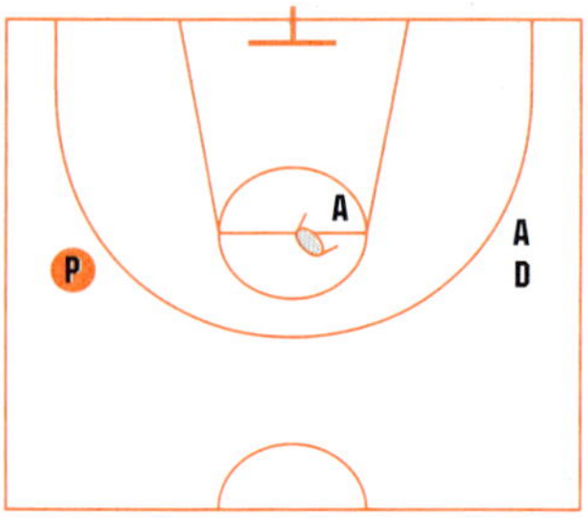

Situation 1 : contester la passe dans le cercle. Le passeur est fixe.

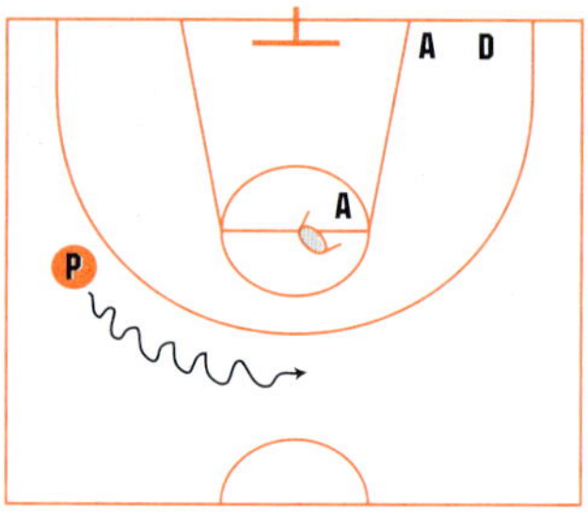

Situation 2 : contester la passe dans le cercle. Le passeur est mobile.

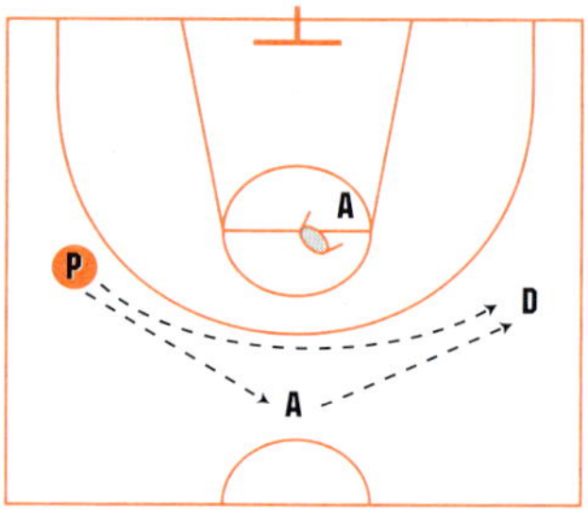

Situation 3 : contester la passe dans le cercle. 3 passeurs peuvent donner la balle à l'attaquant.

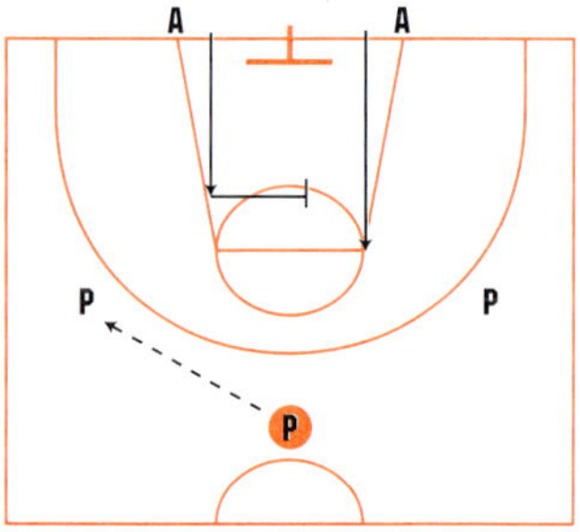

Situation 4 : le joueur qui touche en dernier la ligne des lancers francs défend sur l'autre joueur. Le passeur fait la passe au P qui se trouve à l'opposé du joueur qui arrive en premier.

Contester la passe dans des espaces clés à la relation joueur extérieur joueur intérieur.

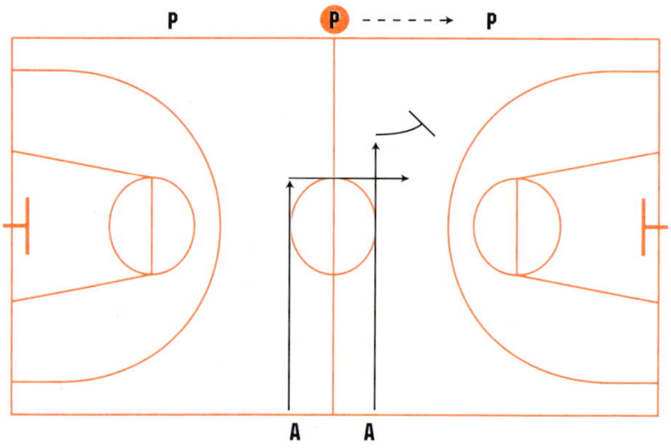

Situation 5 : le joueur qui touche en dernier le cercle central défend sur l'autre joueur. Le passeur fait la passe au P qui se trouve à l'opposé du joueur qui arrive en premier.

Contester la passe dans une relation spécifique à la relation entre joueurs du périmètre.

Remarque : préciser les aires de réception, les types de passe autorisées, etc.

Situation 6 : jeu dirigé 2c2 dans un espace restreint.

Afin de gagner du temps, il est préférable de faire évoluer une même situation pédagogique en modulant la demande des tâches selon des variables liées à : la densité (espace d'action, nombre de joueurs impliqués), la pression temporelle (temps accordé pour résoudre la situation-problème), le degré d'opposition (obstacles, défenseur passif ou actif), le rapport numérique (1c1, 2c2, 3c3...), la qualité d'exécution (type de passes, nombre de dribbles), la pression psychologique (contrat d'objectif, sanction).

Si vous présentez à chaque fois une situation pédagogique différente de la précédente, vous devez expliquer à nouveau sa mise en place, son déroulement et sa continuité. Ce qui diminue le temps d'activité de vos joueurs.

Toujours dans un souci d'efficacité, il est possible de travailler des comportements opposés à partir de la même situation pédagogique. La situation choisie pour améliorer le travail de contestation peut être sollicitée pour perfectionner la technique de démarquage, celle destinée à perfectionner la défense de la contre-attaque peut l'être pour l'amélioration des situations de surnombre.

Cette méthode n'est exploitable que si l'entraîneur est capable de cibler les consignes afin de favoriser l'apparition des comportements attendus, offensifs ou défensifs comme par exemple :

- *Exemple de situation servant tantôt à l'attaque, tantôt à la défense* (*page* 42)

Savoir dégager une stratégie « de soutien » et/ou « d'accélération »

L'entraîneur a pour mission d'amener chacun de ses joueurs et l'équipe au plus haut degré de leur potentiel. Pour ce faire, il conçoit un plan d'action progressif et différencié afin de permettre à chaque individu de progresser à son rythme. L'important n'est pas qu'il y ait succès du petit nombre, mais que le succès du petit nombre n'existe réellement que s'il est consolidé par la progression de tous. Il n'est pas question, non plus, de retarder les plus doués en attendant que les plus faibles se mettent à leur niveau. Si les écarts entre les membres du groupe augmentent, ni les uns ni les autres progressent réellement car le degré d'opposition diminue pour les uns et devient infranchissable pour les autres. Donc, forts et moins forts doivent progresser ensemble pour qu'il y ait auto-stimulation et que les potentialités du groupe et de l'individu soient exploitées au maximum.

Par conséquent, l'entraîneur doit être capable de dégager des stratégies *de soutien* pour les moins avancés ainsi que des stratégies *d'accélération* pour les plus doués.

Démarquage simple

Jeu dirigé

Objectif : **être capable de défendre l'écran sortant entre un intérieur et un ailier au poste bas**

Consignes

• Mise en place

5 joueurs situés aux emplacements prévus par l'illustration graphique. Le ballon en 1.

• Déroulement

Faire circuler chronologiquement la balle. Les 2 premiers passeurs vont défendre sur le vis-à-vis placé dans leur diagonale. Le 3e passeur fait un passe et va, puis revient pour bénéficier de l'écran sortant. Le joueur placé sous le panier monte durant la passe de 3 à 4, reçoit de 4, puis joue le rôle du meneur. Jouer 2c2 + passeur.

• Rotation/Continuité

Pour joueurs polyvalents : 1 prend la place 2, 2 remplace 3,… et 5 remplace 1. Pour spécialisés : 1 et 3, et 2 et 4 inversent leurs rôles.

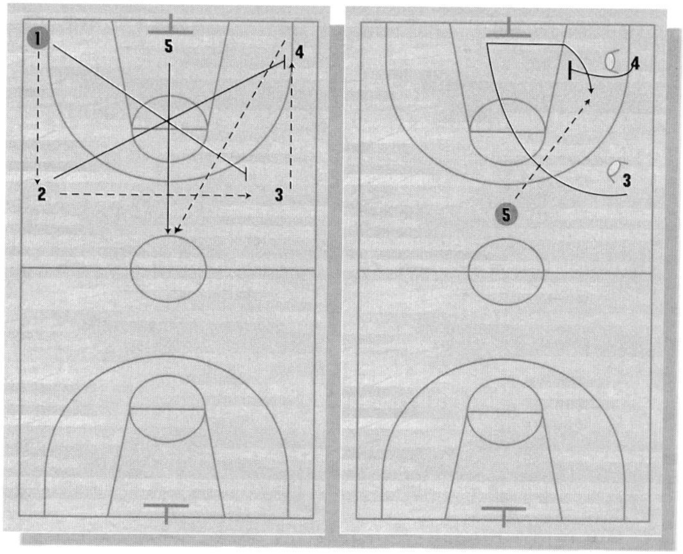

Matériel : 1 ballon par groupe de travail.

Démarquage simple

Jeu dirigé

Objectif : **Être capable de lire la réaction défensive et de tirer profit d'une situation d'écran sortant**

Consignes

• Mise en place

5 joueurs situés aux emplacements prévus par l'illustration graphique. Le ballon en 1.

• Déroulement

Faire circuler chronologiquement la balle. Les 2 premiers passeurs vont défendre sur le vis-à-vis placé dans leur diagonale. Le 3e passeur fait un *passe et va*, reste au poste bas opposé pour bénéficier de l'écran de son coéquipier.. Le joueur placé sous le panier monte durant la passe de 3 à 4, reçoit de 4, puis se décale en dribble pour déclencher l'écran entre les pivots. Joueur 2c2 + passeur. Varier les choix défensifs (passer par-dessus, par-dessous, rester dans l'écran).

• Rotation/Continuité

1 ⇨ 2, 2 ⇨ 3,… et 5 remplace 1.

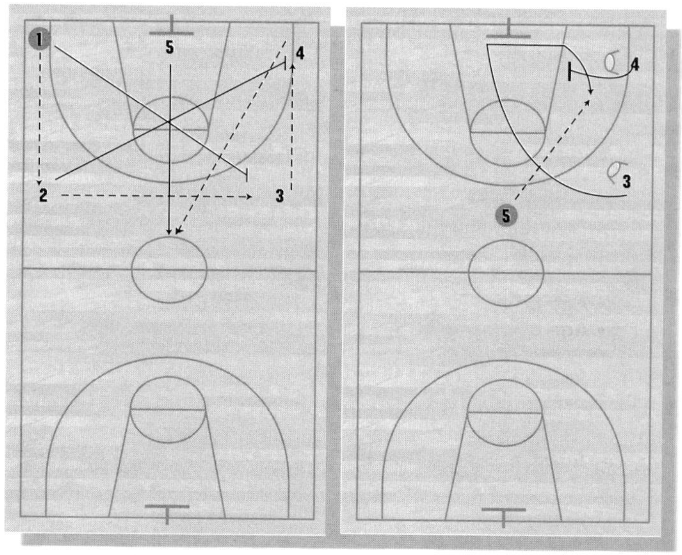

Matériel : 1 ballon par groupe de travail.

Exemples de stratégies *de soutien* :

• Adaptation temporelle : programme et objectifs identiques mais la durée d'apprentissage et le temps d'entraînement deviennent variables.

• Adaptation des objectifs aux différences individuelles : c'est le cas des entraînements optionnels où le joueur choisit un type de travail en fonction de ses intérêts et compétences. Ce sont des entraînements à thème ou par poste de jeu.

• Adaptation par la réduction des différences individuelles : c'est un entraînement correctif où les joueurs sont groupés par types d'erreurs, de besoins spécifiques et suivent un programme de mise à niveau. Il permet aux joueurs ayant des difficultés temporaires d'être aidés à apprendre les habiletés non maîtrisées. Ce sont des entraînements par niveau.

Exemples de stratégies *d'accélération* :

• Élargissement des objectifs : ce sont des séances où les objectifs dépassent le programme planifié. C'est un enrichissement lié au poste de jeu, à ses degrés d'opposition et de contrainte spatio-temporelle.

• Du général au spécifique : les fondamentaux sont sollicités lors de situations spécifiques afin de les adapter et de les rendre opérationnels aux particularités des postes de jeu.

• Adaptation à l'exigence physiologique : il s'agit de séances où l'accent est mis sur le rapport existant entre la maîtrise motrice d'une habileté et son cadre spatio-temporel (espace restreint, temps de réaction, temps d'exécution, etc.).

• Sollicitations du système cognitif : c'est la lecture du jeu, la prise d'informations, le repérage d'indices de jeu qui priment durant ces séances. L'exécution motrice est intégrée et libère le joueur pour mieux se consacrer à identifier une situation et sélectionner la meilleure réponse.

Ces procédures *de soutien* et *d'accélération* sont les fusibles qui assurent à l'entraîneur un enseignement qui prend en compte les qualités et les défauts présents des joueurs, mais aussi les aptitudes à une meilleure performance dans un avenir proche. L'entraîneur évitera donc d'écarter les potentiels de demain tout en bénéficiant de l'apport des meilleurs du moment.

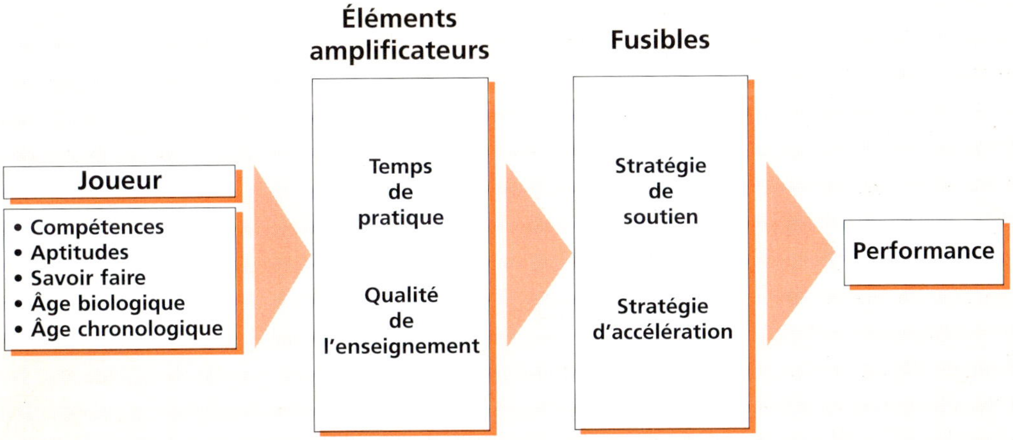

Les fusibles garantissent le développement maximum du potentiel de chaque individu à chaque stade de sa formation.

Savoir retranscrire sa grille d'entraînement

Quand bien même, la conception de la séance d'entraînement est une opération intellectuelle, l'entraîneur s'efforcera de la transcrire afin de garder une trace écrite de sa réflexion. Selon le degré d'expertise de chaque entraîneur, les informations qu'il rassemblera seront plus ou moins détaillées.

Ainsi, un entraîneur peut avoir une représentation mentale très précise du déroulement de la séance et ne transcrire que les données indispensables (objectif, illustration graphique, consignes clés et observations éventuelles, voir grille 1 p. 45). Un autre entraîneur, qui a du mal à gérer son temps, inscrira la répartition temporelle de sa séance afin d'y apporter une attention très scrupuleuse (voir grille 2 p. 46). Nous avons dit qu'une situation pédagogique ne peut provoquer l'apparition d'un comportement que si les consignes sont clairement annoncées et comprises. Il est donc nécessaire de les clarifier tantôt pour les rôles offensifs que défensifs (voir grille 2). En effet, si nous travaillons l'exploitation du premier pas lors du 1c1, il nous paraît capital d'exiger une défense très rapprochée sur le joueur porteur de balle, sous peine de ne pas voir apparaître l'habileté technique ou de la voir apparaître sans élément déclencheur logique (défense rapprochée). L'entraîneur en formation peut se construire des grilles guides lui permettant de mieux faire le point sur ses compétences, de mieux appréhender une méthodologie prescrite par son formateur (voir grille 3 p. 47).

Savoir mettre en place la situation d'entraînement

La situation d'entraînement conçue, il ne reste plus qu'à la mettre en place. Pour ce faire, l'entraîneur se doit de communiquer une série d'informations aux joueurs afin qu'ils puissent exécuter correctement la tâche demandée.

Savoir communiquer :

Ces informations sont de natures diverses. Sur le plan pédagogique, il est bigrement important que les joueurs connaissent quel est l'objectif poursuivi et en quoi il va leur être utile. L'objectif doit être pertinent pour l'entraîneur comme pour ses joueurs. De même, il faut préciser aux apprenants sur quels critères va se fonder l'évaluation de leur prestation afin qu'ils puissent mettre en œuvre la meilleure stratégie pour y arriver.

L'entraîneur doit préciser, également, l'organisation retenue pour la réalisation d'une situation d'entraînement, quel sera son déroulement et sa continuité. Ces renseignements sont capitaux au bon fonctionnement et permettent à l'entraîneur de se consacrer librement à des tâches d'observation et de correction.

Séance d'entraînement
(grille 1)

Date : .... Thème : .... Séance n° : ....

Objectifs	Situations pédagogiques	Consignes	Observations
	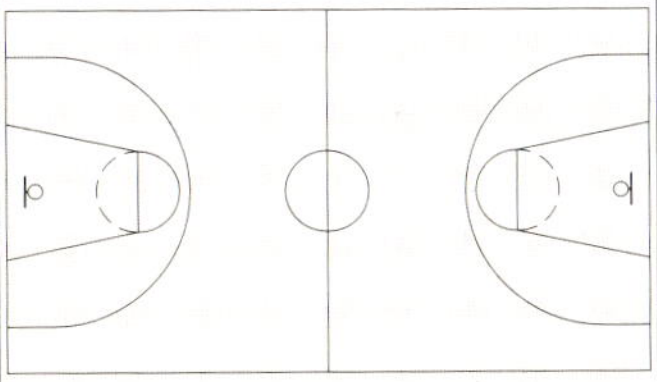		
	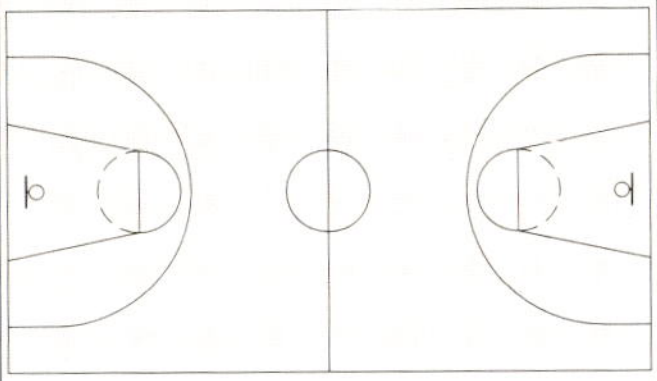		
	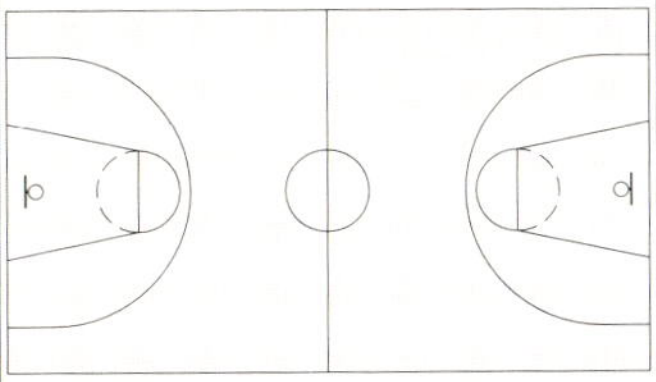		
	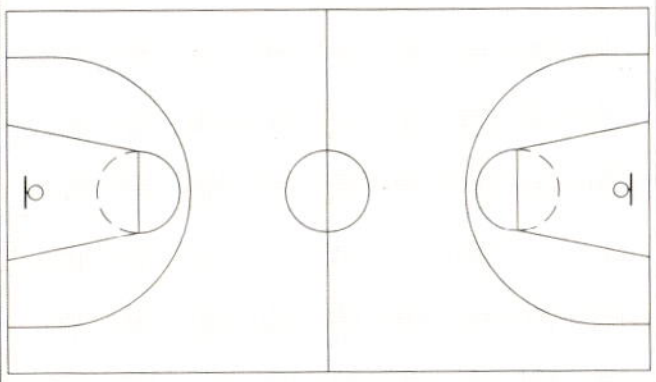		
	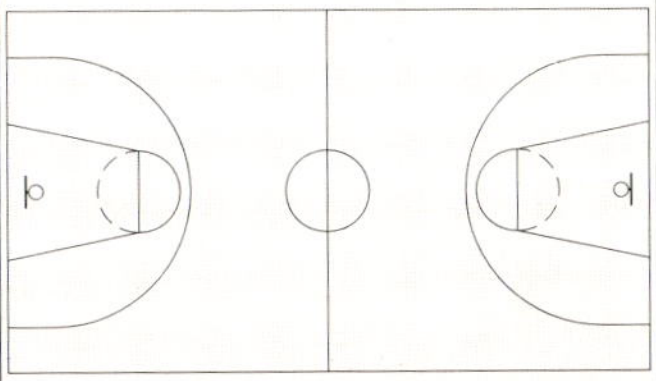		
	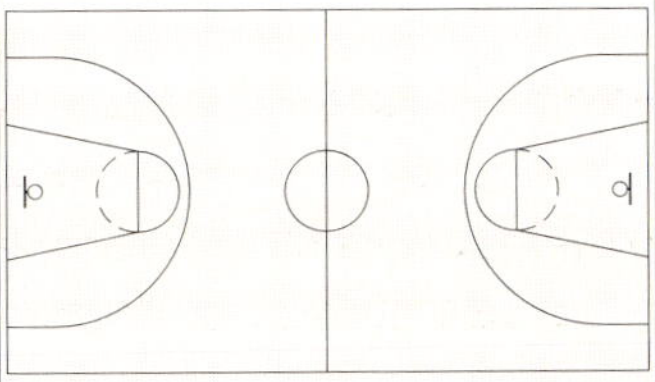		

Séance d'entraînement
(grille 2)

Date : .... Thème : .... Séance n° : ....

Objectifs	T'	Situations pédagogiques	Consignes	
			Attaquants	Défenseurs
		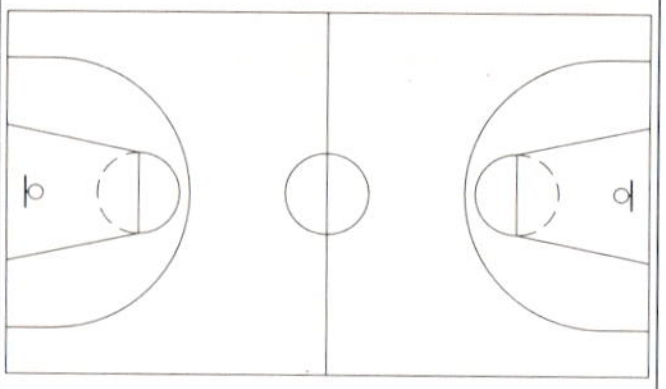		
		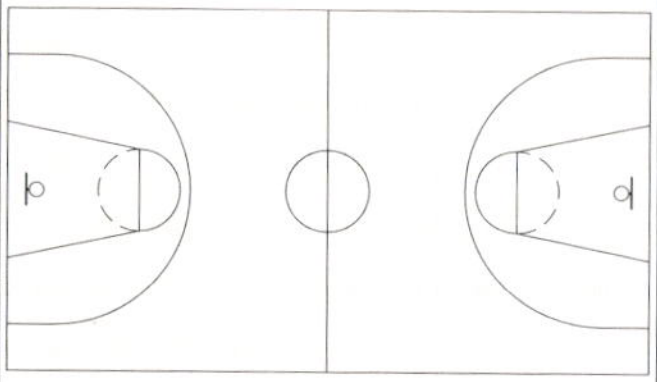		
		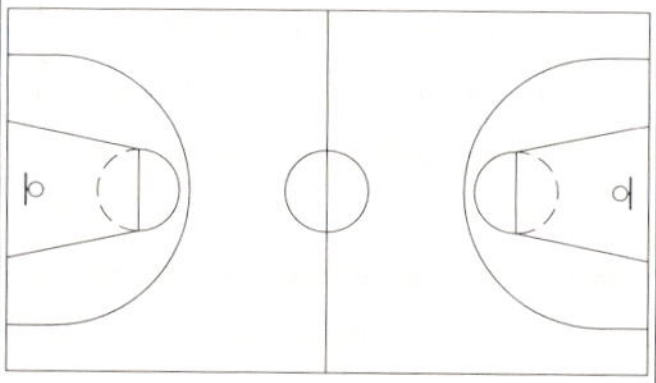		
		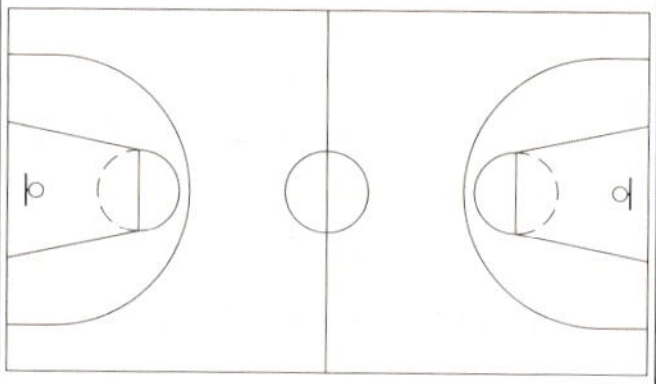		
		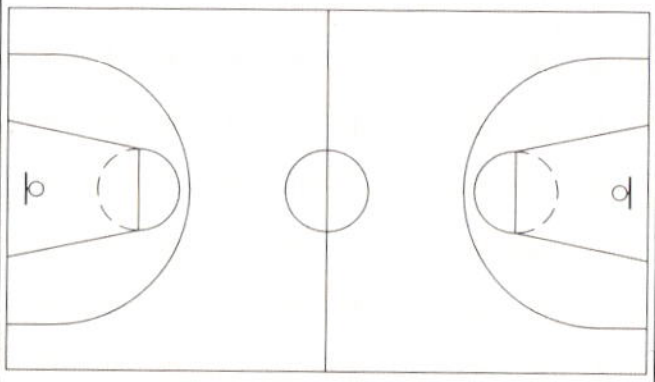		
		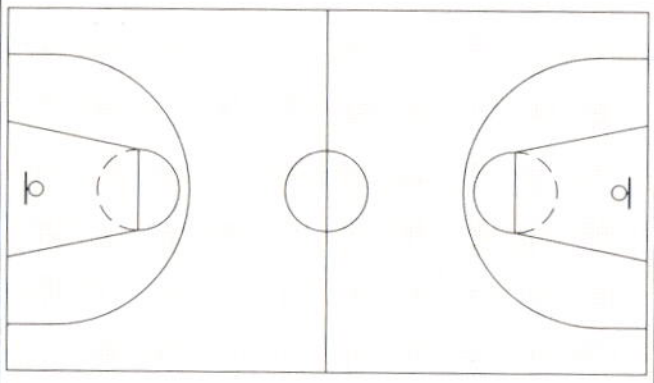		

Séance d'entraînement (grille 3)

Date : .... Thème : .... Séance n° : ....

Objectifs	T'	Situations pédagogiques	Consignes Joueurs		Consignes Coach	
			Défenseurs	Attaquants	Mise en place	Déroulement
		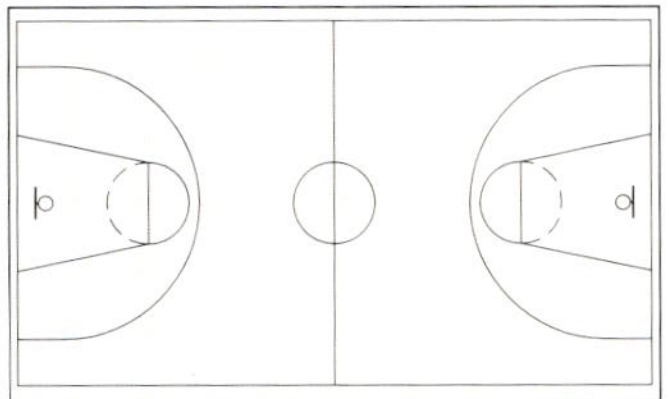	Que doivent-ils faire ? Comment doivent-ils faire ? Quand doivent-ils le faire ? Où doivent-ils le faire ? En combien de temps ? etc.	Que doivent-ils faire ? Comment doivent-ils faire ? Quand doivent-ils le faire ? Où doivent-ils le faire ? En combien de temps ? etc.	Type d'organisation selon l'effectif Petit matériel à prévoir etc.	Si problème d'exécution concernant un aspect technique, qu'ai-je prévu pour y remédier ? où me placer pour mieux observer ?
		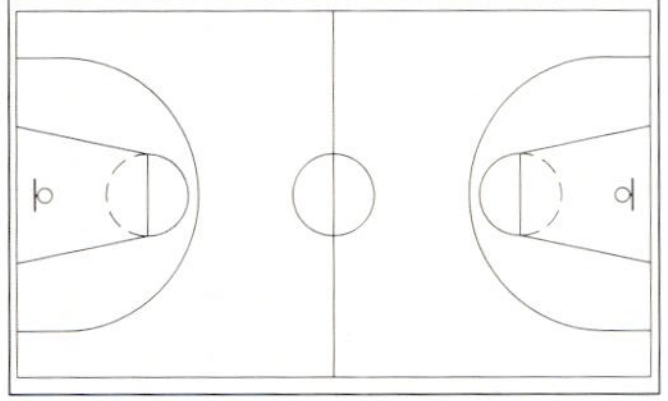				
		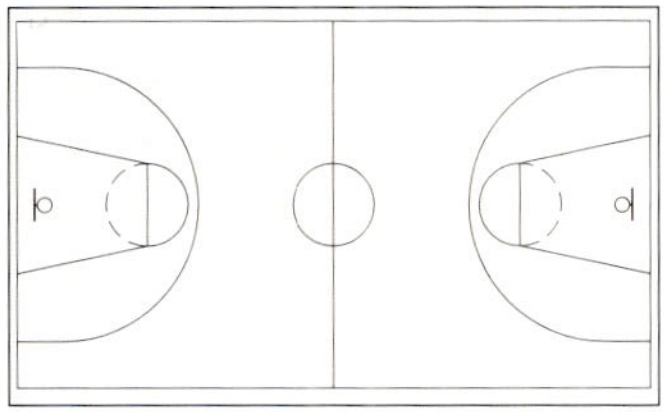				
		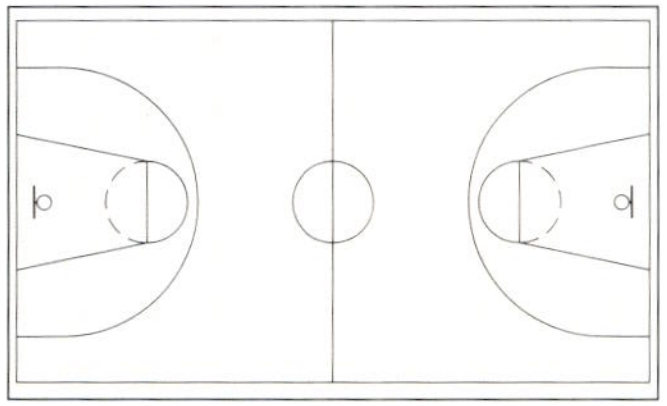				

Savoir choisir la meilleure organisation :

L'organisation choisie par l'entraîneur peut avoir des conséquences facilitatrices pour l'apprentissage tout autant qu'elle peut provoquer un ralentissement des acquisitions. L'apprentissage des habiletés étant étroitement lié au temps de pratique, il va sans dire que le choix du type d'organisation revêt une importance de premier ordre. Une bonne organisation doit permettre l'augmentation du temps d'activité de chaque individu et, par là, une accélération dans son apprentissage. Elle doit permettre au plus grand nombre d'être actifs simultanément. Selon son effectif et ses ressources matérielles, l'entraîneur fera le meilleur tri entre les organisations possibles.

Quand bien même, une organisation optimale assure une *quantité* de travail suffisante, elle doit aussi libérer l'entraîneur afin qu'il puisse se consacrer à des tâches d'enseignement : observer, corriger, réguler, renforcer les prestations des joueurs, analyser les causes d'échec, etc. Cette deuxième exigence assure la *qualité* du travail réalisé.

Les groupes de travail :

Cette organisation permet l'exécution simultanée du même exercice par des groupes de travail judicieusement répartis dans l'espace.

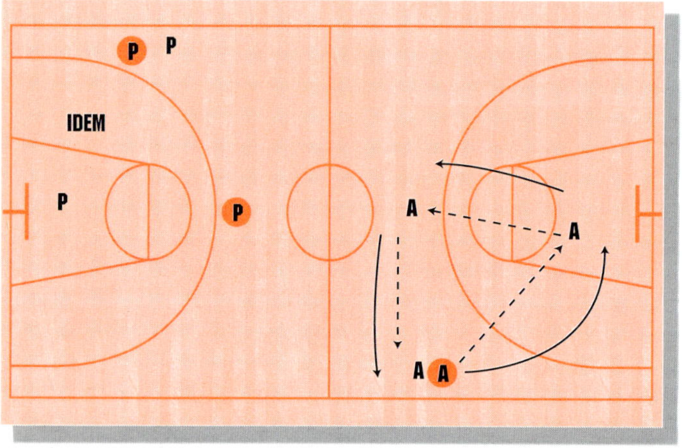

Les groupes A et P réalisent les mêmes tâches simultanément, sans perdre du temps, sans perturber l'autre groupe.

Elle permet de rentabiliser le temps de travail dans la mesure où les contraintes spatiales permettent de transposer en plusieurs endroits la tâche, permettant par là, l'augmentation du nombre de répétitions des apprenants. De plus, lorsque l'entraîneur doit apporter une correction particulière à un groupe de travail, les autres groupes peuvent continuer de s'exercer. Si la correction doit être généralisée, il demandera l'attention de tous les groupes de travail. Les joueurs ayant certaines affinités peuvent être regroupés au sein d'un même groupe (groupe de niveau, groupe par poste de jeu).

Le travail par ateliers :

Cette organisation permet l'exécution simultanée d'exercices différents par des groupes de travail judicieusement répartis dans l'espace et selon des besoins spécifiques.

Les différents groupes ne s'exercent qu'à une partie des ateliers ou à leur totalité selon les consignes de l'entraîneur. Cette formule permet d'offrir toute une variété de situations sans pour autant perdre du temps en mises en place complexes et répétitives.

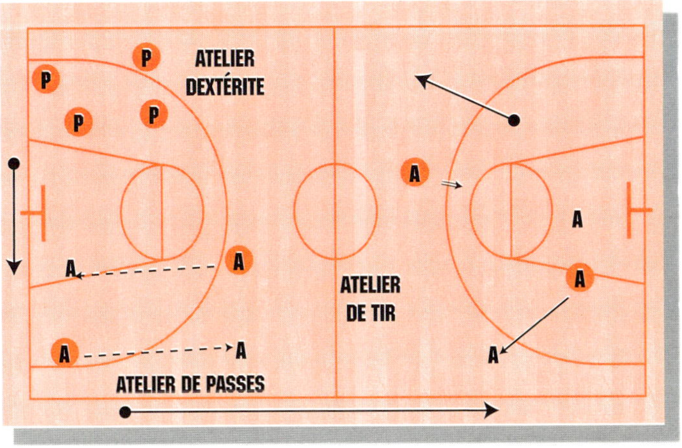

Exemple de situation avec 3 groupes de joueurs qui évoluent par ateliers. Le groupe P travaille la dextérité, le groupe A de gauche travaille la passe et le groupe A de droite fait du tir. Après x minutes ou au signal de l'entraîneur, les joueurs font une rotation pour changer d'exercice.

Le travail en circuit :

Cette organisation permet de travailler un ou plusieurs contenus d'apprentissage ainsi que leur association durant une même passation.

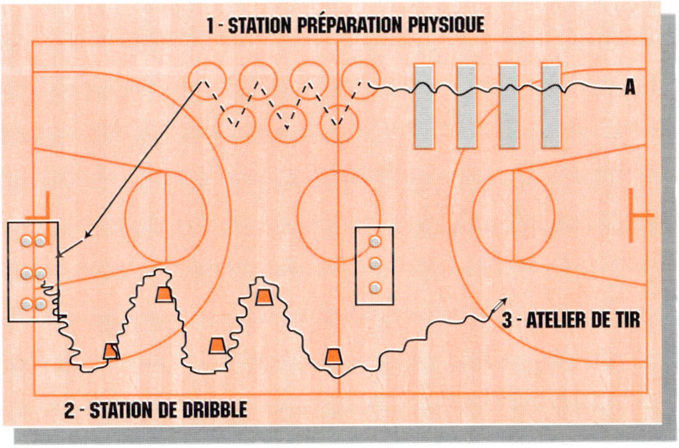

Exemple de circuit à plusieurs contenus : A travaille la fréquence de ses appuis avec les lattes, puis il travaille la force de ses membres inférieurs en faisant des bonds dans les cerceaux, il sprinte et touche le cercle. Après il prend un ballon et fait un slalom en dribble puis tire au panier. Il va chercher les 3 autres ballons du 2e cageot pour tirer également. Après le dernier tir, il récupère le dernier ballon et sprinte jusqu'à le poser à l'intérieur du 1er cageot.

À l'éventuelle variété des éléments abordés, il faut ajouter la possibilité de les réaliser sous des formes compétitives. C'est donc une excellente organisation pour motiver ses « troupes ».

Le travail par vagues :

Cette organisation permet l'alternance des groupes de travail tout en optimisant le temps d'attente et le temps d'exécution.

En général, la fin de l'exécution d'un groupe de travail initialise celle du groupe suivant. Excellente formation pour la gestion du rapport temps d'effort/temps de récupération.

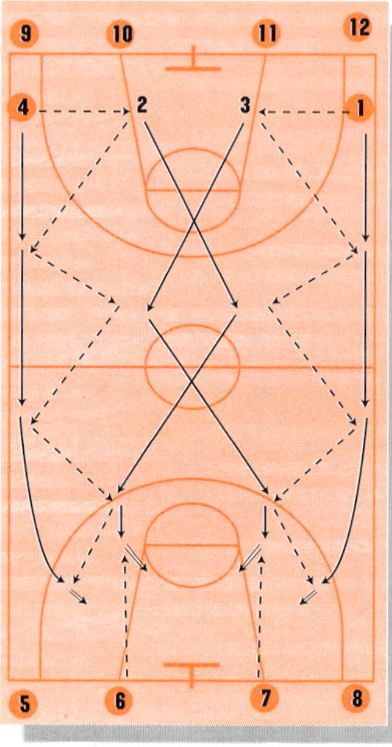

Exemple d'exercice en vagues : les joueurs latéraux progressent en passes jusqu'à l'autre bout où ils tirent au panier. Les joueurs du milieu progressent en remettant la passe alternativement à chaque joueur latéral. Après chaque réception-passe, ils se croisent pour recevoir et passer à l'autre joueur. Au bout, ils reçoivent la passe des deux joueurs du centre de la vague suivante.
Les 4 shooteurs récupèrent leur rebond respectif et inversent les positions centrales et latérales. La vague suivante démarre dès que les 4 joueurs sont prêts.
Travail en continuité.

Le travail en séries :

Il permet un nombre de répétitions important malgré que les tâches à exécuter soient simples afin de ne pas interrompre le passage du joueur ou des groupes suivants.

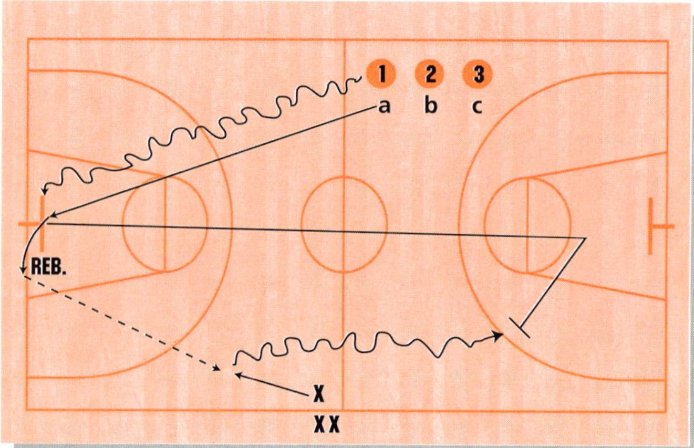

Exemple d'exercice en série : le porteur de balle démarre en dribble et va marquer en lay-up. Son défenseur ne démarre que lorsque le porteur franchit la ligne médiane. Après son tir, l'attaquant fait un repli rapide sur l'attaquant qui va recevoir la balle du défenseur-rebondeur.
Jouer 1c1.
Pour que l'enchaînement soit fluide, (1) remplace (a) et celui-ci va dans la colonne des (x). L'attaquant (x) va dans la colonne de (1).

Dans tous les cas, l'entraîneur s'efforcera de faire bon usage des supports mis à sa disposition lui permettant de clarifier ses consignes d'organisation : l'utilisation du tableau permet aux joueurs ayant une bonne mémoire visuelle de mieux comprendre ce que l'on attend d'eux.

Un autre support est la démonstration. Celle-ci permet d'apporter des repères tangibles tels que les différentes phases d'exécution d'un geste technique, la vitesse d'exécution, le timing des déplacements, le parcours à suivre, etc.

Savoir stimuler : les situations compétitives et les contrats d'objectifs

L'interaction sociale est source de progrès si elle est liée à un conflit *interindividuel* né de l'opposition. Par la recherche du dépassement d'un déséquilibre interindividuel, le joueur se trouve conduit à un dépassement de son déséquilibre *intra-individuel*. Si l'on demande à deux joueurs de réaliser un slalom entre des plots le plus rapidement possible, la meilleure performance surviendra lorsque les deux seront chronométrés simultanément (l'entraîneur aura pris le soin de démultiplier le parcours) et non pas lorsqu'ils passeront l'un après l'autre.

Savoir démontrer :

L'apprentissage d'une habileté nouvelle nécessite, d'une part, la *compréhension* de la tâche et de son but, d'autre part, l'*identification* des mouvements nécessaires à sa réalisation par le biais de la démonstration. Le plan d'exécution visualisé puis intégré par l'apprenant est un élément de guidage impératif.

La démonstration est une aide pédagogique que l'entraîneur doit être en mesure d'apporter à tout moment. Il peut s'agir d'une *démonstration globale* du geste, qui donne l'objectif de l'apprentissage, ce qu'il y a affaire. Elle a pour but de montrer le modèle à imiter et d'en faciliter son appropriation. Ou s'agir encore d'une démonstration dite *analytique* qui montre non plus le geste dans sa globalité mais certains éléments, certaines étapes de celui-ci, ainsi que leur coordination, leur emboîtement.

L'entraîneur joue sur la vitesse d'exécution de sa démonstration *globale* ou *analytique* selon ses intentions. Il complète la démonstration par des explications et des informations verbales qui vont constituer les repères d'exécution pour les apprenants. Ses démonstrations s'appuient sur des commentaires qui *sondent* les représentations des joueurs afin de s'assurer de la compréhension du message qu'il tente de faire passer.

Une fois l'objectif annoncé, la situation d'entraînement mise en place et le but poursuivi clarifié et démontré, il ne reste plus qu'à laisser s'exercer les joueurs.

Les premières répétitions permettent aux apprenants de se familiariser avec la tâche et ne présentent aucune valeur de niveau. Ce n'est que lorsque le joueur aura intégré le déroulement de la situation, qu'il pourra se consacrer à intégrer le concept et l'habileté de jeu sollicités.

Après ce court laps de temps de familiarisation avec la situation pédagogique, l'entraîneur intervient pour renseigner les apprenants sur leur prestation, les corriger et gérer tout autre aspect lié à l'apprentissage de l'habileté.

Analysons plus en détail cette étape de l'acte d'entraîner.

SAVOIR INTERVENIR DURANT LA SITUATION D'ENTRAÎNEMENT

Savoir renseigner les apprenants sur leur prestation :

L'entraîneur est un miroir qui renvoie une image d'acceptation ou de refus de la prestation du joueur. Face à une situation de réussite, l'entraîneur doit communiquer à l'apprenant son approbation. C'est ce que l'on appelle un *renforcement positif*. Cette approbation se traduit par une récompense verbale ou matérielle. Elle peut se révéler très rentable si l'on sait que la répétition - contrairement à ce que l'on peut penser - n'a pas pour effet inexorable de consolider les conduites et de les transformer en automatismes. Si cela était ainsi, la répétition serait plus nuisible qu'utile à l'apprentissage dans la mesure où les erreurs initiales - parce que longtemps répétées - deviendraient des *plis* incorrigibles. Or, s'il en est rien, c'est que les succès notifiés, même rares, suffisent à eux seuls à éliminer des erreurs bien des fois répétées. Il suffit que le succès soit confirmé par une récompense.

Face à une situation d'échec, l'entraîneur doit non-seulement informer le joueur de son échec « temporaire », mais aussi identifier rapidement les causes de l'échec. Il ne faut surtout pas rester indifférent et espérer que le temps et les répétitions améliorent la performance (ceci risquerait d'être fort long), ni crier ou hurler car le seul résultat assuré est l'inhibition du joueur, ni répéter de façon identique les consignes (comme une voiture qui cale lorsqu'on démarre en troisième, la répétition de l'erreur ne débouche pas sur sa résolution).

En revanche, l'entraîneur veillera à reformuler ses consignes et à redémontrer l'habileté en prenant en compte les éventuelles causes d'échec moteur. Il questionnera le joueur s'il existe un problème de compréhension, l'encouragera si la cause est d'origine affective. Cathelineau et Target, dans leur excellent ouvrage *Pédagogie sportive**, ont conçu un tableau récapitulatif des différentes causes d'échec ainsi que de leurs symptômes.

---

* Jacques CATHELINEAU, Christian TARGET, p. 57, Éditions VIGOT, 1990

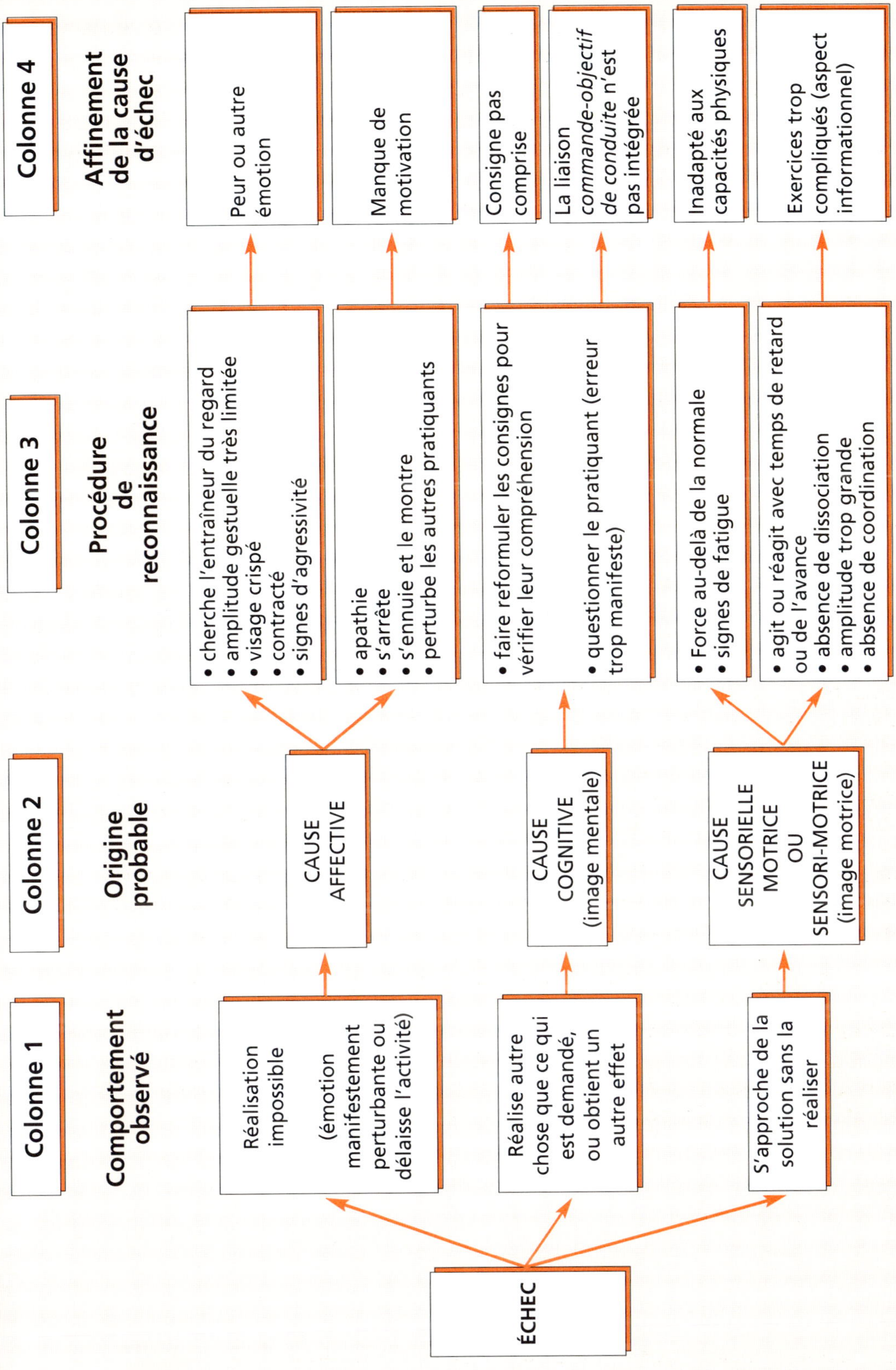

Tableau d'analyse des causes d'échec

L'entraîneur doit être en mesure de constater l'échec certes, mais surtout de l'argumenter afin que les joueurs ressentent ses propos comme des informations objectives et pertinentes, sans aucune arrière pensée liée à la « tête du client ». L'entraîneur sanctionne (positivement ou négativement) l'acte et point la personne qui l'exécute.

Savoir corriger la prestation de l'apprenant :

La correction est une étape importante vers le succès tant que l'on considère l'erreur comme un point d'appui facilitateur de l'apprentissage. L'erreur est un comportement observable qui détermine la marche à suivre et donc la cohérence du travail à venir.

Dans la mesure du possible, l'entraîneur doit individualiser ses corrections tout en permettant aux autres joueurs de continuer à travailler. Lorsque le même problème se produit au sein de plusieurs groupes de travail ou de plusieurs joueurs, il est cohérent de procéder à une correction collective et d'interrompre toute activité. Encore une fois, le référentiel d'exécution est le seul point commun à partir duquel tout dialogue Joueur/Entraîneur peut fructifier en vue de la résolution du problème. L'entraîneur donne des repères permettant au joueur de se situer dans le temps et dans l'espace, de percevoir un élément dans un ensemble, en un mot de *s'y retrouver*.

Avec l'expérience, chaque entraîneur constate que certaines erreurs récidivent lors des premières tentatives d'acquisition d'une habileté. Il est donc rentable d'anticiper et de prévoir les corrections ainsi que les étapes intermédiaires à mettre en œuvre afin d'y remédier.

Toutes les compétences évoquées jusqu'ici (savoir concevoir, savoir mettre en place, etc.) nécessitent d'une autre qui leur est indissociable : il s'agit de la compétence à évaluer. En effet, l'entraîneur passe son temps à évaluer plus ou moins sauvagement : il évalue mentalement quelle sera la réaction de ses joueurs lorsqu'il concocte sa séance, il évalue le temps qu'il lui faudra pour faire acquérir un objectif d'apprentissage, il mesure l'écart entre la prestation réalisée et la prestation attendue, etc. Cette compétence, de par son importance et sa transversalité, nécessite d'une analyse approfondie.

Savoir évaluer la prestation des joueurs

L'entraîneur doit être capable d'identifier un comportement, un mode de fonctionnement cognitif, afin d'établir une comparaison avec le comportement attendu (référentiel) et renvoyer à l'exécutant un feed-back (rétroaction) d'approbation, de refus ou de réorientation (correction). Cet ensemble d'opérations constitue le principe de l'évaluation.

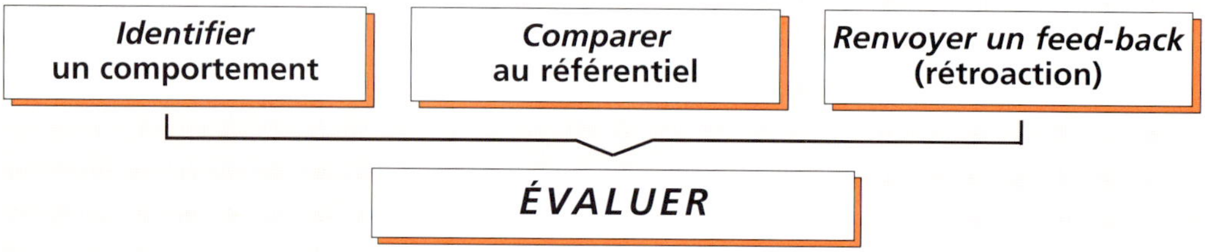

Les différentes fonctions de l'évaluation :

• *Diagnostique* : elle permet de découvrir les points forts et les faiblesses des joueurs. Il s'agit de tester et de vérifier que les joueurs possèdent effectivement les prérequis nécessaires pour suivre la séquence d'entraînement. C'est le cas des tests de début de saison.

• *Sommative* : elle établit le degré auquel les objectifs ont été atteints. C'est le bilan des acquis. Ce type d'évaluation a lieu lors de situations de jeu réel à l'entraînement ou lors de compétitions. Le joueur doit apporter les réponses adéquates aux différentes situations réelles qui se présentent à lui, avec les notions de risque, d'enjeu et de stress inhérents. C'est le match, sanctionné par la victoire ou la défaite.

• *Formative* : elle permet au joueur de remédier à ses erreurs et à ses lacunes peu après leur apparition. Elle est très fréquente et exploite l'erreur comme point d'appui permettant de franchir l'obstacle. C'est un moment privilégié de dialogue avec l'entraîneur afin de savoir où il en est et comment il peut être aidé dans la réalisation de son projet individuel et collectif. C'est l'intervention de l'entraîneur par le biais des renforcements et des corrections.

Évaluer le produit et le processus :

La résolution de certaines situations peut solliciter des processus plus ou moins complexes qui conduisent à un produit plus ou moins simple. Selon l'importance de chacun de ces éléments, il convient de faire la part des choses et d'en évaluer la portée. Exemple de compétence dans laquelle le produit est plus important que le processus : exécution motrice d'un démarquage à vide. Exemple de compétence dans laquelle le processus est plus important que le produit : lire le jeu durant une situation de démarquage à l'aide d'un partenaire (écran indirect).

L'entraîneur doit donc veiller au suivi et au développement de ces deux composantes de l'apprentissage : le versant moteur (produit) et le versant cognitif (processus).

La création de grilles d'observation axées sur la dissociation de ces deux composantes convient à un bon suivi. Voici un exemple de grille destinée au contrôle de l'apprentissage des fondamentaux :

- *Exemple de grille « contrôle de l'apprentissage des fondamentaux »*, (*page* 56)

Action technique à évaluer être capable de fixer son défenseur à l'aide d'un écran	Parties fondamentales de l'action							
	Exemple de produit : • passer l'écran épaule contre épaule				**Exemple de processus :** • s'informer sur la stratégie défensive et réagir de la façon la plus adaptée			
Joueurs	**Bien**	**Assez Bien**	**Moyen**	**Mal**	**Bien**	**Assez Bien**	**Moyen**	**Mal**
Patrick	✖					✖		
Renaud	✖					✖		
Paul	✖						✖	
Eddy	✖						✖	
Robert			✖				✖	
Philippe			✖				✖	
Raymond				✖				✖
Julien	✖				✖			
Franck		✖				✖		
Nicolas			✖				✖	
Jérôme			✖					✖
Christophe		✖					✖	

Remarques : ....

....

Construire des outils d'évaluation formative...

...pour permettre à l'entraîneur de guider le jeune joueur dans ses apprentissages afin de passer d'un niveau d'habileté à un niveau d'habileté supérieur. Pour réguler son intervention, pour dégager des indices pertinents, et dans un but de formation pour le joueur, pour lui permettre de construire des règles d'action. Ces outils caractérisent et identifient les comportements du joueur :

- dans sa prise d'information ;
- dans l'espace : ses déplacements, ses actions d'échange ;
- dans son organisation posturale (attitudes).

Ces champs d'observation présentent l'écart entre le but poursuivi et le résultat obtenu afin de déclencher un processus de transformation ; ils se centrent sur les modalités de l'action afin d'établir des relations de causalité par une mise en relation d'indices.

LE PARTENAIRE DU PORTEUR DE BALLE

Champs d'observation Niveaux d'habilité	Intentions tactiques	Actions d'information	Échanges, déplacements	Équilibre, posture
Niveau I	recevoir la balle	centré sur la balle ; la demande de la voix	inaccessible (trop loin, trop près, pas de ligne de passe)	statique, bras collés au corps, jambes raides
Niveau II	recevoir pour s'approcher de la cible ou pour tirer	centré sur le porteur de balle et de la cible ; demande du geste	il se déplace dans le couloir du jeu indirect	bras libérés, se déplace avec peu d'amplitude, au même rythme
Niveau III	recevoir pour marquer	intègre le porteur de balle et la cible, les partenaires et adversaires	se rend accessible dans le jeu direct	jambes fléchies, actif, changements de direction et de rythme

La hiérarchisation des niveaux d'habileté permet aux joueurs de différencier le mieux du moins bien ; de savoir ce qu'ils font (résultat), de savoir comment ils le font (modalités) et de savoir ce qu'il faut faire (but à atteindre).

Par l'analyse des contraintes issues de la situation d'entraînement, l'entraîneur détermine les conditions de la réussite. Il peut alors proposer des objectifs de transformation et construire des outils visant ces transformations.

Exemples d'outils d'évaluation formatrice :

Outil 1 : questionnaire.

Objectif : aider le joueur à construire des indices concernant le TIRER et MARQUER efficacement.

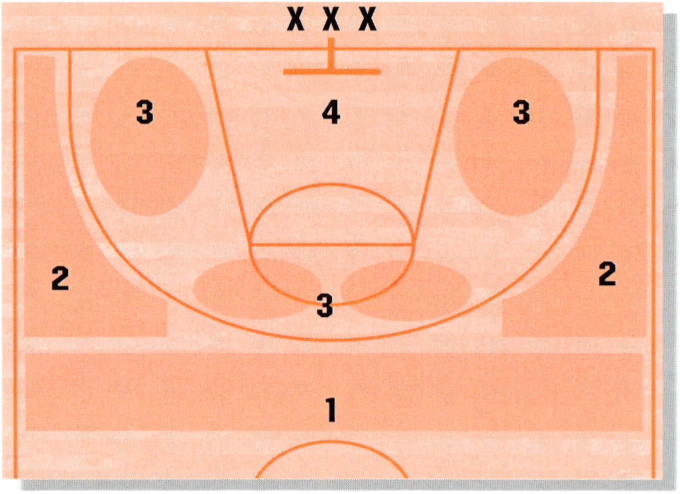

Question 1 :
depuis quelles zones sont marqués les paniers de ton équipe?

Question 2 :
depuis quelles zones est-ce le plus facile de marquer?

Question 3 :
depuis quelles zones tires-tu le plus souvent?

Outil 2 : fiches de constat et de réflexion.

Objectif : figer dans le temps une situation survenue et mal résolue afin de permettre au joueur d'apprendre à reconnaître certaines situations clés.

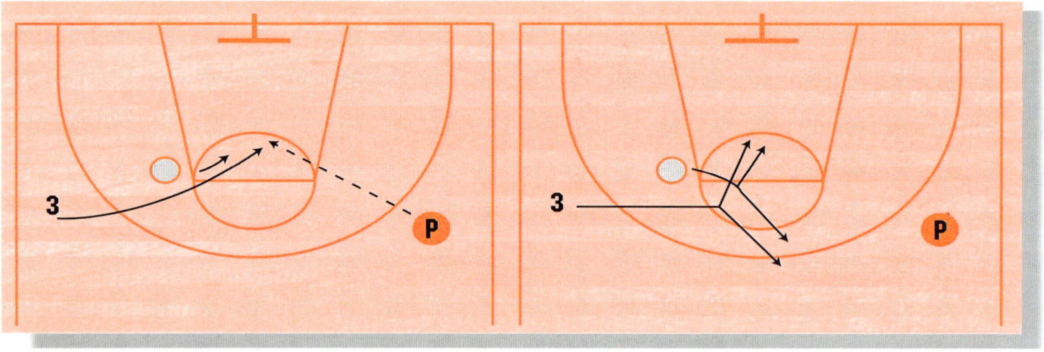

Constat	**Réflexion**
(partie fournie par l'entraîneur) « le défenseur qui se trouve en aide laisse passer son vis-à-vis devant lui »	(graphique et commentaires réalisés par le joueur) « je dois contester la coupe de mon adversaire »

Commentaires : l'entraîneur propose les situations-échec qu'il a relevées et le joueur propose une résolution sur le graphique adjoint.

Cet exercice développe l'approche conceptuelle et la représentation mentale.

Une erreur à ne pas commettre : l'effet Pygmalion

Sciemment ou pas, l'entraîneur classe ses apprenants en termes de *bons, moyens et mauvais* joueurs. Ainsi, il se construit des attentes naturelles vis-à-vis des prestations présentes et futures de certains joueurs. Ceci suscite des situations où l'attitude de l'entraîneur modifie la représentation qu'il a de la conduite des joueurs.

Ces comportements de l'entraîneur provoquent de multiples polémiques au sein du groupe et dans les rapports entraîneur-entraîné qu'il convient d'éviter. Pour cela, l'entraîneur s'efforcera de justifier et d'argumenter, par rapport au référentiel, l'évaluation de la prestation des joueurs. L'utilisation de grilles d'observation et de la vidéo peuvent s'avérer des supports d'objectivation très utiles. Encore une fois, il faut juger des faits et non pas des personnes !

SAVOIR RÉGULER LA SITUATION D'ENTRAÎNEMENT

C'est le processus permanent de remise en question de l'entraîneur par lui-même. Ce processus permet l'adaptation et l'amélioration constante de votre enseignement au service des joueurs.

La régulation est la capacité qu'a l'entraîneur à s'adapter à des situations inattendues, c'est-à-dire à remettre en cause ce qu'il a pensé, préparé et mis en place, pour improviser des aménagements répondant mieux aux besoins du moment.

Les différentes fonctions de la régulation :

• D*e gestion* : elle permet d'optimiser le rôle de chaque étape de l'activité de l'entraîneur (concevoir, mettre en place, intervenir, corriger, évaluer, etc.). Elle décide du début et de la fin de chacune d'elles.

• Q*uantitative* : elle permet d'augmenter le nombre de répétitions des joueurs, le temps de pratique individuel (modifier le type d'organisation, le nombre de groupes de travail, la rotation, etc.).

• Q*ualitative* : elle permet d'améliorer les conditions d'exécution de la tâche, elle favorise le suivi et le contrôle des résultats (utilisation de matériel pédagogique, de grilles d'évaluation, augmentation des *feed-back*, etc.).

Quand réguler ?

Nous avons tous vécu des situations où l'on ressent que le *courant ne passe pas*, que le déroulement de la séance n'est pas celui que nous avions imaginé, que les joueurs s'ennuient, que les échecs s'accumulent, etc.

Ces *indicateurs* tirent la sonnette d'alarme et signifient à l'entraîneur qu'il doit mettre en œuvre un dispositif d'adaptation face à un handicap imprévu. Malgré qu'il ait préparé sa séance d'entraînement consciencieusement, il ne doit pas douter à la modifier sur le champ s'il en ressent le besoin.

Il faut admettre que cette compétence est étroitement liée à l'expérience de l'entraîneur, qu'elle est assez subjective et que seule la sensibilité de chaque entraîneur et l'intimité qui l'unit à son groupe peuvent la faire émerger.

L'entraîneur n'est plus celui qui détient une compétence acquise. Il est celui qui se forme en formant, si du moins il est attentif à la demande des apprenants et s'il sait s'enrichir de ce qu'ils savent. Un entraîneur persuadé qu'il n'a plus rien à apprendre prouve moins sa compétence que son incompétence.

L'entraîneur d'aujourd'hui doit intégrer à son action une multitude de variables (hétérogénéité sociale et culturelle, diversité des motivations, multiplicité des modes de fonctionnement intellectuel et d'apprentissage, variété des pédagogies disponibles, variabilité des contenus à enseigner, contraintes matérielles, etc.). Sa compétence réside dans sa capacité à donner du sens et à gérer efficacement des dispositifs de formation qui ne peuvent être réduits ni à la seule relation éducative, ni aux seuls contenus d'entraînement.

L'entraîneur est un professionnel efficace et performant. Il ne lui suffit plus d'avoir une vocation ou un certain « don ». Il doit se dresser en ingénieur du Basketball. Il doit maîtriser tous les paramètres de l'action éducative pour construire des séquences pédagogiques performantes dans un contexte composite. Il est donc nécessaire qu'il ait de vastes connaissances dans le champ éducatif, une grande capacité d'analyse, un entraînement à la créativité, un solide sens de l'organisation. Il est pédagogue et didacticien.

Comme ses joueurs, l'entraîneur est guidé par un paradoxe : il doit faire ce qu'il ne sait pas faire pour apprendre à le faire ! Un proverbe Français dit que « *c'est en forgeant que l'on devient forgeron* », un proverbe Allemand le vérifie « *c'est l'exercice qui fait le maître* » et les vers du poète Espagnol Antonio Machado le confirment « *c'est en cheminant que l'on fait le chemin* ».

Si la répétition n'est pas en elle-même une cause de progrès, elle est une occasion pour les causes de progrès de se manifester. L'entraîneur doit donc pratiquer, s'informer, s'auto-évaluer, etc. Seule cette rigueur rendra la répétition féconde et source de progrès.

Exemples concrets de situations d'entraînement

Parmi la batterie de situations pédagogiques que nous vous soumettons par la suite, certaines seront classiques, d'autres vous « diront » quelque chose et probablement quelques-unes vous sembleront inédites.

Loin de nous l'idée de vouloir constituer un catalogue exhaustif. La seule ambition qui a guidé notre démarche a été celle de vous proposer des situations pédagogiques concrètes afin de vous épauler dans votre quête de recettes tout en refusant de nous substituer à votre réflexion.

C'est pourquoi, il appartient à tout un chacun d'évaluer son groupe et de lui tracer les paliers d'acquisition nécessaires à son perfectionnement. C'est à vous, entraîneurs, d'assembler les différentes pièces du puzzle. Vous pourrez – devrez – modifier le contenu de ces fiches, en déduire des situations dérivées, et en supprimer afin de mieux accomplir la tâche qui est la vôtre.

Les référentiels qui sont proposés correspondent aux exigences et aux besoins d'un groupe donné à un moment précis de la saison. Pour obtenir d'avantage de précisions concernant l'exécution d'un fondamental référez-vous à un ouvrage technique plutôt que pédagogique. Les encadrés intitulés « Notes » vous permettront d'ajouter des précisions ou tout autre renseignement que vous jugerez utile.

Les fondamentaux offensifs

THÈME	**FICHE(S)**

Attitudes

Situation

Objectif : **être capable d'adopter la position fondamentale**

Consignes

• Mise en place

Les joueurs sont répartis dans le demi-terrain face à l'entraîneur.

• Déroulement

L'entraîneur fait la passe à l'un des joueurs qui adopte la position de triple menace durant 5". Les autres joueurs s'orientent vers le possesseur de balle en gardant la position fondamentale.

• Rotation/Continuité

Le possesseur de la balle refait la passe à l'entraîneur et les joueurs se mettent à nouveau face à lui. Recommencer en faisant la passe à un autre joueur.

• Variantes

1- Le possesseur fait la passe au coéquipier le plus appliqué. Celui-ci tire au panier.
2- Les joueurs se déplacent.

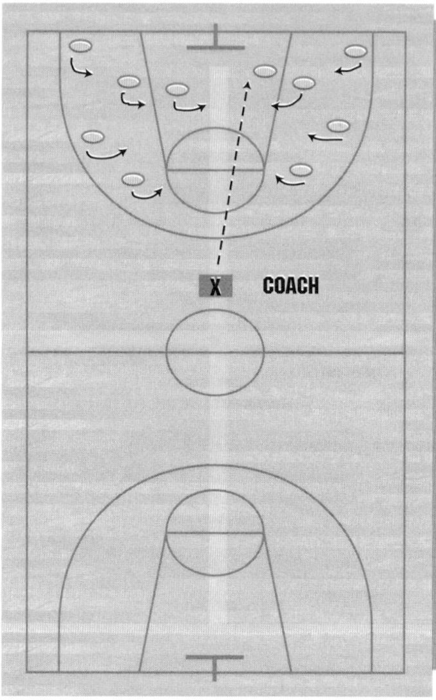

Matériel : **1 ballon par groupe de travail.**

Concept :

Référentiel :

- Position équilibrée ;
- la tête haute ;
- jambes légèrement fléchies ;
- poids du corps équitablement réparti entre les deux appuis ;
- les appuis sont légèrement écartés ;
- les bras sont au-dessus de la taille, la paume des mains vers le ballon, doigts écartés et souples ;
- varier le type de pivoter.

Notes :

Changements de direction

Objectif : **être capable de réaliser différents types de changements de direction avec et sans ballon**

Situation

Consignes

• Mise en place

Travail sur terrain entier. Une colonne de joueurs avec ballon, une autre de joueurs sans ballon.

• Déroulement

Les joueurs avec ballon dribblent et changent de direction à chaque plot, puis font un tir au panier. Simultanément, les non-porteurs changent également de direction à chaque plot, puis vont au rebond. Par la suite, le shooteur va de l'autre côté, prend une balle et tire, récupère le rebond, replace la balle et change de colonne. Le rebondeur dribble sur le côté, fait un slalom entre les plots et change de colonne.

• Rotation/Continuité

Changer le type de changement de direction ; le type de tir.

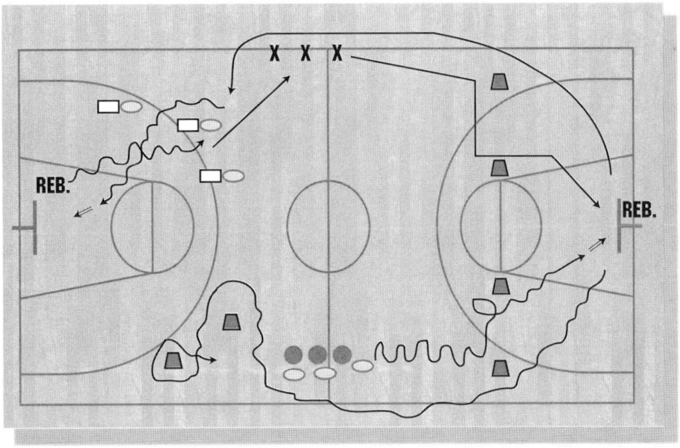

Matériel : 6 plots, 3 chaises, 1 ballon pour 2 joueurs, 1 ballon sur chaque chaise

Concept :

Référentiel :

- Le dernier dribble avant de changer de main est plus court et plus vif ;
- assurer la protection nécessaire à la possession de la balle (corps qui fait obstacle, bras qui ne dribble pas protège) ;
- le joueur sans ballon réalise le changement de direction par transfert du poids du corps d'un appui à l'autre (ne pas pivoter pour changer de direction) ;
- changer de rythme, raccourcir la foulée, augmenter la cadence des appuis.

Notes :

Passe

Situation

Objectif : **perfectionnement de la passe de Base-ball**

Consignes

• Mise en place

Travail sur tout terrain. 7 joueurs minimum placés comme le montre le diagramme. 1 ballon en 3 et un plot à sa droite qui délimite le couloir de l'ailier.

• Déroulement

3 tire au panier ; 1 prend le rebond et fait la passe de dégagement sur 2 ; simultanément, 3 prend le couloir de l'ailier et avance vers l'autre panier. 2 lui fait une passe longue du type « base-ball » ; 1 tire au panier puis se place derrière la ligne de fond. 4 se place au rebond et récupère le tir de 3, fait la sortie de balle sur 5 qui donne à 6, qui lui même donne à 2. Ce dernier ayant fait la rotation prévue.

• Rotation/Continuité

1 ➧ 2 ➧ 3 ➧ 4 ➧ 5 ➧ 6 ➧ 7 ➧ 1

• Variantes

Démarrer avec un ballon en 4 plus un joueur de plus derrière 4.

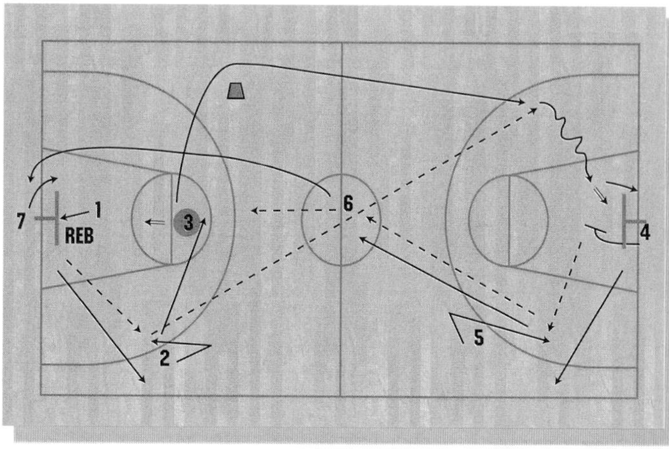

Matériel : **1 ou 2 ballons (si au moins 8 joueurs) ;**
1 plot.

Concept :

Référentiel :

- Position équilibrée ;
- la tête haute ;
- jambes légèrement fléchies ;
- poids du corps équitablement réparti entre les deux appuis ;
- les appuis sont légèrement écartés ;
- les bras sont au-dessus de la taille, la paume des mains vers le ballon, doigts écartés et souples ;
- varier le type de pivoter.

Notes :

Passe

Situation

Objectif : **dissocier les membres supérieurs des membres inférieurs**

Consignes

• Mise en place

Travail sur tout terrain. 3 colonnes de joueurs sur la ligne de fond dont celle du milieu avec ballon.

• Déroulement

Les 3 joueurs avancent dans leurs couloirs en se faisant des passes.
On termine avec un lay-up de l'un des ailiers. L'ailier shooteur remonte à l'opposé pour recevoir la sortie de balle de 1 qui est allé au rebond. L'ailier qui ne tire pas coupe à l'opposé et part vers l'autre panier afin de recevoir une passe longue de 2 (passe de base-ball ou passe dans le dribble). Les 3 joueurs sont dans la zone lorsque la balle touche le sol après le tir.

• Rotation/Continuité

Par séries de 3 joueurs.

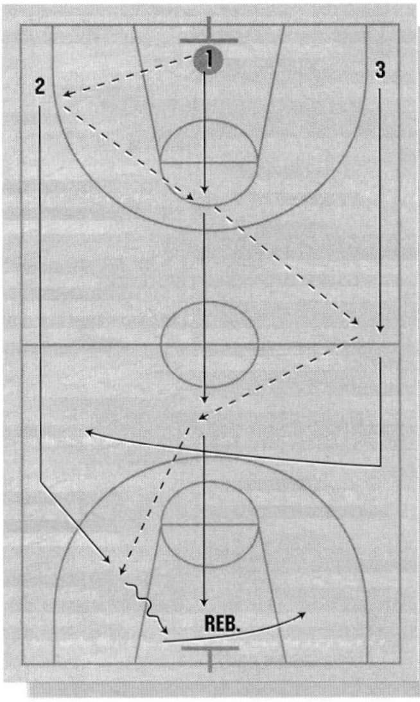

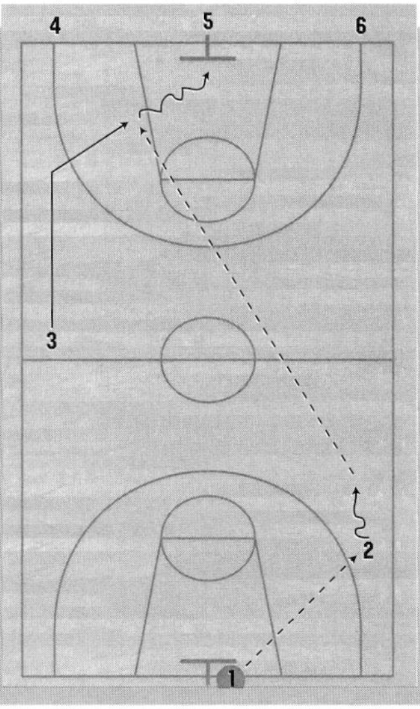

Matériel : **1 ballon pour 3 joueurs.**

Concept :

Référentiel :

☛ Le passeur garde toujours les appuis orientés dans la direction de son déplacement ;
☛ les membres supérieurs sont orientés soit vers un partenaire passeur soit vers un partenaire réceptionneur ; la vitesse segmentaire et la technique doivent être dissociées d'un membre à l'autre ;
☛ toute réception de balle se fait avec les appuis tournés dans la direction de l'action postérieure.

Notes :

Passe

Situation

Objectif : enchaîner des passes en mouvement à des joueurs immobiles et des passes à l'arrêt à des joueurs en déplacement

Consignes

• Mise en place

Travail sur tout terrain. 4 passeurs A, B, C et D. Une colonne de joueurs à deux coins diagonalement opposés. 1 ballon par colonne de joueurs.

• Déroulement

Le premier joueur de chaque colonne fait la passe au premier passeur, longe la ligne de touche, reçoit la passe de retour, puis redonne la balle au deuxième passeur qui lui remet pour qu'il aille tirer au panier.

• Rotation/Continuité

Le 1er passeur remplace le 2e ; le 2e récupère le rebond, fait la passe au suivant de l'autre colonne et va faire la queue. Le shooteur devient premier passeur de l'autre côté de l'axe. En continu.

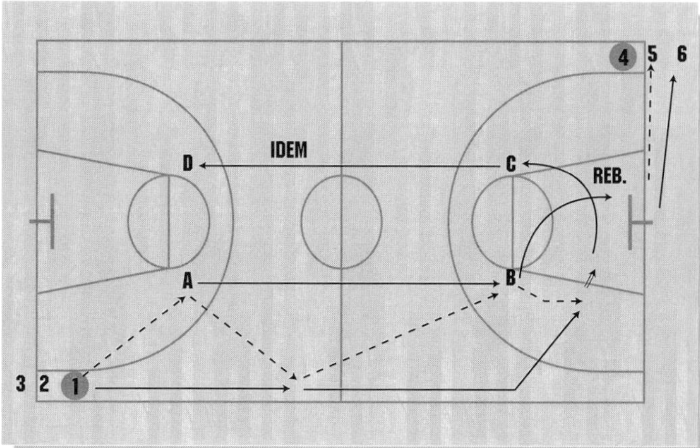

Matériel : minimum 2 ballons par groupe de travail ; selon le nombre de joueurs-relais mettre 4 ballons.

Concept :

Référentiel :

- Le passeur en mouvement dissocie la gestuelle technique de passe et sa vitesse segmentaire, de la technique de course lui assurant le déplacement d'un point à un autre ;
- le passeur immobile doit évaluer la vitesse de déplacement du joueur cible afin de bien calibrer sa passe en force et de bien la diriger ;
- faire la passe dans le sens du déplacement.

Notes :

Passe

Situation

Objectif : être capable de dissocier les membres inférieurs des membres supérieurs

Consignes

• Mise en place

Travail sur tout terrain. 4 colonnes de joueurs sur chaque ligne de fond. Chaque joueur avec 1 ballon sauf les 2 joueurs du milieu de la 1re vague.

• Déroulement

Les joueurs latéraux progressent en passes jusqu'à l'autre bout où ils tirent au panier. Les joueurs du milieu progressent en remettant la passe alternativement à chaque joueur latéral. Après chaque réception-passe, ils se croisent pour recevoir et passer à l'autre joueur. Au bout, ils reçoivent la passe des deux joueurs du centre de la vague suivante. Les 4 shooteurs récupèrent leur rebond respectif et inversent les positions centrales et latérales. La vague suivante démarre dès que les 4 joueurs sont prêts.
Travail en continuité.

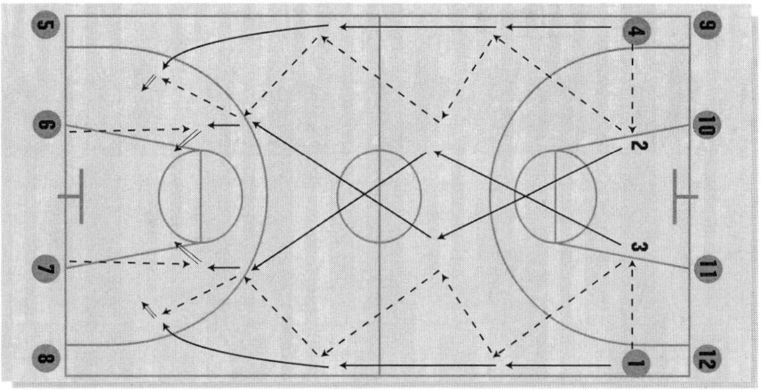

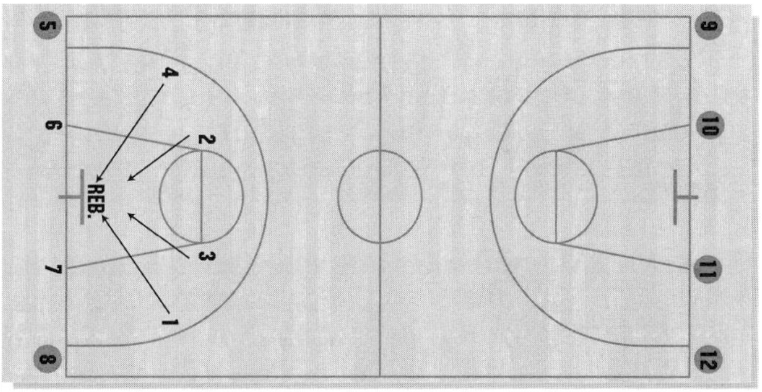

Matériel : 10 ballons pour 12 joueurs.

Concept :

Référentiel :

☛ Les passeurs gardent toujours les appuis orientés dans la direction de leur déplacement ;

☛ les membres supérieurs sont orientés soit vers un partenaire passeur soit vers un partenaire réceptionneur ; la vitesse segmentaire et la technique doivent être dissociées d'un membre à l'autre ;

☛ toute réception de balle se fait avec les appuis tournés dans la direction de l'action postérieure.

Notes :

Dribble

Situation

Objectif : **améliorer le dribble de progression**

Consignes

• Mise en place

Travail sur tout terrain. À chaque angle formé par la ligne de fond et la ligne à 3 points, on alterne une colonne d'attaquants avec ballon et 1 colonne de défenseurs.

• Déroulement

Au signal, le premier attaquant de chaque colonne démarre en dribble et tente d'aller marquer le plus rapidement possible et avec le minimum de dribbles. Simultanément, le premier défenseur de chaque colonne va toucher le cercle central puis va défendre sur l'attaquant qui a démarré dans la colonne d'en face.

• Rotation/Continuité

Inverser les rôles à chaque passage en tournant d'un cran à droite.

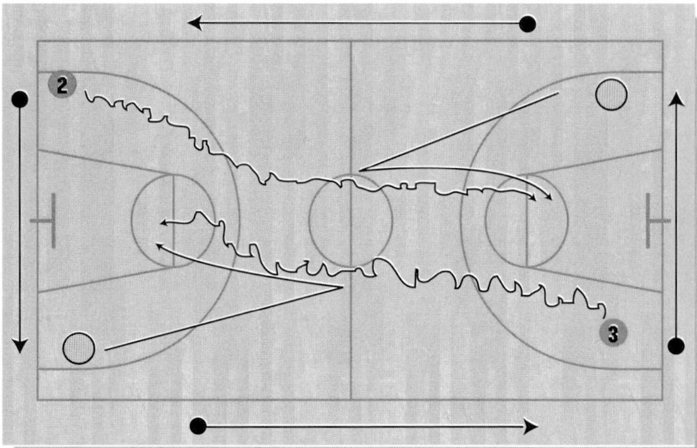

Matériel : **1 ballon pour 2 joueurs.**

Concept :

Référentiel :

- Le porteur de balle doit traverser le terrain avec un minimum de dribbles ;
- pousser la balle devant soi sans perdre son contrôle ;
- dribbler avec la tête haute ;
- tout en progressant à grande vitesse, le porteur doit s'informer sur l'approche du poursuivant sans pour autant perdre sa position préférentielle (ne pas avoir peur, ne pas ralentir).

Notes :

Dribble

Situation

Objectif : **être capable de conduire le dribble de progression avec un poursuivant**

Consignes

• Mise en place

Travail sur tout terrain. Une colonne de joueurs à chaque prolongation droite des lancers francs. 1 joueur avec ballon face à la planche.

• Déroulement

Le joueur avec ballon fait une claquette, récupère le rebond et fait une passe de dégagement sur l'ailier qui se trouve de son côté. L'ailier reçoit la passe et part en dribble marquer le plus rapidement possible. Le joueur qui a fait la sortie de balle devient poursuivant et tente de se placer devant l'ailier qui dribble.
Après le tir, l'ailier va défendre sur l'autre ailier qui reçoit la passe de dégagement du poursuivant. Ce dernier fait la queue dans la colonne des ailiers après sa passe.

• Rotation/Continuité

Exercice en continu. Avec 2 ballons en même temps si plus de 4 joueurs.

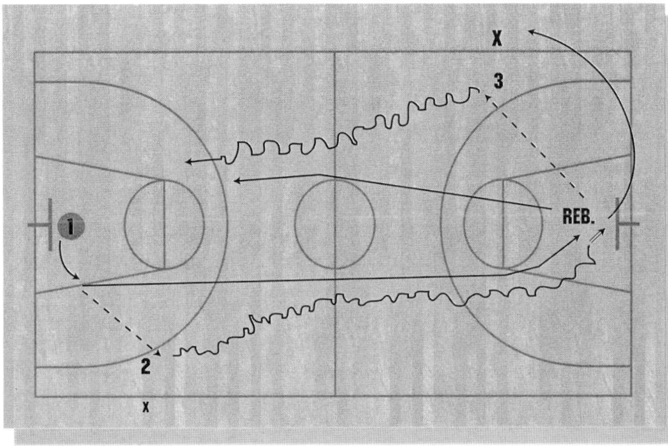

Matériel : **1 ballon si 4 joueurs ;**
2 ballons si plus de 4 joueurs.

Concept :

Référentiel :

☛ Le porteur de balle doit traverser le terrain avec un minimum de dribbles ;

☛ pousser la balle devant soi sans perdre son contrôle ;

☛ tout en progressant à grande vitesse, le porteur doit s'informer sur l'approche du poursuivant sans pour autant perdre sa position préférentielle (ne pas avoir peur, ne pas ralentir) ;

☛ utiliser la vision périphérique (ne pas tourner la tête).

Notes :

Dribble

Situation

Objectif : **améliorer la conduite de balle, dissociation du regard**

Consignes

• Mise en place

Travail sur 1/2 ou tout terrain. 1 ballon pour 2 joueurs. Essayer d'occuper tout l'espace disponible.

• Déroulement

Le non-porteur se déplace dans l'espace délimité par l'entraîneur. Il fait des changements de rythme, de direction, de la course avant, de la course arrière, etc. Il n'y a pas de tir au panier. Le porteur de balle doit imiter son partenaire tout en dribblant.

• Rotation/Continuité

Inverser les rôles toutes les 30 secondes.

• Variantes

Placer des obstacles ;
les deux joueurs ont un ballon ;
les deux joueurs ont deux ballons

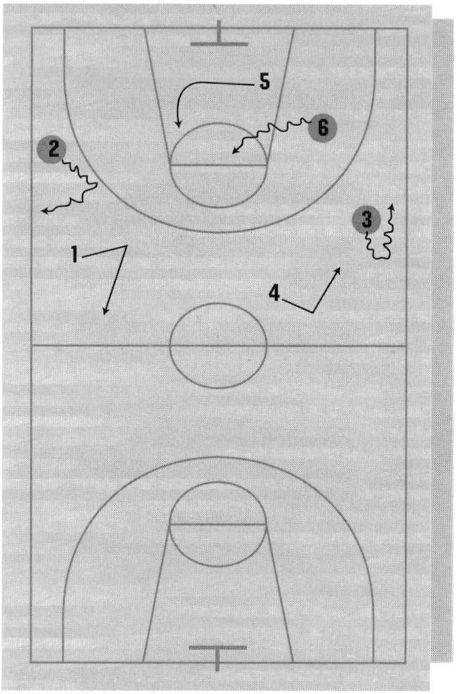

Matériel : **1 ballon pour deux joueurs.**

Concept :

Référentiel :

- Les porteurs de balle ne doivent jamais arrêter leur dribble ;
- ils ne doivent jamais prendre la balle à deux mains ;
- ils ne doivent pas quitter la zone délimitée par l'entraîneur ;
- ils ne doivent pas réagir avec du retard aux actions de leur partenaire ;
- le regard permet de voir les actions du partenaire et ne doit pas être sollicité pour contrôler la balle.

Notes :

Dribble

Situation

Objectif : **dissocier main droite et main gauche; dissocier membres supérieurs et membres inférieurs**

Consignes

• Mise en place

Travail sur 1/2 ou tout terrain. Chaque joueur avec 1 ballon et 1 foulard dans la partie arrière du short.
Former 2 équipes.

• Déroulement

Au signal de l'entraîneur et pendant une durée déterminée, les joueurs de chaque équipe doivent voler le maximum de foulards aux joueurs de l'équipe adverse.
Les joueurs ont le droit à l'immunité s'ils s'assoient en conservant le dribble (1 seule fois par séquence).

• Rotation/Continuité

Séquences de 30 secondes.
Comptabiliser puis reprendre.

• Variantes

Modifier l'emplacement du foulard.

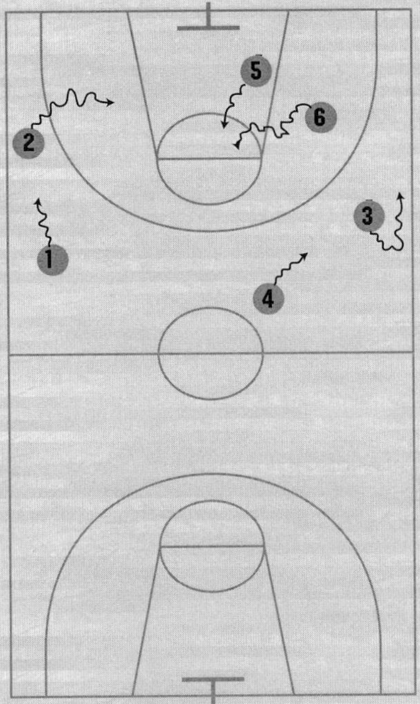

Matériel : **1 ballon et un foulard par joueur.**

Concept :

Référentiel :

☛ Les joueurs ne peuvent pas lâcher la balle pour attraper un foulard;

☛ ils ne peuvent pas arrêter le dribble pour attraper un foulard;

☛ les joueurs doivent décentrer le regard du contrôle du ballon;

☛ dribbler main droite lors d'un déplacement à droite et vice-versa.

Notes :

Dribble

Situation

Objectif : **améliorer les dribbles de fixation et de pénétration**

Consignes

• Mise en place

Travail sur 1/2 terrain. 3 défenseurs et 2 attaquants. Chaque attaquant avec 1 ballon. Chaque défenseur dans son couloir.

• Déroulement

Les deux attaquants doivent essayer de passer entre les défenseurs. Les défenseurs doivent les en empêcher tout en respectant leurs couloirs respectifs.

• Rotation/Continuité

Le défenseur du couloir « percé » par l'attaque reste en défense, les deux autres deviennent attaquants et ces derniers défenseurs.

• Variantes

Les attaquants n'ont qu'un temps donné pour y arriver ; les défenseurs n'ont plus l'obligation de respecter les couloirs.

Matériel : **2 ballons par groupe de travail ;**
de quoi matérialiser les couloirs.

Concept :

Référentiel :

☛ Les attaquants doivent travailler en équipe (ne pas fixer simultanément le même intervalle par exemple) ;
☛ les attaquants ont le regard haut afin de voir la réaction défensive, la fixation du partenaire ;
☛ changer de rythme ;
☛ changer l'amplitude et la fréquence du dribble lors de l'accélération ;
☛ dribbler vers l'épaule du défenseur que l'on veut fixer (le provoquer) ;
☛ les défenseurs se déplacent en pas défensifs.

Notes :

Dribble

Situation

Objectif : améliorer la conduite de balle et la prise d'information durant le dribble

Consignes

• Mise en place

Travail sur 1/2 terrain. 1 joueur avec ballon à chaque angle du 1/2 terrain.
5 plots placés en étoile de façon à ce que chaque joueur en rencontre 3 lors de son parcours en diagonale.

• Déroulement

Au signal de l'entraîneur, les 4 joueurs avec ballon démarrent simultanément leur dribble pour effectuer un aller-retour en diagonale.

• Rotation/Continuité

Après chaque aller-retour remonter à l'angle suivant (dans le sens des aiguilles d'une montre).

• Variantes

Placer un défenseur (appuis immobiles) à la place de certains plots.

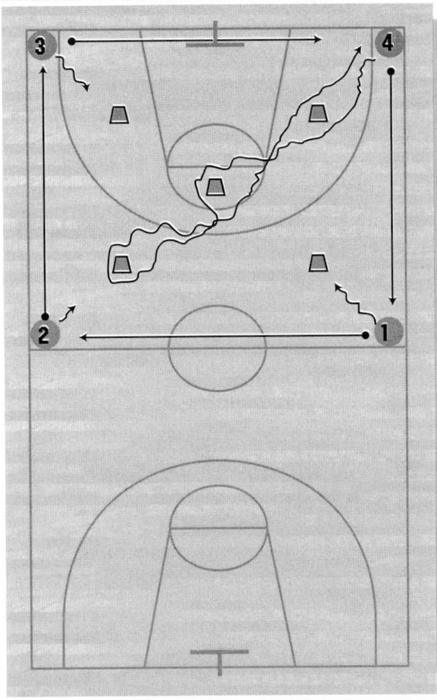

Matériel : 1 ballon par joueur + 5 plots par groupe de travail ; de quoi matérialiser les angles de positionnement.

Concept :

Référentiel :

- Le porteur de balle conduit la balle tête levée ;
- il gère sa vitesse de déplacement en fonction du croisement avec les autres joueurs ;
- il gère sa direction en fonction des obstacles rencontrés ;
- dribbler main droite lorsque je me déplace à droite et main gauche lorsque je vais à gauche ;
- dribble court et rapide à chaque changement de main ;
- la main qui ne dribble pas protège la balle.

Notes :

Dribble

Situation

Objectif : perfectionner le dribble sur pression

Consignes

• Mise en place
Travail sur 1/2 terrain ; 1 attaquant avec ballon dans le demi-cercle central ; 2 défenseurs.

• Déroulement
L'attaquant tente d'aller marquer le plus rapidement possible. Les 2 défenseurs l'en empêchent et cherchent à l'orienter puis à le trapper.

• Rotation/Continuité
Si l'attaquant marque, il repart dans le demi-cercle et recommence. Les défenseurs sortent et les deux joueurs en attente rentrent en défense.
Si un des défenseurs récupère la balle, il devient attaquant et les deux autres joueurs sortent. Les 2 joueurs en attente rentrent en défense.

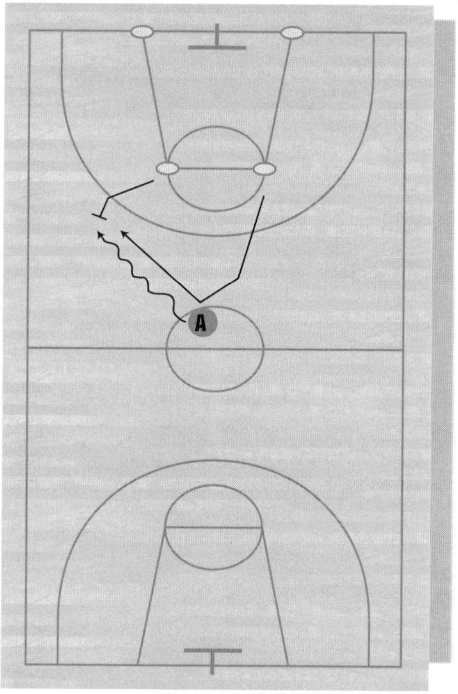

Matériel : 1 ballon par groupe de travail.

Concept :

Référentiel :
☛ Le porteur de balle doit se défaire de la pression en passant par l'extérieur des défenseurs ;
☛ il doit éviter la trappe en refusant l'orientation latérale ;
☛ en cas de trappe, il doit la « casser » en passant entre les deux défenseurs ;
☛ ne jamais arrêter le dribble ;
☛ l'attaquant doit être capable d'aller au panier dans les 8 secondes ;
☛ les défenseurs n'ont pas le droit de permuter (celui de droite reste toujours à droite).

Notes :

Appuis

Situation

Objectif : **différencier la réalisation technique des différents appuis prolongés**

Consignes

• Mise en place

Travail sur 1/2 ou tout terrain. Les joueurs sont éparpillés dans l'espace déterminé.

• Déroulement

Les joueurs se déplacent et au signal de l'entraîneur, ils s'arrêtent et prennent une attitude fondamentale d'attaque.

• Rotation/Continuité

Reprendre au signal de l'entraîneur.

• Variantes

L'attaquant réalise un geste technique offensif après le prolongement d'appuis : tir, passe ou enchaînement (sans ballon).

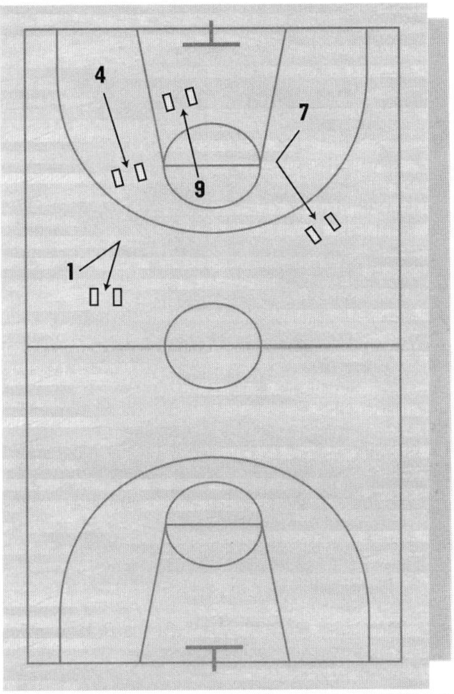

Matériel : **aucun matériel n'est nécessaire.**

Concept :

Référentiel :

- Les déplacements se font avec des changements de rythme, de direction ;
- les différents appuis prolongés seront exécutés alternativement (arrêt simultané — arrêt alternatif) ;
- garder une attitude équilibrée, légèrement fléchie ;
- maîtrise corporelle dans l'enchaînement d'actions ;
- le regard est toujours haut.

Notes :

Appuis

Situation

Objectif : améliorer l'efficacité et l'enchaînement des appuis

Consignes

• Mise en place

Travail sur 1/2 terrain. 1 colonne de joueurs sans ballon dans le cercle central ; 1 colonne de joueurs avec ballon sur le côté. Une haie à 8 mètres du panier et 2 plots au niveau de la ligne des L.F.

• Déroulement

Le joueur sans ballon court, franchit la haie, reçoit la passe du porteur pendant le saut et retombe. Il redonne au passeur, aiguille à l'opposé, revient côté ballon, reçoit à nouveau du passeur et tire en course.

• Rotation/Continuité

Le shooteur récupère le rebond et change de colonne. Le passeur change de colonne après sa dernière passe.

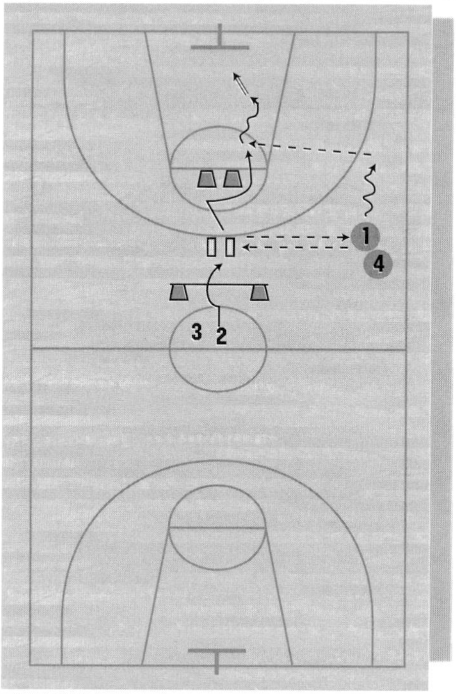

Matériel : 1 ballon pour deux joueurs.
1 haie et deux plots.

Concept :

Référentiel :

☛ Le joueur qui saute la haie retombe avec les deux appuis simultanés ;
☛ lors de la réception de passe, il dissocie bras et jambes ;
☛ il enchaîne la passe en dissociant toujours les appuis (orientés vers le panier) des bras (orientés vers le passeur) ;
☛ l'aiguillage se fait avec un petit pas à l'opposé et un pas explosif pour revenir côté ballon ;
☛ le passeur croise les appuis afin d'améliorer l'angle de passe et sa protection.

Notes :

Appuis

Situation

Objectif : améliorer l'engagement des appuis de pré-appel et d'appel précédant un tir après passe

Consignes

• Mise en place

Travail sur 1/2 terrain. 1 colonne de joueurs sans ballon dans le cercle central. 1 colonne de joueurs avec ballon à l'un des angles de la ligne de fond.
1 haie au niveau de la ligne à 3 pts.

• Déroulement

Le porteur démarre en dribble et longe la ligne des 3 pts jusqu'à arriver à la prolongation des L.F. Le non-porteur démarre en même temps, franchit la haie et reçoit la passe du porteur pendant le saut. Il retombe et tire au panier.

• Rotation/Continuité

Le porteur de balle change de colonne après sa passe.
Le shooteur prend son rebond et change de colonne.

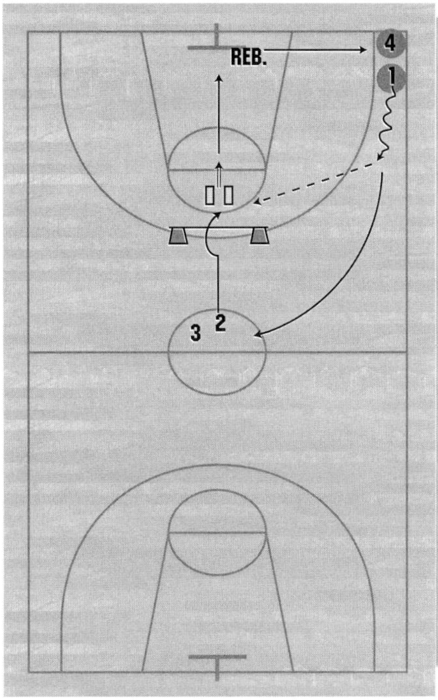

Matériel : 1 ballon pour deux joueurs.
1 haie.

Concept :

Référentiel :

- Le passeur dribble avec la main extérieure ;
- le shooteur prépare ses appuis avant de franchir la haie de façon à recevoir la balle déjà orienté vers la cible ;
- le shooteur reçoit la balle et retombe avec des appuis simultanés et fléchis de façon à enchaîner plus rapidement avec le tir ;
- le shooteur doit être capable de prendre des impulsions frontales et latérales (après démarquage d'un côté pour revenir ou repartir de l'autre côté).

Notes :

Appuis

Situation

Objectif : améliorer l'équilibre et la montée verticale du shooteur après réception en mouvement

Consignes

• Mise en place

Travail sur 1/2 terrain. 1 colonne de joueurs sans ballon dans le cercle central. 1 colonne de joueurs avec ballon à l'un des angles de la ligne de fond.
1 haie au niveau de la ligne à 3 pts.
1 tapis à un mètre de la haie.

• Déroulement

Le porteur démarre en dribble et longe la ligne des 3 pts jusqu'à arriver à la prolongation des L.F. Le non-porteur démarre en même temps, aiguille, franchit la haie et reçoit la passe du porteur pendant le saut. Il retombe et tire au panier.

• Rotation/Continuité

Le porteur de balle change de colonne après sa passe.
Le shooteur prend son rebond et change de colonne.

Matériel : 1 ballon pour deux joueurs.
1 haie + 1 tapis.

Concept :

Référentiel :

- Le passeur dribble avec la main extérieure ;
- le shooteur prépare ses appuis avant de franchir la haie de façon à recevoir la balle déjà orienté vers la cible ;
- le shooteur reçoit la balle et retombe avec des appuis simultanés et fléchi de façon à enchaîner plus rapidement avec le tir ;
- le shooteur doit être capable de s'équilibrer et monter droit après une impulsion frontale ou latérale (ne pas « mordre » le tapis en retombant).

Notes :

Appuis

Situation

Objectif : **perfectionner les appuis d'appel d'avant tir après dribble**

Consignes

• Mise en place

Travail sur 1/2 terrain. 1 colonne de joueurs avec ballon dans le cercle central ; 1 colonne de joueurs sans ballon sur le côté. 1 plot placé sur la prolongation des L.F. du même côté que les joueurs non-porteurs, un plot à 45° de l'autre côté de la zone.

• Déroulement

Le porteur dribble puis fait la passe au non-porteur qui s'est déplacé jusqu'au premier plot. Le joueur qui reçoit la passe démarre en dribble et réalise un tir à 45°. Il prend son rebond et contourne le plot placé de l'autre côté de la zone. Il tire à nouveau à 45°.

• Rotation/Continuité

Le passeur change de colonne après sa passe ; le shooteur change de colonne après avoir pris le rebond de son 2e tir. Remplacer le 2e plot par un défenseur.

Matériel : **1 ballon pour deux joueurs.**
2 plots par groupe de travail.

Concept :

Référentiel :

- Le joueur qui reçoit la passe retombe avec des appuis simultanés ;
- il démarre en départ croisé ou direct ;
- son dernier dribble avant l'arrêt et l'armé du tir est plus puissant ;
- il s'arrête et s'oriente à l'aide d'un arrêt alternatif dont le pied de pivot est l'appui intérieur (celui du haut) ;
- lors du 2e tir, il s'oriente en enroulant le plot à l'aide d'un arrêt alternatif ;
- il doit être équilibré et fléchi dès que son corps fait face à la cible.

Notes :

Jeu sans ballon

Situation

Objectif : **être capable d'éviter les aides défensives et d'améliorer les lignes de passe**

Consignes

• Mise en place

2c2 1/2 terrain avec 3 passeurs. La balle à l'un des passeurs.

• Déroulement

Les trois passeurs essayent de servir les joueurs intérieurs qui luttent pour obtenir la position préférentielle (interdiction de porter un écran à l'autre partenaire).

L'attaquant sans ballon doit se déplacer de façon à éviter la rotation défensive.

• Rotation/Continuité

5 possessions pour chaque duo.

Les défenseurs deviennent attaquants, les attaquants deviennent défenseurs.

• Variantes

Modifier l'emplacement des passeurs.

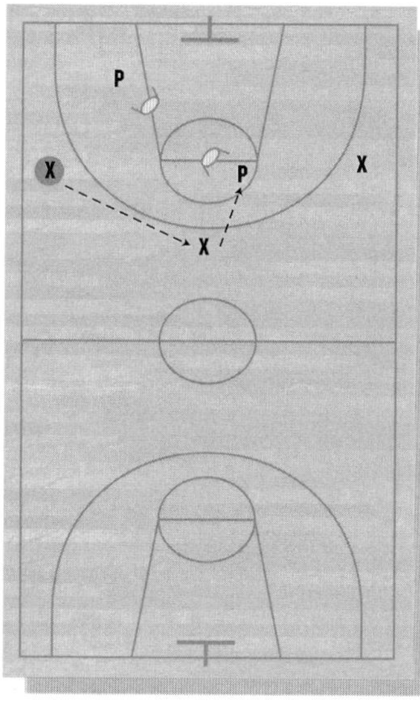

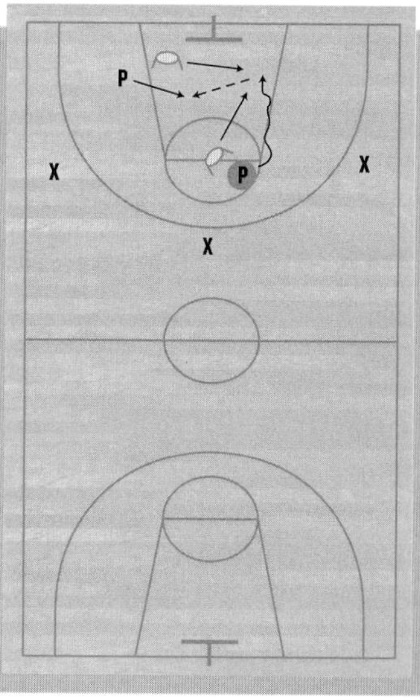

Matériel : **1 ballon par groupe de travail.**

Concept :

Référentiel :

☛ L'attaquant sans ballon doit se déplacer dans le sens contraire à la rotation défensive ;

☛ il doit rester dans la « fenêtre » de passe (ne pas rester dans le dos de son vis-à-vis) ;

☛ I a ses mains disponibles et son regard suit les actions de son coéquipier (il ne va pas au rebond lorsqu'il croit qu'il y aura tir, il attend le déclenchement effectif du tir).

Notes :

Jeu sans ballon

Situation

Objectif : **être capable d'obtenir des lignes de passe agressives**

Consignes

• Mise en place

4c4 sur 1/2 terrain.

• Déroulement

Les attaquants cherchent à pénétrer et à fixer entre deux défenseurs afin de provoquer des aides défensives. Les attaquants sans ballon doivent améliorer les lignes de passe. Terminer toujours par un tir en course ou un tir de l'intérieur de la zone restrictive.

• Rotation/Continuité

3 possessions par équipe puis inverser les rôles (chaque panier marqué donne droit à une possession supplémentaire).

• Variantes

5c5 et tous les joueurs doivent toucher la balle dans la zone des 6m25 avant qu'il y ait un tir.

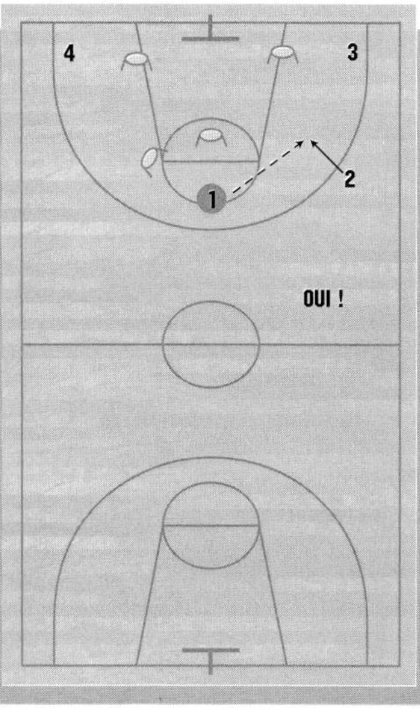

Matériel : **1 ballon par groupe de travail.**

Concept :

Référentiel :

☛ Le porteur de balle fixe le 1er rideau de l'aide, s'il peut percer, il fixe le 2e rideau ;

☛ l'attaquant non-porteur s'approche de la cible mais ne va pas vers son vis-à-vis (il rend l'aider-reprendre plus difficile) ;

☛ arrêter si nécessaire pour expliquer et analyser des situations plus complexes (avec rotations défensives).

Notes :

Jeu sans ballon

Situation

Objectif : être capable d'exploiter l'aide défensive du vis-à-vis lors d'une relation ailier/intérieur

Consignes

• Mise en place

Travail sur 1/2 terrain. 3 colonnes dont celle du milieu avec ballon.

• Déroulement

Le meneur dribble et fait la passe à l'un des ailiers puis se décale du côté de la passe. L'ailier qui reçoit tire au panier puis va défendre sur le meneur. L'autre ailier prend le rebond, passe au meneur puis joue au poste bas « joueur relais ». Le meneur fait la passe au poste bas et son défenseur « flotte » ou « aide » sur le poste. Dès que la balle lui revient, il tire ou joue 1c1 en exploitant le retard de son adversaire. Le poste n'intervient plus.

• Rotation/Continuité

1 remplace 2, ce dernier 3 et 3 remplace 1.

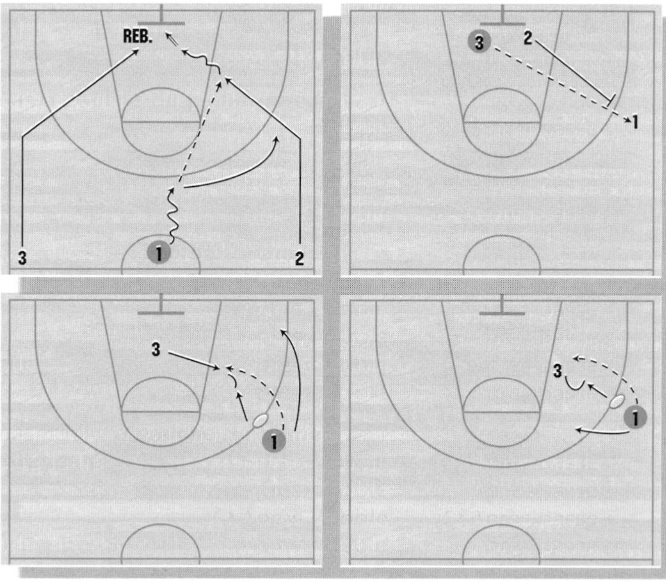

Matériel : 1 ballon par trio de joueurs.

Concept :

Référentiel :

☛ 1 cherche le dos de son vis-à-vis afin de sortir de son champ visuel et rendre plus difficile l'aider-reprendre de son défenseur ;

☛ coordonner le démarquage à la disponibilité du passeur ;

☛ « lire » l'intention du partenaire et du vis-à-vis ;

☛ tirer profit du retard du défenseur : enchaîner promptement avec un tir ou une pénétration.

Notes :

Jeu sans ballon

Situation

Objectif : être capable d'aller au rebond offensif ou d'assurer le repli défensif

Consignes

• Mise en place

4c4 sur 1/2 terrain.

• Déroulement

Les attaquants sont obligés de faire un tir de l'extérieur de la zone restrictive. Il doit toujours y avoir deux attaquants au rebond offensif et deux autres assurent le repli défensif.

Les joueurs qui assurent le repli doivent se trouver au niveau des plots lors de la sortie de balle sur l'entraîneur.

• Rotation/Continuité

Inverser les rôles dès que le repli n'est pas assuré normalement.

5 possessions maximum.

• Variantes

2 attaquants au niveau des plots partent au moment du rebond et reçoivent la passe du rebondeur.

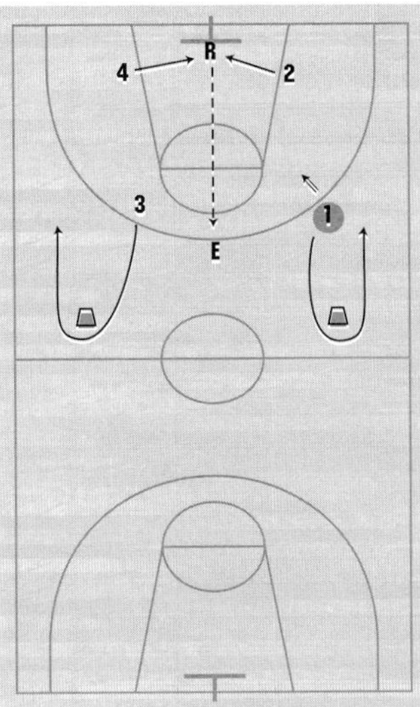

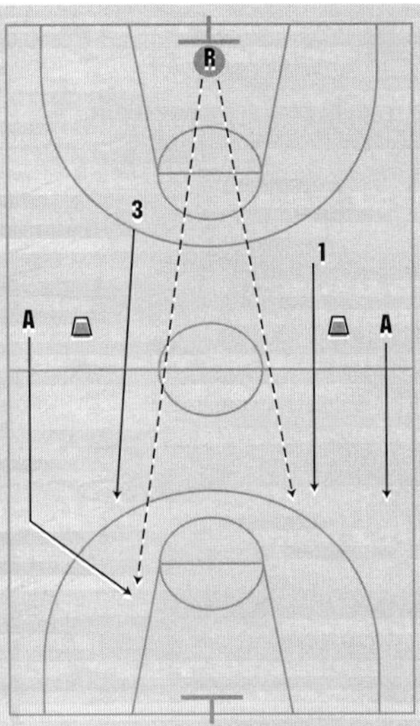

Matériel : 2 plots et 1 ballon par groupe de travail.

Concept :

Référentiel :

- Veiller au timing du choix, à la perception du déclencheur (partir lorsque la balle quitte les mains du tireur) ;
- évaluer la justesse du choix par rapport à la situation géographique du joueur et par rapport à ses qualités (de rebond ou de repli) ;
- agir en fonction des autres coéquipiers (tout le monde ne peut pas aller au rebond offensif).

Notes :

Rebond offensif

Situation

Objectif : être capable de prendre la position préférentielle au rebond offensif

Consignes

• Mise en place

4c4 sur 1/2 terrain. Chaque attaquant occupe 1/4 de terrain avec son défenseur.

• Déroulement

Jouer 4c4 en cherchant un tir à l'extérieur de la zone restrictive (obligatoire). Les joueurs du côté faible anticipent - par lecture du jeu -le moment du tir pour avoir une position préférentielle au rebond.
Chercher le dos du défenseur!

• Rotation/Continuité

3 possessions par équipe puis inverser les rôles.

• Variantes

Les joueurs ont le droit de se déplacer, de permuter, mais doivent occuper les quatre quarts de terrain en permanence.

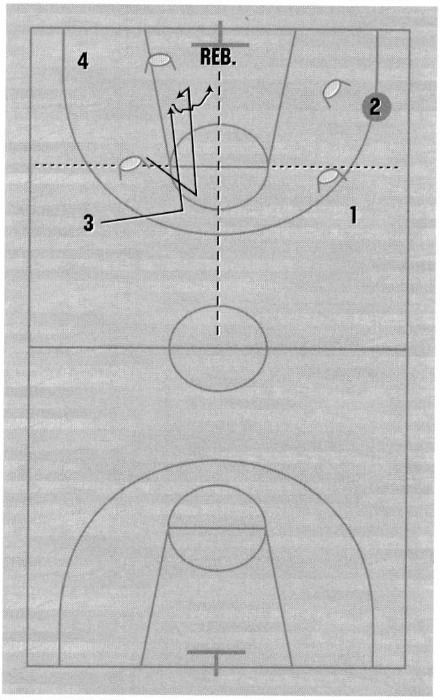

Matériel : 1 ballon par groupe de travail.

Concept :

Référentiel :

- Anticiper le tir;
- prendre la position préférentielle au défenseur (passer un ou deux appuis par-dessus ceux du défenseur);
- feinter un démarquage - juste avant le tir - afin de provoquer une attitude de contestation défensive et donc un mauvais placement du défenseur par rapport au panier;
- chercher le dos du défenseur!

Notes :

Rebond

Situation

Objectif : améliorer l'agressivité pour la conquête de la place préférentielle au rebond

Consignes

• Mise en place

Travail sur 1/2 terrain. 3 colonnes de joueurs au niveau de la ligne médiane. Le joueur du milieu avec ballon. 2 plots placés à l'intersection de la ligne des L.F. avec le cercle.

• Déroulement

Le porteur de balle dribble et fait la passe à l'un des 2 ailiers. Le meneur se décale du côté où il a fait la passe.
L'ailier qui a reçu la passe tire au panier puis remonte à l'opposé vers le plot.
L'ailier qui n'a pas tiré prend le rebond, fait la passe de dégagement sur 1 et monte vers l'autre plot.
Les 2 joueurs sans ballon font tiping jusqu'à ce que 1 tire au panier. A ce moment là, les 2 joueurs luttent pour conquérir la position préférentielle puis le rebond. Le rebondeur ressort sur les joueurs en attente.

• Rotation/Continuité

Changer de colonne au retour.

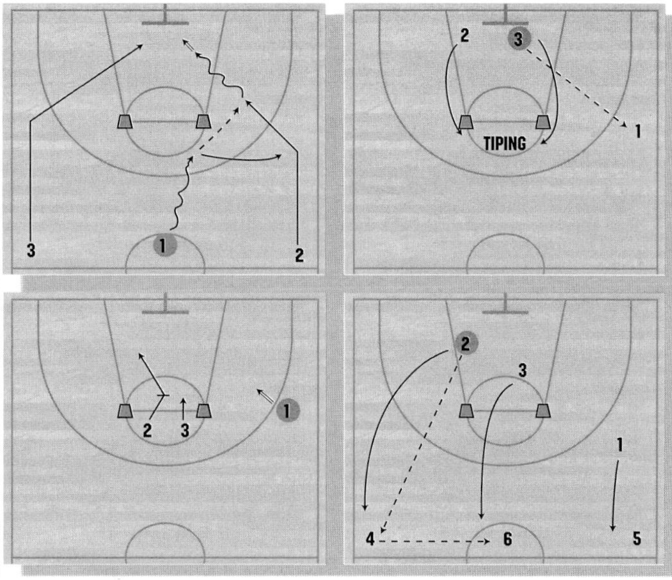

Matériel : 1 ballon par groupe de travail.
2 plots.

Concept :

Référentiel :

- Chaque rebondeur doit essayer de se placer devant l'autre ;
- ils doivent résister à la poussée de l'autre ;
- ils restent équilibrés et repèrent la trajectoire du rebond sans perdre le contrôle de l'adversaire ;
- ne pas lâcher la fixation de l'adversaire trop tôt ;
- lors du rebond, accélérer la prise de balle ;
- le rebondeur pivote côté rebond et fait la passe à deux mains au-dessus de la tête.

Notes :

Démarquage simple

Situation

Objectif : être capable d'exécuter différents types de démarquages à vide

Consignes

• Mise en place

Tout terrain. Les joueurs placés comme montre le diagramme ci-contre. Les colonnes d'attente sont situées à chaque extrémité.

• Déroulement

Faire progresser la balle par enchaînement de passes au joueur le plus proche (qui s'est démarqué préalablement). L'avant-dernier joueur fixe en dribble puis fait la passe au dernier joueur qui s'est démarqué en backdoor. Ce dernier fait un lay-up et va à la file d'attente. Le 1er joueur de cette file prend le rebond et fait une passe de base-ball à B qui s'est également démarqué. B termine avec un lay-up.

• Rotation/Continuité

Travail en continuité.

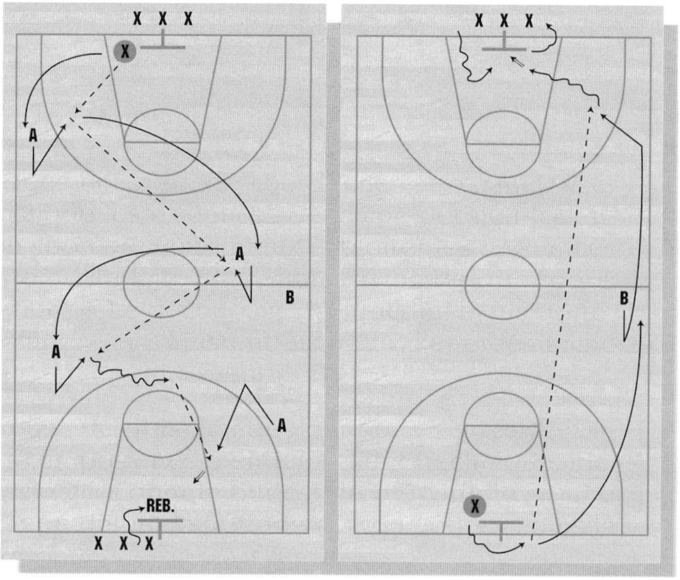

Matériel : **1 ballon par groupe de travail.**
Lorsque l'exercice est maîtrisé 2 et 3 ballons.

Concept :

Référentiel :

☛ Coordonner le démarquage de façon à ce que la balle progresse sans marquer un arrêt trop prolongé ;
☛ veiller à la qualité des appuis : pas de déplacements inutiles, changement de direction avec le meilleur angle de sortie, changement de rythme tonitruant ;
☛ présenter la ou les mains cibles au passeur ;
☛ améliorer la dissociation des membres lors de la réception de balle afin d'enchaîner plus rapidement avec l'action suivante.

Notes :

Démarquage simple

Objectif : **valorisation du démarquage en Passe et Va**

Situation

Consignes

- **Mise en place**

3c3 sur 1/2 terrain.

- **Déroulement**

Jouer 3c3 en employant des procédures de démarquage simples (individuelles). Chaque panier marqué à la suite d'un démarquage en Passe et Va compte 3 points. Les paniers marqués autrement sont comptabilisés selon les règles du jeu. Chaque interception compte 1 point s'il n'y a pas contrôle de la balle et 2 points s'il y a contrôle.

- **Rotation/Continuité**

5 possessions par équipe. L'équipe qui aura additionné le plus de points gagne.

- **Variantes**

Interdire l'utilisation du dribble.

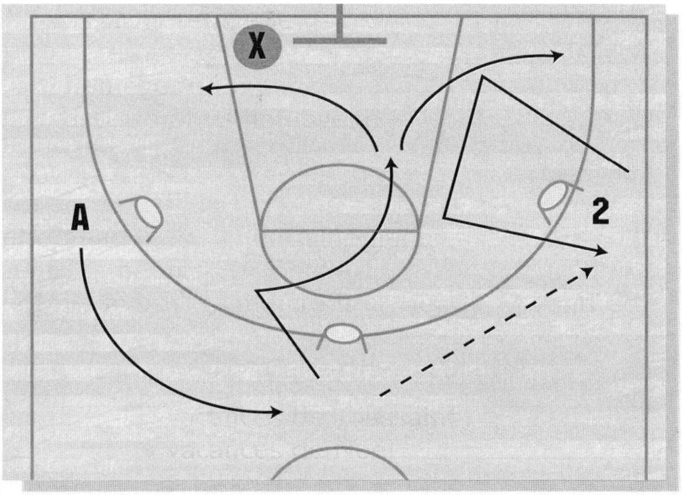

Matériel : **1 ballon par groupe de travail.**

Concept :

Référentiel :

☛ Profiter de l'appui le plus avancé au moment de la passe pour s'impulser et passer son défenseur ;
☛ transférer le poids du corps d'un appui à l'autre rapidement ;
☛ exploiter le mauvais placement des appuis du joueur qui cherche à gêner la passe pour le prendre à contre-pied ;
☛ utiliser la technique d'aiguillage pour désaxer son vis-à-vis, puis le passer.

Notes :

Démarquage simple

Situation

Objectif : **être capable de recevoir la balle dans un espace restreint**

Consignes

• Mise en place

Diviser le 1/2 terrain en 2/4. 1 attaquant, 1 défenseur et 1 passeur par quart de terrain.

• Déroulement

L'attaquant sans ballon doit tenter de recevoir la balle dans l'espace délimité par les lignes de touche, de fond, de la zone et la prolongation de la ligne des lancers francs. Dès réception de balle, jouer le 1c1.
Passes dans la zone interdite.

• Rotation/Continuité

3 réceptions pour l'attaquant ou 3 interceptions pour le défenseur, puis inverser les rôles.

• Variantes

Autoriser les passes dans la zone restrictive afin de favoriser le démarquage en back-door.

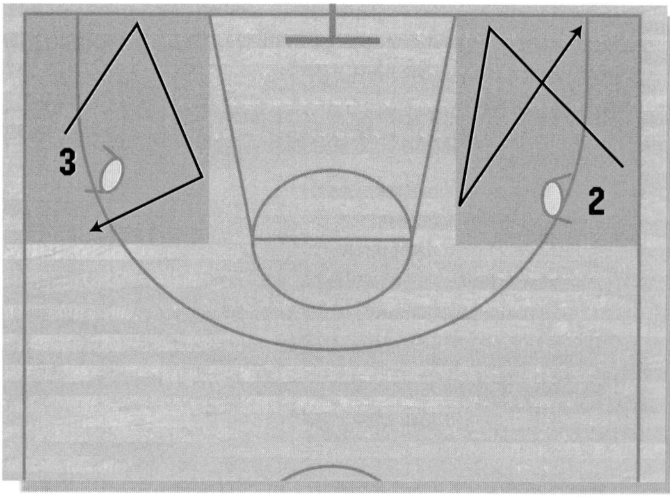

Matériel : **1 ballon par groupe de 3 joueurs et par 1/4 de terrain.**

Concept :

Référentiel :

☛ Le défenseur en pression est fléchi, les appuis qui cadrent l'attaquant; le défenseur se trouve à une distance égale à une longueur de bras maximum;
☛ le défenseur du non-porteur côté ballon a ses appuis face à son adversaire, la main extérieure dissuade la passe, la main intérieure contrôle l'adversaire, la tête contrôle ballon et vis-à-vis en alternance;
☛ le défenseur opposé aide s'il y a pénétration.

Notes :

Démarquage simple

Situation

Objectif : **être capable de se démarquer dans son périmètre de jeu**

Consignes

• Mise en place

Travail sur 1/2 ou 1/4 de terrain. 1 attaquant avec ballon et son défenseur; 2 passeurs.

• Déroulement

Le joueur avec ballon doit faire une passe à chaque passeur, se démarquer dans son périmètre, puis faire la passe à l'autre passeur. Après, jouer le 1c1 avec ou sans l'aide de passes supplémentaires.

• Rotation/Continuité

L'attaquant et son défenseur deviennent passeurs et P1 et P2 les remplacent. Inverser les rôles après chaque rotation.

• Variantes

Modifier l'emplacement des passeurs afin de rendre le travail spécifique aux postes de jeu.

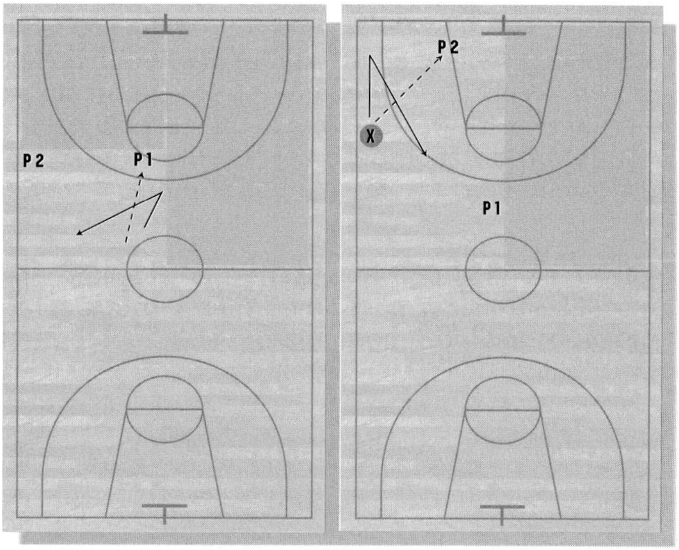

Matériel : **1 ballon par groupe de travail.**

Concept :

Référentiel :

- Prendre conscience de l'objectif du démarquage : se démarquer pour recevoir ou pour attirer son défenseur et éviter des aides;
- coordonner le démarquage à la disponibilité du porteur de balle;
- chercher le dos du défenseur;
- exploiter correctement les appuis afin de ne pas avoir besoin de grands espaces de démarquage.

Notes :

Démarquage simple

Objectif : perfectionnement des démarquages des joueurs du périmètre

Situation

Consignes

• Mise en place

Au moins 3 joueurs par quart de terrain. 1 joueur avec ballon sous la planche, 1 joueur sans ballon à l'aile et 1 autre dans l'axe central.

• Déroulement

Le joueur avec ballon fait la passe à l'ailier et va défendre sur lui. L'ailier fait la passe au meneur et démarre sa procédure de démarquage simple (illustration. gauche).

• Rotation/Continuité

Le défenseur devient attaquant, le passeur devient défenseur et l'attaquant devient passeur.

• Variantes

Le joueur avec ballon fait la passe au meneur et va défendre sur lui ; le meneur fait la passe à l'ailier et démarre son démarquage (illustration de droite).

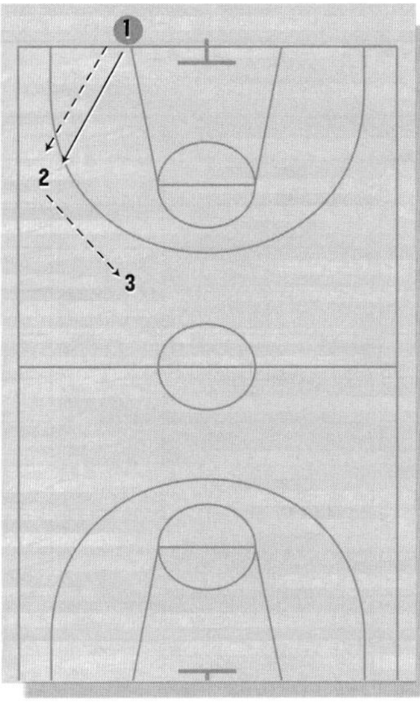

Matériel : 1 ballon par 1/4 de terrain.

Concept :

Référentiel :

☛ Exiger une défense agressive ;

☛ insister sur le rôle des bras (fixation et cible) ;

☛ « attaquer » la balle lors de la réception ;

☛ surpasser les appuis du défenseur pour se démarquer vers la position recherchée.

Notes :

Démarquage simple

Situation

Objectif : **valorisation du démarquage en Back-door**

Consignes

• Mise en place

3c3 sur 1/2 terrain.

• Déroulement

Jouer 3c3 en employant des procédures de démarquage simples (individuelles). Chaque panier marqué à la suite d'un démarquage en Back-door compte 3 points. Les paniers marqués autrement sont comptabilisés selon les règles classiques. Chaque interception (sans contrôle de la balle) compte 1 point pour les défenseurs ; s'il y a contrôle compter 2 points.

• Rotation/Continuité

5 possessions par équipe. L'équipe qui aura additionné le plus de points gagne.

• Variantes

Interdire l'utilisation du dribble.

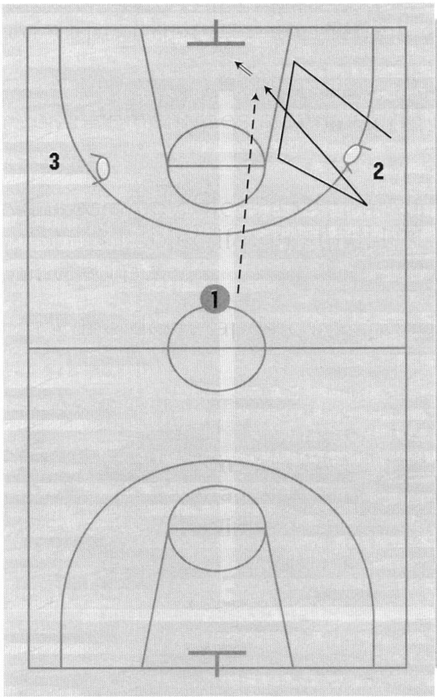

Matériel : **1 ballon par groupe de travail.**

Concept :

Référentiel :

- Prendre conscience de la communication praxémique entre passeur et récepteur ;
- chercher à inverser les appuis du défenseur ;
- transporter le centre de gravité de l'appui extérieur à l'appui intérieur ;
- inverser la main d'appel ;
- changer de rythme lors du changement de direction.

Notes :

Démarquage simple

Objectif : **prendre la position préférentielle au poste bas après un déplacement Extérieur - Intérieur**

Situation

Consignes

• Mise en place

3 joueurs par quart de terrain. 1 joueur sous la planche avec ballon, 1 joueur à l'aile et 1 joueur en position de meneur.

• Déroulement

Le porteur de balle fait la passe à l'ailier et va défendre sur lui. L'ailier fait la passe au meneur. Ce dernier « chasse » l'ailier qui va au poste bas prendre la position préférentielle. Jouer la relation extérieur-intérieur. Dès réception du ballon, le poste bas joue 1c1.

• Rotation/Continuité

Défenseur ➧ attaquant ➧ passeur et le passeur devient défenseur.

• Variantes

Le passeur peut remonter ou descendre la touche afin de créer différents angles de passe.

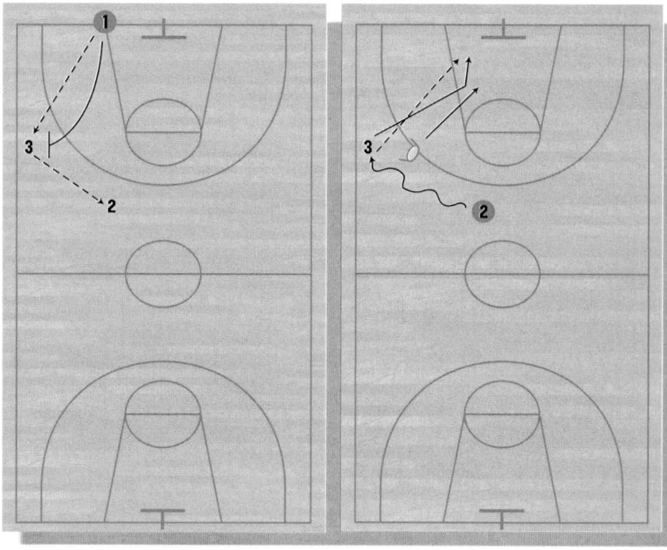

Matériel : **1 ballon par groupe de travail.**

Concept :

Référentiel :

- Adapter le type de fixation au type de contestation (3/4, devant ou derrière) ;
- prendre appui sur le défenseur afin de le fixer ;
- exploiter le jeu d'appuis pour prendre la position préférentielle ;
- la main d'appel reste perpendiculaire au défenseur.

Notes :

Démarquage simple

Situation

Objectif : **être capable de faire un démarquage de type flash depuis l'opposé**

Consignes

• Mise en place

3 passeurs aux emplacements des ailiers et du meneur. 1 pivot attaquant et son défenseur au poste bas côté ballon.

• Déroulement

3 et 4 simulent jouer dans le couloir direct; 3 renverse sur 2 et celui-ci sur 1. Simultanément, 5 respecte les principes défensifs de l'aide. Ballon en 1, 4 fait un démarquage FLASH pour recevoir en haut ou en bas selon la réaction défensive. Coordonner le démarquage avec la réception du 3e passeur. Après la réception, jouer 1c1.

• Rotation/Continuité

1 ➧ 2 ➧ 3 ➧ défenseur, 4 devient 1er passeur et 5 joue le rôle de l'attaquant. Travail en continuité.

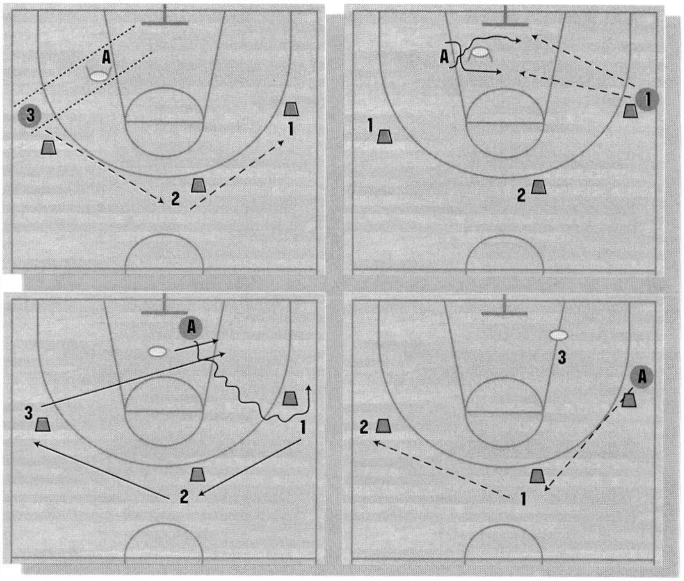

Matériel : **1 ballon par groupe de travail.**
3 plots.

Concept :

Référentiel :

☛ Chercher le dos du défenseur dans le démarquage;

☛ coordonner la disponibilité du joueur qui se démarque avec celle du passeur;

☛ si l'attaquant conteste le déplacement, utiliser son corps comme point d'appui pour le fixer.

Notes :

Démarquage simple

Situation

Objectif : **être capable de se démarquer dans un espace clé**

Consignes

• Mise en place

Matérialiser plusieurs espaces clés (par poste de jeu ou mixtes).
3c3 sur 1/2 terrain.

• Déroulement

Jouer 3c3 en accordant 3 points pour tout tir réussi de l'un de ces espaces clés. Tous les autres tirs ne comptent que 1 point. Les écrans sont interdits.

• Rotation/Continuité

L'équipe arrivée à 20 points exécute 2 L.F. par joueur, le temps pour l'équipe perdante de réaliser la sanction (prévue et annoncée par l'entraîneur).

• Variantes

Jeu à 4c4 et 5c5.
Modifier la valeur des paniers marqués depuis les espaces clés selon les besoins du jeu.

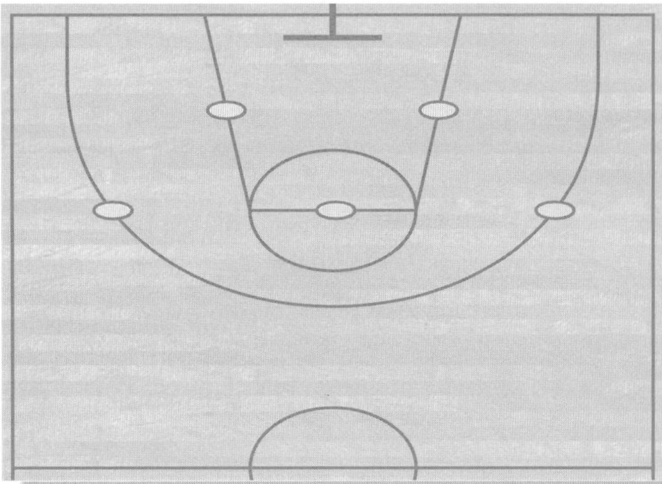

Matériel : **1 ballon par groupe de travail.**
Matérialiser les espaces clés à l'aide d'une craie.

Concept :

Démarquage statique

Démarquage mobile

Référentiel :

- Tirer profit de l'avantage créé par le démarquage pour exécuter un tir rapide ;
- coordonner l'aiguillage selon l'espace de réception recherché ;
- orientation des appuis vers le panier pour les espaces du périmètre ;
- réception dos au panier pour les espaces au poste bas.

Notes :

Démarquage simple

Situation

Objectif : **être capable de coordonner le démarquage à la disponibilité du porteur**

Consignes

• Mise en place

Travail sur tout terrain. 1 joueur avec ballon derrière chaque ligne des L.F.
1 joueur de chaque côté de la prolongation des L.F.

• Déroulement

Le joueur avec ballon progresse en dribble entre les plots, les joueurs sans ballon situés en zone avant font leur travail de démarquage.
Le porteur fait la passe à l'un des ailiers, aiguille et coupe vers le panier pour recevoir la balle et tirer. Il récupère le rebond, fait la sortie de balle sur l'autre ailier et va dans cette même colonne.
Le réceptionneur de la balle devient porteur de balle. En continuité.

• Variantes

Ajouter des défenseurs sur les ailiers.

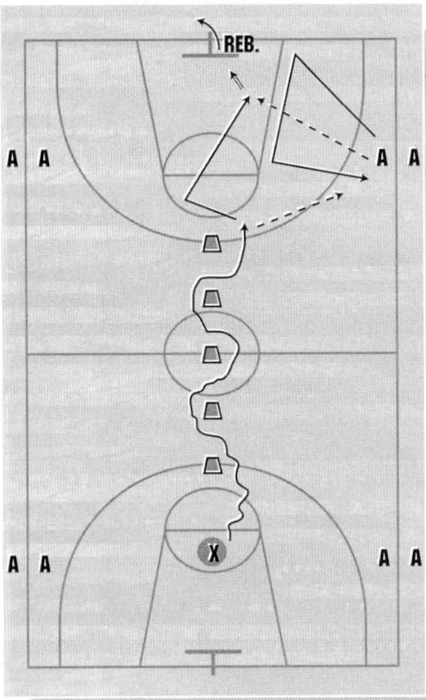

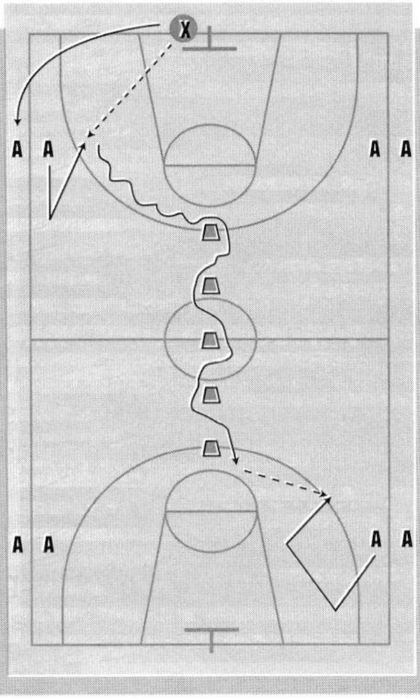

Matériel : **2 ballons et 5 plots par terrain disponible.**

Concept :

Référentiel :

- Le porteur de balle dissocie le dribble du regard;
- le porteur régule sa vitesse de progression en fonction du futur récepteur;
- jambes légèrement fléchies;
- le récepteur redonne au passeur en enchaînant attitude de triple menace et passe dans les plus brefs délais;
- le récepteur de la sortie de balle dissocie ses appuis (vers l'avant) des bras et mains (vers le passeur).

Notes :

Sortie d'écran

Situation

Objectif : être capable d'exploiter l'écran d'un partenaire

Consignes

• Mise en place

Travail sur 1/2 terrain. 1 colonne de joueurs à chaque coin. 1 des colonnes du bas avec ballon.

• Déroulement

La balle évolue en passes du joueur 1 au joueur 4. Après la passe, 1 va défendre sur 3, 2 suit sa passe, 3 coupe au panier pour ressortir à l'aide de l'écran de 4. Ce dernier ressort la balle sur 2 et porte son écran sur le défenseur de 3. 3 doit lire le choix défensif de son vis-à-vis puis réagir en conséquence (tourner autour, aller vers la ligne de fond, se protéger derrière l'écran).

• Rotation/Continuité

1 remplace 2, 2 prend la place de 3, 3 devient 4 et 4 après avoir récupéré le rebond substitue 1.

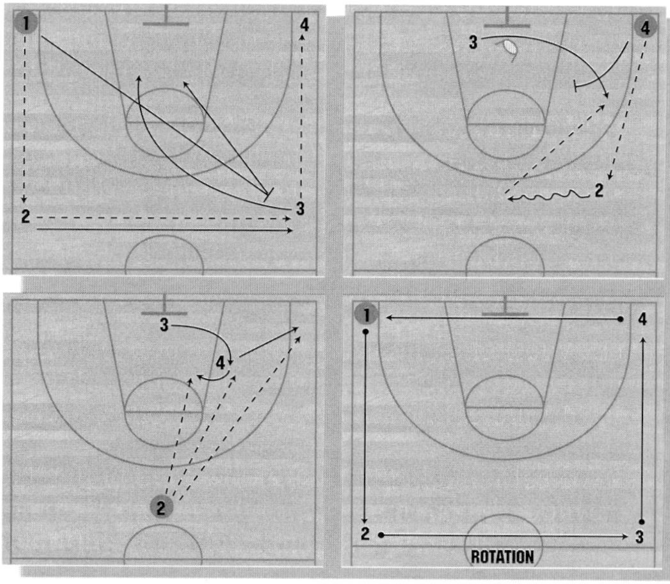

Matériel : 1 ballon par groupe de travail.

Concept :

Référentiel :

☛ Prendre l'écran avec un temps d'avance (feinte et changement de rythme préalable) ;
☛ « lire » et exploiter le choix du défenseur ;
☛ porteur d'écran concentré sur le défenseur du bénéficiaire de l'écran ;
☛ passeur, porteur d'écran et bénéficiaire de l'écran observent la réaction défensive afin d'anticiper la suite des événements ;
☛ coordination des intentions entre les 3 attaquants impliqués (respect des priorités établies par l'entraîneur).

Notes :

Relation Ext. - Int.

Situation

Objectif : perfectionner la relation joueur extérieur - joueur intérieur avec opposition sur l'un des joueurs en question

Consignes

• Mise en place

Travail sur 1/2 terrain. 3 colonnes dont celle du milieu avec ballon.

• Déroulement

Le porteur de balle dribble jusqu'au plot et fait la passe à l'un des ailiers. L'ailier qui reçoit tire au panier; l'ailier sans ballon récupère le rebond; le meneur se décale du côté de la passe. Le 3 redonne à 2 au niveau du plot, puis monte défendre sur 1. 2 fait la passe à 1 puis coupe pour recevoir la passe de 1 (qui a un défenseur).

• Variantes

Placer le défenseur sur le récepteur.
3 passe à 2, qui passe à 1. 3 monte toucher la ligne des L.F. et devient pivot attaquant; 2 défend sur lui.

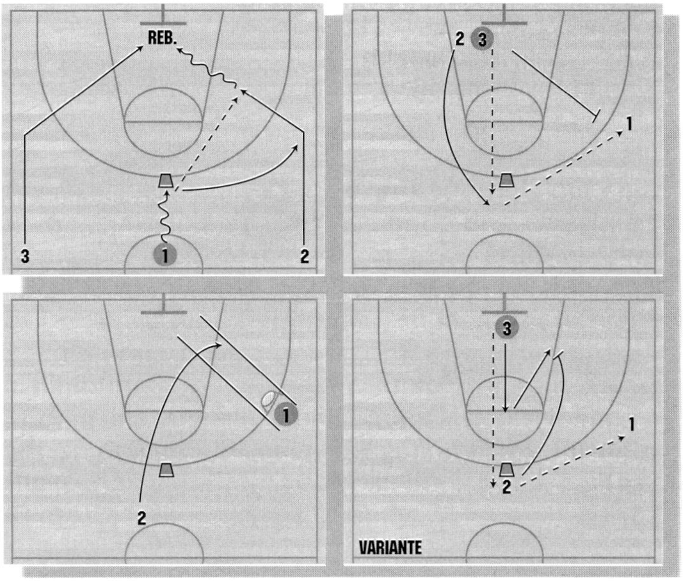

Matériel : **1 ballon par trio de joueurs.**
1 plot par groupe de travail.

Concept :

Référentiel :

- Le passeur doit désaxer le ballon en le sortant de la ligne qui le relie au défenseur;
- le joueur au poste doit fixer son défenseur selon qu'il est défendu latéralement, par-devant ou par-derrière;
- le joueur au poste ne doit pas s'éloigner du panier pour recevoir;
- Passeur et pivot doivent avoir la même lecture de la réaction défensive afin d'anticiper la meilleure réponse.

Notes :

Relation Ext. - Int.

Situation

Objectif : **perfectionner la relation joueur extérieur - joueur intérieur avec opposition**

Consignes

• Mise en place

Travail sur 1/2 terrain. 1 colonne de joueurs à chaque coin. 1 des colonnes du bas avec ballon.

• Déroulement

La balle évolue en passes du joueur 1 au joueur 4. Après la passe, 1 joue pivot au poste moyen, 2 va défendre sur 4, 3 va défendre sur le pivot et 4 devient ailier attaquant. Jouer la relation à deux extérieur-intérieur. L'ailier peut utiliser le dribble pour améliorer la ligne de passe.

• Rotation/Continuité

Si joueurs en formation ou polyvalents : 1 ➧ 2 ➧ 3 ➧ 4 ➧ 1

Si travail par poste de jeu, les joueurs des colonnes 1 et 3, puis ceux de 2 et 4, inversent leurs rôles.

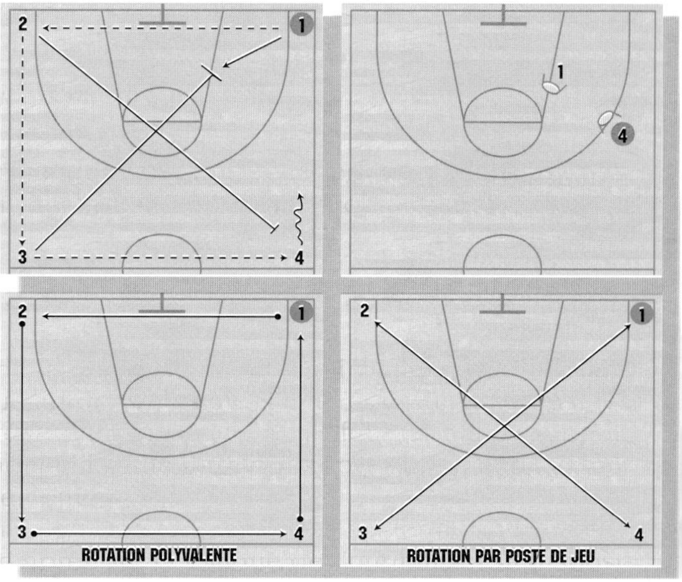

Matériel : **1 ballon par groupe de travail.**

Concept :

Référentiel :

- Le joueur extérieur doit désaxer le ballon en le sortant de la ligne qui le relie au défenseur;
- le passeur doit fixer son défenseur par une attitude d'agressivité constante, de mobilité;
- le pivot fixe le défenseur et l'empêche de modifier son choix défensif;
- le passeur doit donner la balle à l'opposé de l'emplacement du défenseur;
- après la passe, le passeur cherche le dos de son défenseur pour quitter son champ visuel.

Notes :

Tir

Situation

Objectif : améliorer les gammes de tirs après déplacements spécifiques aux trailers

Consignes

• Mise en place

Travail sur 1/2 terrain. 1 colonne de joueurs avec ballon au niveau de chaque prolongation de la ligne de L.F. Une colonne de joueurs sans ballon derrière chaque plot. 2 plots placés à 8 mts du panier dans chaque couloir des trailers.

• Déroulement

Les non-porteurs se déplacent alternativement vers l'angle de la raquette le plus proche puis coupent en diagonale vers la balle. Ils reçoivent, tirent au panier et prennent le rebond.

• Rotation/Continuité

Le passeur va dans la colonne des trailers du même côté ; le trailer va en dribble dans la colonne de passeurs qui lui a fait la passe.

• Variantes

Modifier les finitions.

Matériel : 1 ballon et un plot par groupe de travail.

Concept :

Référentiel :

- Les trailers changent de rythme lorsqu'ils arrivent à l'angle opposé de la raquette ;
- au moment de la réception, les appuis sont orientés vers le panier ;
- le pivot ne descend pas la balle après la réception ;
- le saut est vertical et le lâcher de balle assez haut au-dessus de la tête ;
- le passeur alterne passes directes et passes indirectes ; passes basses, mi-hautes et hautes.

Notes :

Tir

Situation

Objectif : **perfectionnement du tir sur un écran sortant**

Consignes

• Mise en place

Travail sur 1/2 terrain. 1 colonne de joueurs avec ballon à une aile, une autre sans ballon à l'autre aile. 2 plots à chaque poste moyen.

• Déroulement

Le 1er joueur de chaque colonne démarre simultanément. Le porteur dribble vers l'axe, le non-porteur coupe à l'opposé pour recevoir et tirer après avoir exploité un écran sortant.

• Rotation/Continuité

Le passeur va au rebond et change de colonne. Après 5 tirs, le non-porteur devient passeur et vice-versa.

• Variantes

Travail à 3 : un défenseur sur le non-porteur; à 4 : un défenseur sur chaque attaquant.

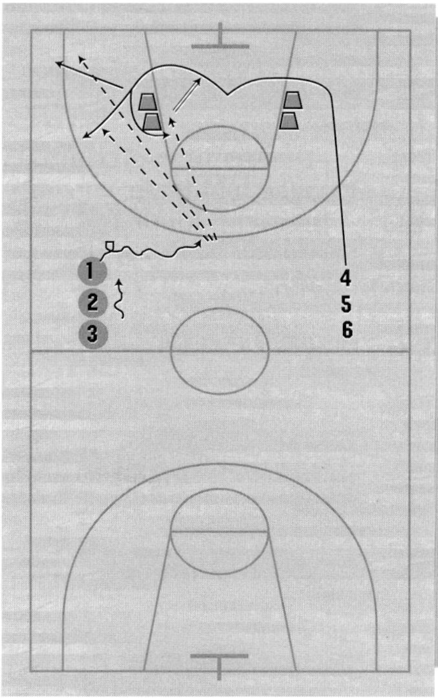

Matériel : **1 ballon pour 2 joueurs.**
4 plots ou deux chaises par groupe de travail.

Concept :

Référentiel :

☛ L'attaquant fait un aiguillage et une accélération lorsqu'il coupe au niveau de l'axe;
☛ l'attaquant passe l'écran avec son appui intérieur et engage son épaule;
☛ selon la réaction défensive imaginaire ou effective, il contourne l'écran, il le remonte ou il l'inverse en allant vers la ligne de fond;
☛ dans tous les cas, l'attaquant reçoit la balle avec les appuis orientés vers la cible;
☛ son tir est équilibré malgré le déplacement de démarquage.

Notes :

Tir

Situation

Objectif : **améliorer le tir en course avec opposition**

Consignes

• Mise en place

Travail sur 1/2 terrain. 3 rôles : 1 passeur avec ballon derrière le panier;
2 joueurs, dos à dos et face aux lignes de touche, sur la partie supérieure du cercle des L.F.

• Déroulement

Au signal, le passeur lance la balle à droite ou à gauche. Le joueur côté ballon devient attaquant, l'autre défenseur. L'attaquant se saisit de la balle et doit marquer en course. Le défenseur doit contourner le cercle avant d'aller s'opposer à l'attaquant. Jouer jusqu'à marquer.

• Rotation/Continuité

L'attaquant devient passeur, le passeur et le défenseur recommencent le duel.

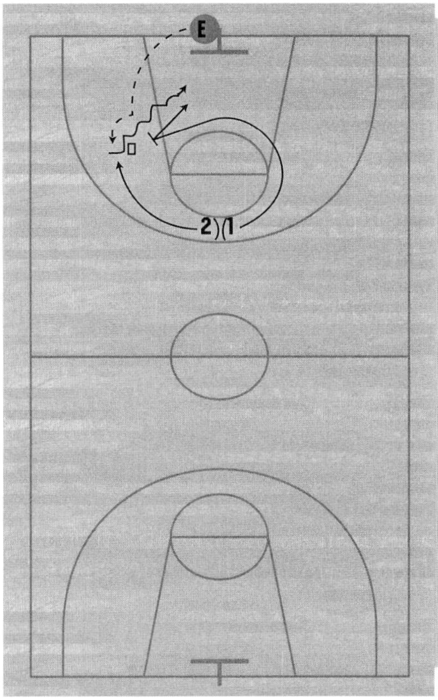

Matériel : **1 ballon par groupe de travail.**

Concept :

Référentiel :

☛ L'attaquant sprinte pour s'emparer du ballon;
☛ l'attaquant doit marquer le plus rapidement possible (limiter le nombre de dribbles);
☛ l'attaquant déséquilibre le défenseur, le prend à contre-pied par des changements de direction efficaces;
☛ l'attaquant doit rester dans le couloir direct (ne pas faire des détours);
☛ le défenseur défend assez rapproché et ne tente le contre que s'il sait maîtriser son saut (vertical).

Notes :

Tir

Situation

Objectif : **perfectionner la visée en présence d'opposition**

Consignes

• Mise en place

Travail sur 1/2 terrain. Une colonne de joueurs avec ballon à proximité de la ligne médiane. Une colonne de défenseurs sous le panier.

• Déroulement

Le porteur de balle dribble vers le panier, s'arrête devant le joueur obstacle et tire au panier. Le défenseur démarre en même temps que l'attaquant, fait obstacle puis récupère le rebond.

• Rotation/Continuité

Le shooteur intègre la colonne de joueurs-obstacles ; le défenseur intègre celle des porteurs de balle.

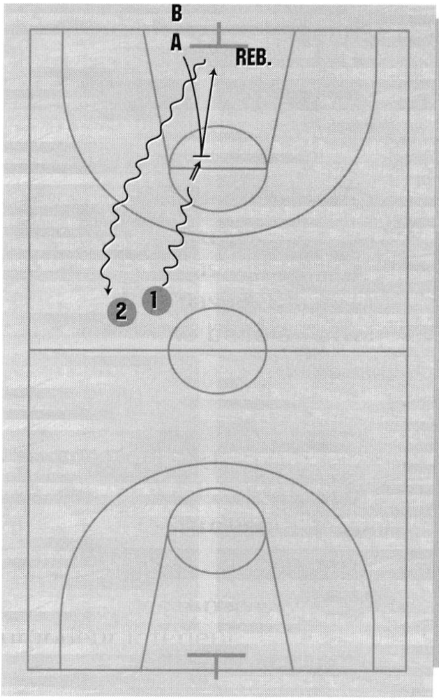

Matériel : **1 ballon pour deux joueurs par groupe de travail.**

Concept :

Référentiel :

- L'attaquant dribble vite et long ;
- l'attaquant vise en ignorant la pression défensive ;
- l'attaquant maîtrise le déséquilibre du saut après déplacement, il ne commet pas passage en force ;
- le défenseur peut sauter mais ne doit pas rentrer dans le cylindre du tireur ;
- Après le tir, le défenseur verrouille le rebond avant d'aller récupérer. la balle.

Notes :

Tir

Situation

Objectif : perfectionner l'orientation des appuis dans la réception précédant le tir

Consignes

• Mise en place

Travail sur 1/2 terrain. 1 colonne de joueurs avec ballon en position de meneur, une autre à l'aile gauche et une dernière sans ballon à l'aile droite.

• Déroulement

Le joueur en position de meneur fait la passe à l'ailier sans ballon puis va vers l'autre ailier qui lui fait la passe. Il réceptionne la passe et tire. Ensuite, il se dirige vers l'ailier à qui il avait fait la passe pour recevoir la balle et tirer à nouveau. Les passeurs vont au rebond.

• Rotation/Continuité

Le shooteur va dans la colonne des ailiers sans ballon, l'ailier sans ballon va dans celle des ailiers avec ballon et ces derniers dans celle des shooteurs.

Matériel : 2 ballons pour 3 joueurs.

Concept :

Référentiel :

- Le shooteur oriente ses appuis pendant la phase aérienne de ses appuis prolongés ;
- l'arrêt est simultané (pour les meilleurs) ou alternatif (pour les autres) ;
- s'il est alternatif, le pied de pivot est celui de l'intérieur et la réception de la balle coïncide avec la mise au sol du talon (tir plus rapide qu'un pivot sur la pointe du pied) ;
- le shooteur ne descend pas la balle entre la réception et l'armé du tir.

Notes :

Tir

Situation

Objectif : **perfectionner l'enchaînement réception-tir pour un ailier fort**

Consignes

• Mise en place

Travail sur 1/2 terrain. 1 colonne de joueurs à chaque angle du 1/2 terrain. Les 2 colonnes de la ligne médiane sont avec ballon. 2 plots dans les positions de 2e arrière.

• Déroulement

Le 1er joueur de chaque colonne avec ballon dribble jusqu'à hauteur du plot, puis il fait la passe au joueur sans ballon qui est face à lui. Après la passe, il coupe à l'opposé pour recevoir la passe et tirer depuis une position à 45°. Le shooteur récupère son rebond et fait la passe de dégagement sur le joueur qui lui a fait la passe.

• Rotation/Continuité

Shooteur remplace passeur et passeur remplace shooteur.

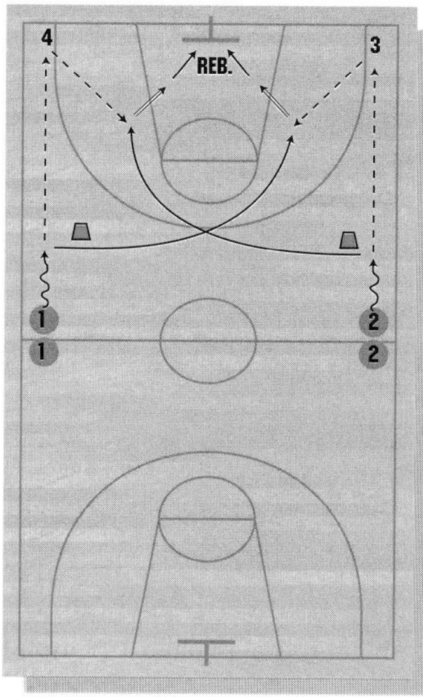

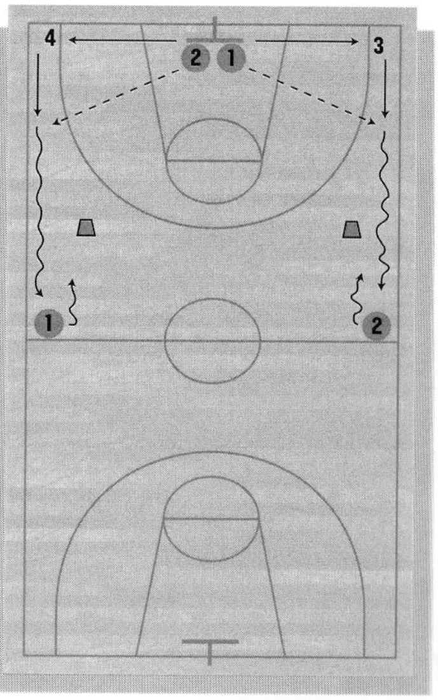

Matériel : **Au moins 2 ballons par colonne ;**
2 plots.

Concept :

Référentiel :

☛ Le shooteur change de rythme et de direction au niveau du plot ;

☛ le shooteur fait appel de balle tout en dissociant ses appuis qui s'apprêtent à armer la poussée pour le saut en suspension ;

☛ le shooteur pivote s'il est mal orienté ou déséquilibré ; le pied de pivot est l'appui intérieur ;

☛ le shooteur ne descend pas la balle après la réception (sauf passe trop haute).

Notes :

Tir

Situation

Objectif : **améliorer le jeu sans ballon pour obtenir une position de tir**

Consignes

• Mise en place
Travail sur 1/2 terrain. 1 colonne de joueurs à chaque emplacement de 2e arrière. L'une des colonnes avec ballon. 1 plot à 45° du côté opposé à la balle.

• Déroulement
Le porteur de balle fait la passe à l'autre arrière, puis coupe pour ressortir côté ballon en remontant le plot. Le passeur lui donne la balle, il la réceptionne puis fait une fixation en dribble pour redonner au passeur. Le passeur sans ballon qui a amélioré la ligne de passe réceptionne la balle et tire. Les 2 joueurs vont au rebond.

• Rotation/Continuité
Inverser les rôles.

• Variantes
Modifier le parcours.

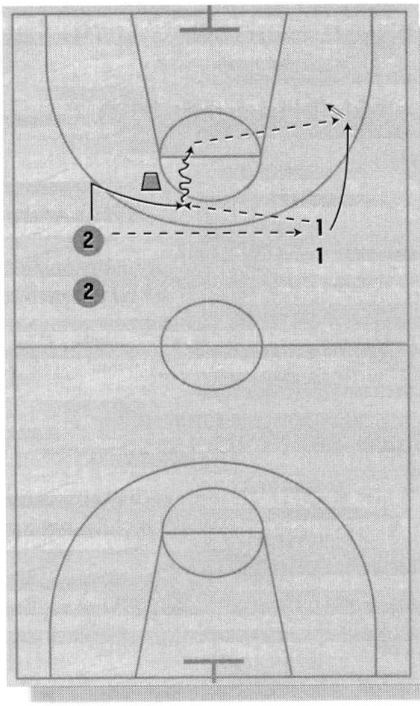

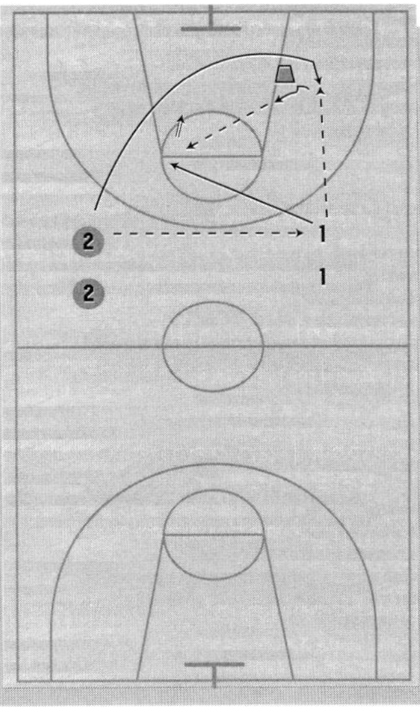

Matériel : **Un ballon pour deux joueurs.**

Concept :

Référentiel :

☛ Le coupeur change de rythme lorsqu'il passe l'axe ;
☛ son dribble de fixation est agressif et bref (1 dribble) ;
☛ l'attaquant-passeur améliore la ligne de passe simultanément aux variations du porteur (ni avant, ni après), tout en perturbant l'aider-reprendre (imaginaire) du défenseur en se déplaçant dans le même sens que le porteur ;
☛ toutes les réceptions se font avec les appuis orientés vers la cible.

Notes :

Tir

Situation

Objectif : **perfectionnement du tir avec opposition**

Consignes

• Mise en place

Travail sur 1/2 terrain. 1 joueur avec ballon à un angle de la ligne de fond, 2 joueurs en position d'arrières.
1 joueur relais derrière le porteur.

• Déroulement

Situation 1 : le porteur fait la passe au 1er arrière puis coupe à l'opposé. Le 1er arrière fait la passe au 2e arrière et va gêner le tir du coupeur. Le 2e arrière fait la passe au coupeur pour un tir.
Situation 2 : idem mais l'obstacle placé au poste moyen permet au coupeur de travailler son démarquage sans ballon.

• Rotation/Continuité

1er arrière ▶ relais ▶ coupeur ▶
2e arrière ▶ 1er arrière

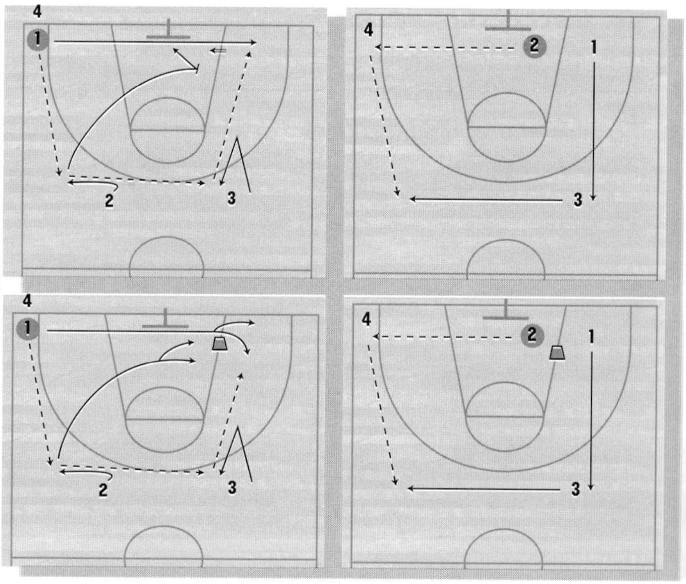

Matériel : **1 ballon par groupe de travail.**
1 obstacle pour la situation 2.

Concept :

Référentiel :

☛ Chaque réceptionneur procède à un démarquage préalable ;
☛ le shooteur doit « effacer » ou « engager » ses appuis selon la proximité du défenseur ;
☛ le coupeur est obligé de tirer sans feinter et dès la réception ;
☛ pour la situation 2, le coupeur doit recevoir la passe déjà démarqué (lire le choix défensif face à l'obstacle) ;
☛ l'attaquant reste concentré sur la cible malgré la présence du défenseur.

Notes :

1 C 1

Situation

Objectif : **améliorer le temps de réaction offensive**

Consignes

• Mise en place

Travail sur 1/2 terrain. 1 colonne d'attaquants avec ballon dans le cercle central. 1 colonne de rebondeurs près de la ligne de fond. L'entraîneur sur la ligne des L.F.

• Déroulement

Au signal, l'attaquant fait la passe à l'entraîneur et se dirige vers lui ; le rebondeur va toucher la partie haute de la ligne à 3 pts. Pendant que le rebondeur revient, l'entraîneur redonne la balle à l'attaquant et lui donne la consigne. L'attaquant exécute la demande et le rebondeur récupère le rebond.

• Rotation/Continuité

Après le tir, attaquant et rebondeur échangent leurs rôles.

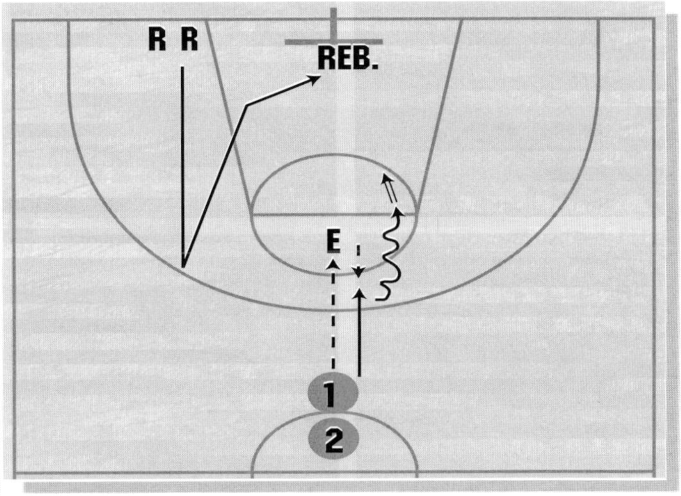

Matériel : **1 ballon pour deux joueurs par groupe de travail.**

Concept :

Référentiel :

☛ L'entraîneur alterne des indications orales et des indications gestuelles ;
☛ les consignes données seront directes et à inverser (« droite » veut dire « gauche ») ;
☛ l'attaquant doit réagir rapidement sans commettre de violations ;
☛ le rebondeur exécute son déplacement à vitesse maximum ;
☛ le rebondeur remet le tir avant d'enchaîner la rotation.

Notes :

1 C 1

Situation

Objectif : **vitesse d'analyse et vitesse de réaction dans un espace restreint**

Consignes

• Mise en place

Travail sur 1/2 terrain. 3 colonnes dont celle du milieu avec ballon. 1 plot sur l'axe à 7 mètres du panier.

• Déroulement

Le meneur dribble et fait la passe à l'un des ailiers puis se décale du côté de la passe. L'ailier qui reçoit tire au panier puis va contourner le plot. L'autre ailier prend le rebond, passe au meneur puis va défendre sur l'ailier shooteur. Le meneur fait la passe à ce dernier qui doit résoudre sa situation de 1c1 dans un temps très court et dans un espace restreint.

• Rotation/Continuité

1 ➧ 2 ➧ 3 ➧ 1.

• Variantes

L'attaquant peut jouer passe et va.

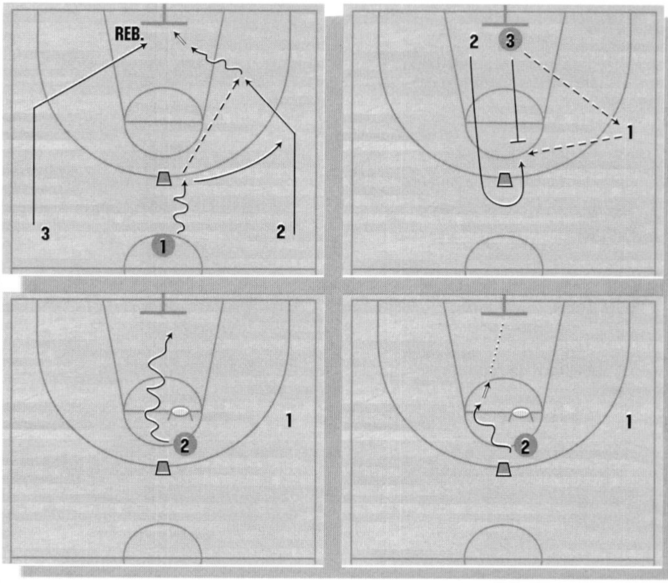

Matériel : **1 ballon et un plot par groupe de travail.**

Concept :

Référentiel :

- L'attaquant doit lire le choix défensif avant et pendant la réception de la balle afin d'enchaîner rapidement avec le meilleur choix ;
- l'attaquant reçoit la passe en appuis simultanés afin de pouvoir choisir son pied de pivot ;
- l'attaquant porte la balle du côté où il envisage de prendre l'avantage ;
- l'attaquant doit déséquilibrer le défenseur avant le 1er dribble ; il peut tirer, dribbler et tirer en course, dribbler puis s'arrêter pour tirer ;
- le défenseur défend assez rapproché.

Notes :

1 C 1

Situation

Objectif : être capable de résoudre une situation de 1c1 en dribble dans un espace restreint

Consignes

• Mise en place

Travail sur 1/2 terrain. 2 joueurs placés autour du cercle des L. F, aux extrémités de la ligne des L. F, face à face. 1 plot à 2 mètres de chacun d'eux et encore un au niveau de l'axe à 8 mètres du panier.

• Déroulement

Les deux joueurs se font des passes en même temps qu'ils font un travail de tiping. Au signal, celui qui a la balle va faire le tour de son plot et revient en dribble jouer 1c1 contre l'autre joueur qui a été toucher le plot du centre avant de revenir en défense.
Le 1c1 se déroule sans remonter la prolongation de la ligne des L.F.

• Rotation/Continuité

Recommencer de la sorte.

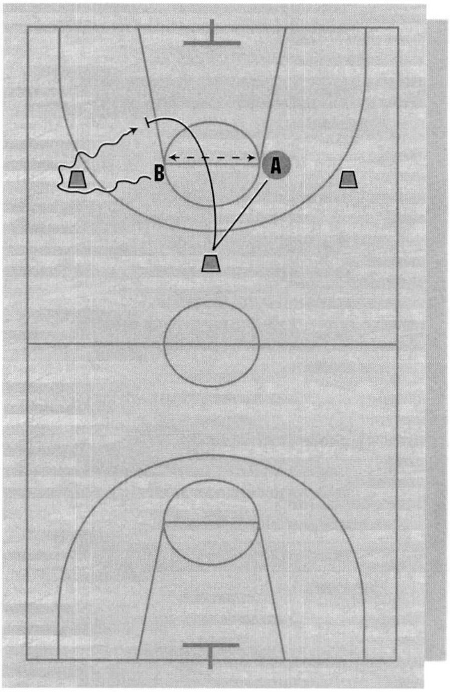

Matériel : 1 ballon et trois plots par groupe de travail.

Concept :

Référentiel :

- L'attaquant cherche à aller le plus rapidement possible ;
- l'attaquant tente de rester dans le couloir direct ;
- il déséquilibre le défenseur ;
- l'attaquant termine par un tir en course ou un tir court de l'intérieur de la zone ;
- limiter le nombre de dribbles si utilisation abusive de celui-ci.

Notes :

1 C 1

Situation

Objectif : améliorer la vitesse de déplacement et la résolution du duel depuis le poste haut

Consignes

• Mise en place

Travail sur 1/2 terrain. 2 joueurs face à la planche dont un avec ballon. 1 passeur ou l'entraîneur en position de meneur.

• Déroulement

4 et 5 réalisent des claquettes l'un pour l'autre. Au signal de E, le joueur qui a la possession de la balle devient rebondeur et exécute la passe de dégagement sur E. Le non-rebondeur devient attaquant et doit toucher le coin supérieur de la raquette pour avoir le droit de recevoir la balle. Le rebondeur monte en défense sur lui une fois la passe de dégagement terminée.
Jouer 1c1.

• Variantes

Ajouter un passeur à 45° et jouer le 1c1 + passeur afin d'enrichir l'éventail de choix offensifs.

Matériel : 1 ballon par groupe de travail.

Concept :

Référentiel :

- L'attaquant pivote en « effacer » afin de faire face rapidement au panier et tirer si le défenseur est en retard ;
- l'attaquant joue le 1c1 avec au maximum 2 dribbles ;
- si l'attaquant démarre en dribble, veiller à l'abaissement du centre de gravité au départ (les pivots ont tendance à ne pas trop fléchir les jambes) ;
- après le tir, jouer le rebond offensif.

Notes :

Pivot

Situation

Objectif : **perfectionnement de la passe de dégagement et de la relation avec le trailer**

Consignes

• Mise en place

Travail sur 1/2 ou tout terrain (variante). 1 pivot avec ballon face à la planche ; 2 ailiers et un meneur. 1 joueur relais derrière le meneur.

• Déroulement

Le pivot fait une claquette et fait la passe de dégagement sur l'ailier du côté du rebond. L'ailier qui reçoit la balle fait la passe au meneur qui renverse sur l'autre ailier. Le meneur après sa passe coupe au panier, reçoit la passe de l'ailier et tire.

• Rotation/Continuité

Le rebondeur remplace l'ailier qui reçoit sa passe, celui-ci remplace le relais, le relais prend la place du meneur, le meneur devient rebondeur.

• Variantes

Au signal, les 4 attaquants partent en C. Att., le rebondeur joue suiveur, le relais défend sur le suiveur.

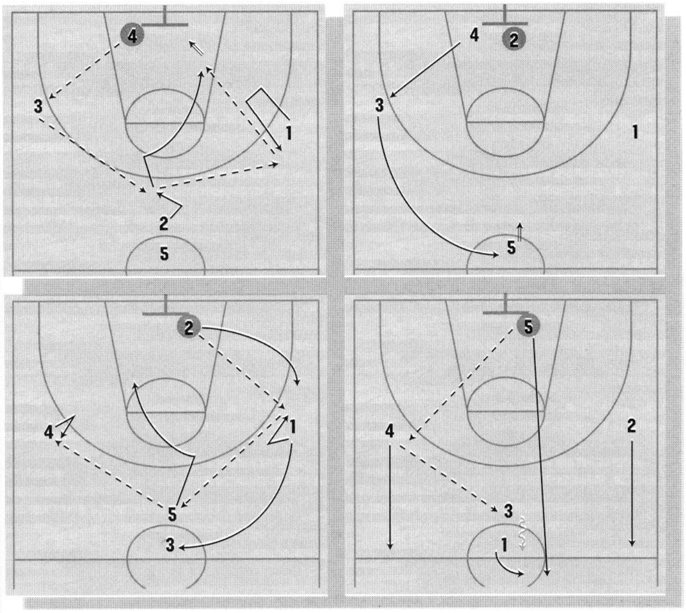

Matériel : **1 ballon par groupe de travail.**

Concept :

Référentiel :

- Tous les joueurs doivent effectuer un démarquage avant de recevoir la passe ;
- le pivot fait la sortie de balle les mains au-dessus de la tête ;
- l'ailier qui passe au coupeur travaille différents types de passes désaxées ;
- les réceptions + pivoters se font en « effacé » ;
- le joueur qui coupe change de rythme après son aiguillage, ne pas oublier l'appel de balle, les appuis restent orientés vers le panier.

Notes :

Contre-attaque

Situation

Objectif : **perfectionner le timing entre le passeur qui progresse en dribble et le réceptionneur qui court**

Consignes

• Mise en place

Travail sur 1/2 terrain longitudinal. Des joueurs avec ballon derrière chaque ligne de fond. 1 joueur sans ballon au niveau de la ligne médiane dans le couloir latéral.
1 plot sur le prolongement de chaque ligne de lancers francs.

• Déroulement

Le 1er joueur avec ballon progresse en dribble ; le joueur sans ballon avance vers la panier opposé. Le porteur de balle dribble et fait la passe à l'ailier lorsque celui-ci le lui demande (ni avant, ni après). Le passeur prend la place de l'ailier en contournant le plot. Le porteur de balle qui lui fait face démarre ; le shooteur sort.

• Rotation/Continuité

Travail en continuité.

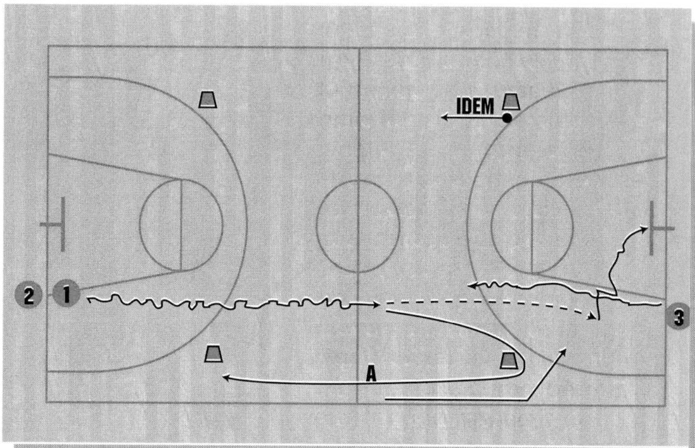

Matériel : **un minimum de 3 ballons et 2 plots par groupe de travail.**

Concept :

Référentiel :

☛ Le rebondeur retombe avec les appuis orientés vers l'avant, il lance la balle en avant et progresse en dribble long ;
☛ l'ailier longe la touche et régule sa vitesse par rapport à la disponibilité du meneur ;
☛ le meneur fait la passe (directe à deux mains ou dans le dribble) dès que l'ailier est en conditions de la recevoir ;
☛ l'ailier « attaque » la balle et monte au panier en force (agressivité).

Notes :

Contre-attaque

Situation

Objectif : **être capable de résister à la pression physique et psychologique d'un poursuiveur**

Consignes

• Mise en place

Travail sur 1/2 terrain longitudinal.
1 colonne de joueurs avec balle à un angle du terrain ; 1 plot à 7 mètres de la même ligne de fond ; 1 colonne d'attaquants derrière la ligne de fond opposée. Le 1er de ces attaquants sur la ligne des 3 pts.

• Déroulement

Au signal, le 1er attaquant sprinte vers le plot, le contourne pendant qu'il reçoit la passe du 1er joueur avec ballon puis dribble long et vite pour aller marquer. Le passeur se lance à sa poursuite pour l'empêcher de marquer facilement.

• Rotation/Continuité

Le poursuiveur va dans la colonne des attaquants ; l'attaquant prend son rebond et va dans la colonne des passeurs.

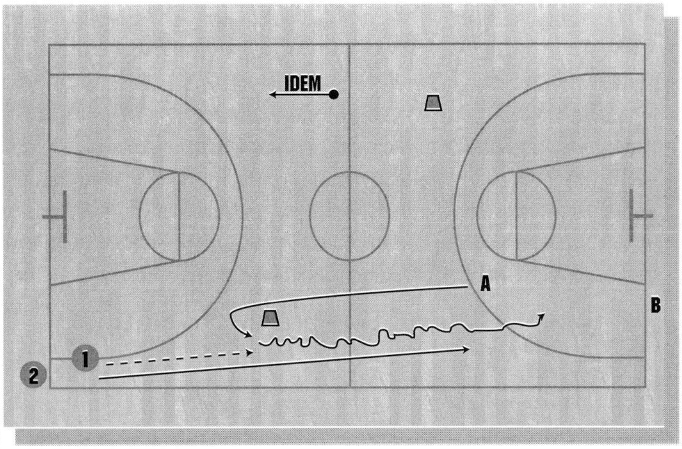

Matériel : **1 ballon pour 2 joueurs.**
1 plot par 1/2 terrain longitudinal.

Concept :

Référentiel :

- Recevoir la balle avec les appuis orientés vers l'avant ;
- le porteur de balle doit traverser le terrain avec un minimum de dribbles ;
- tout en progressant à grande vitesse, le porteur doit s'informer sur l'approche du poursuivant sans pour autant perdre sa position préférentielle (ne pas avoir peur, ne pas ralentir) ;
- ne pas tourner la tête (vision périphérique).

Notes :

Contre-attaque

Objectif : **lire la défense et apporter la meilleure réponse avant l'arrivée du 2e défenseur**

Situation

Consignes

• Mise en place

Travail sur 1/2 terrain. 1 joueur avec ballon dans le cercle central, son défenseur hors du cercle. 1 attaquant et son défenseur à l'un des postes bas.

• Déroulement

Au signal, le défenseur du porteur de balle touche la ligne médiane avant de revenir en défense. Les attaquants essayent d'exploiter l'avantage du 2c1 avant que le deuxième défenseur n'arrive.

• Rotation/Continuité

4 répétitions par équipe dont 2 répétitions par joueur par poste.

• Variantes

Ajouter un autre attaquant avec son défenseur à l'autre poste bas.
3c2 + 1.

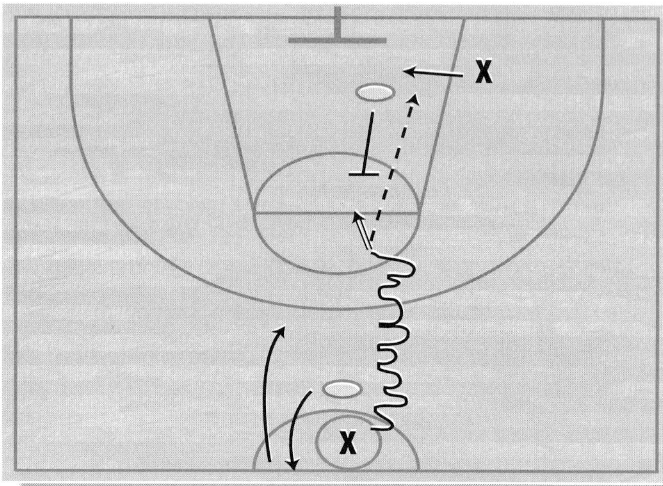

Matériel : **1 ballon par groupe de travail.**

Concept :

Référentiel :

- Le porteur de balle lit la réaction défensive pendant la conduite de balle ;
- il fixe le défenseur pour libérer son partenaire ;
- il va au panier ou fait un tir court si le défenseur ne réagit pas à la fixation ;
- le joueur non-porteur de balle améliore les lignes de passe en permanence ;
- détermination dans l'exécution.

Notes :

Contre-attaque

Situation

Objectif : **perfectionner la résolution d'une situation de surnombre à 2c1 sur 1/4 de terrain**

Consignes

• Mise en place

Travail sur tout terrain. Groupes de 3 joueurs (un attaquant avec ballon, 1 rebondeur et un défenseur) alignés le long d'une ligne de touche derrière la ligne médiane.

• Déroulement

L'attaquant avec ballon va au panier et fait un tir ; le rebondeur court derrière et récupère le rebond ; le défenseur va toucher la ligne des lancers francs. Le tireur remonte à l'opposé et reçoit la passe du rebondeur qui a fait la remise en jeu. Ce dernier prend le couloir latéral, le porteur de balle progresse vers l'axe en dribble. Le défenseur assure le repli défensif et se retrouve en situation d'infériorité numérique 1c2.
Les attaquants exploitent le surnombre selon les consignes.

• Rotation/Continuité

1 ➧ 3 ➧ 2 ➧ 1

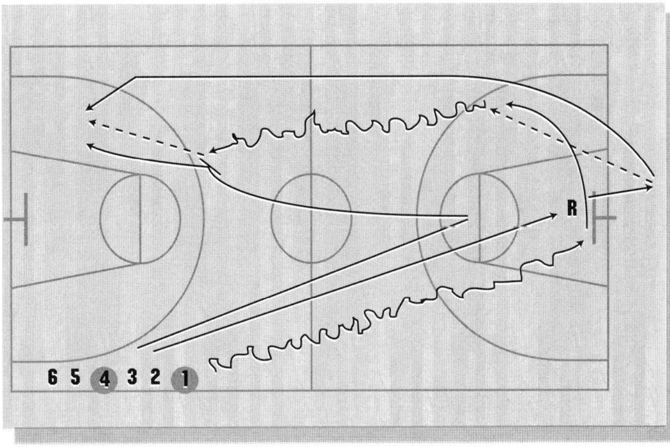

Matériel : **1 ballon pour 3 joueurs.**

Concept :

Référentiel :

- la prise d'information se fait pendant les déplacements ;
- le porteur de balle fixe le défenseur ;
- le récepteur lit la défense pendant la passe et enchaîne rapidement avec une action vers le panier ou une passe vers son partenaire qui a amélioré la ligne de passe pendant son choix ;
- détermination et vitesse dans l'exécution.

Notes :

Contre-attaque

Situation

Objectif : **être capable de conclure rapidement une situation de surnombre momentané à 3c2 + 1**

Consignes

• Mise en place

Travail sur tout terrain. 3 attaquants avec 1 ballon démarrent en zone arrière. 3 défenseurs en zone avant dont un à l'extérieur du terrain ; 3 autres défenseurs de l'autre côté.

• Déroulement

Les attaquants jouent 3c2 ; dès que la balle franchit la ligne médiane, le 3e défenseur touche le rond central et s'incorpore à la défense.
Les attaquants doivent prendre un tir à haut pourcentage de réussite avant l'arrivée de ce troisième défenseur.

• Rotation/Continuité

Après panier encaissé, rebond défensif ou interception, les défenseurs deviennent attaquants et jouent 3c2 + 1 contre les défenseurs qui étaient en attente.

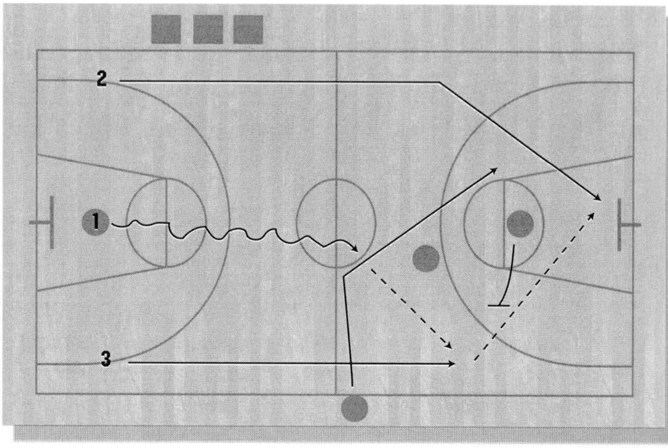

Matériel : **1 ballon par groupe de travail.**

Concept :

Référentiel :

- ☛ Tous les attaquants avancent le plus rapidement possible ;
- ☛ la prise d'information se fait pendant les déplacements ;
- ☛ le porteur de balle fixe au moins un défenseur ;
- ☛ le récepteur lit la défense pendant la passe et enchaîne rapidement avec une action vers le panier ou une passe vers les partenaires qui ont amélioré les lignes de passe pendant son choix ;
- ☛ conclure l'action avant l'arrivée du dernier défenseur.

Notes :

Contre-attaque

Situation

Objectif : **être capable de résoudre une situation de surnombre momentané ; agressivité offensive**

Consignes

• Mise en place

Travail sur tout terrain. 2 équipes de joueurs placées en ligne et parallèles à la ligne de fond. 1 ballon au sol placé sur la ligne des lancers francs d'en face. 1 plot situé à l'extérieur du terrain, sur la prolongation de la ligne des lancers francs.

• Déroulement

Au signal, les membres des deux équipes courent s'emparer du ballon. L'équipe qui le prend attaque, l'autre défend. Le défenseur de l'attaquant qui s'est emparé du ballon doit toucher le plot avant d'intégrer son équipe en défense. Jouer pendant 2 possessions consécutives.

• Rotation/Continuité

Reprendre après les 2 possessions.

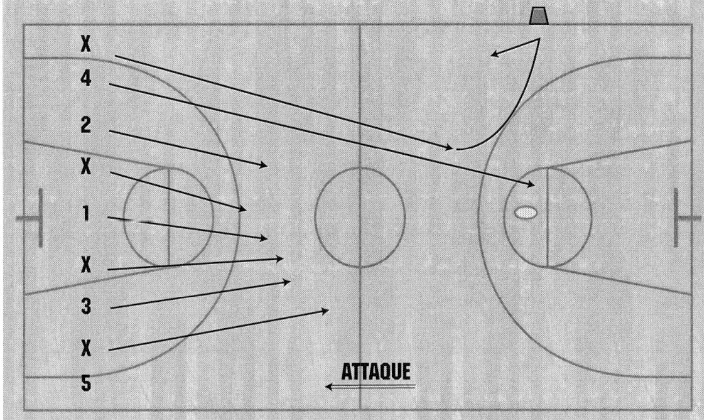

Matériel : **1 ballon et un plot par groupe de travail.**

Concept :

Référentiel :

- Les joueurs doivent identifier leur statut (attaquant ou défenseur) le plus rapidement possible ;
- s'organiser dans les couloirs, conquérir des espaces clés, améliorer les lignes de passe ;
- le ballon progresse en passes dès que possible ;
- le ballon n'arrête pas sa progression ;
- le porteur de balle dribble et tire ou fixe si aucun joueur sans ballon n'est libre ou mieux placé que lui.

Notes :

Contre-attaque

Situation

Objectif : **améliorer les lignes (réceptionneur) et les trajectoires (passeur) de passes durant une progression en C. Att. à 3c2 et 2c1**

Consignes

• Mise en place

Travail sur tout terrain. 3 colonnes de joueurs derrière une ligne de fond dont celle du milieu avec ballon. 2 défenseurs dans le demi-terrain opposé.

• Déroulement

La 1re vague de trois joueurs évolue en passes durant toute la possession. Ils essayent d'aller marquer le plus rapidement possible. Les deux défenseurs les en empêchent. Chaque joueur évolue dans son couloir.

Dès que les deux défenseurs récupèrent la possession de la balle, ils jouent 2c1 contre le dernier attaquant qui a touché la balle.

• Rotation/Continuité

Les 2 attaquants restants deviennent défenseurs ; les joueurs qui terminent le 2c1 se répartissent dans les 3 colonnes.

Travail en vagues.

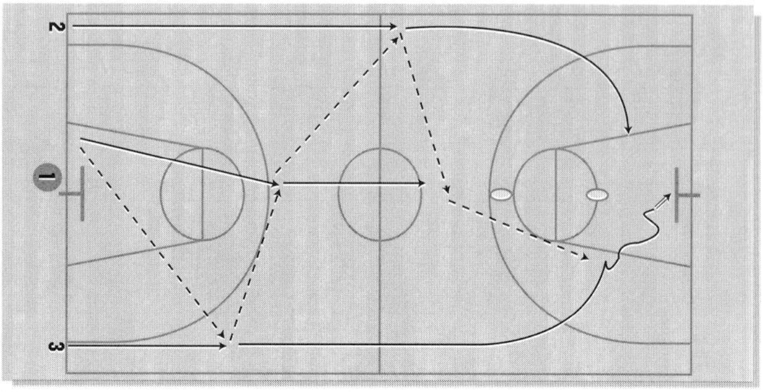

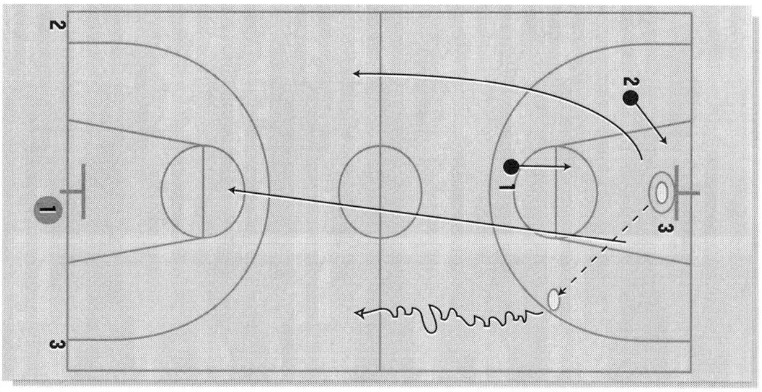

Matériel : **1 ballon par vague de 3 joueurs.**

Concept :

Référentiel :

- Le porteur de balle analyse la situation en mouvement, il s'informe en permanence ;
- il fait le type de passe qu'il jugera le plus sûr et le plus rapide (en priorité assurer la passe) ;
- les non-porteurs créent des fenêtres de passe tout en se déplaçant rapidement vers le panier ;
- poids du corps équitablement réparti entre les deux appuis ;
- détermination et vitesse d'exécution.

Notes :

Contre-attaque

Objectif : se familiariser avec la montée de balle latérale/finition du suiveur

Situation

Consignes

• Mise en place

Travail sur tout terrain. 1 colonne de joueurs avec ballon sous le panier et 1 colonne de joueurs sans ballon au coin du terrain.

• Déroulement

Le premier joueur avec ballon fait une claquette, prend le rebond et fait la passe de dégagement sur le joueur latéral. Après sa passe, le rebondeur prend le couloir latéral et reçoit la passe de retour. Le joueur latéral prend l'axe et le nouveau porteur dribble le long de la ligne de touche.
Arrivés à proximité de la ligne à 3 pts, le joueur du centre aiguille et coupe côté ballon où il reçoit la passe de son partenaire et tire. Le shooteur prend le rebond, le passeur coupe à l'opposé.

• Rotation/Continuité

Recommencer de l'autre côté de l'axe longitudinal.

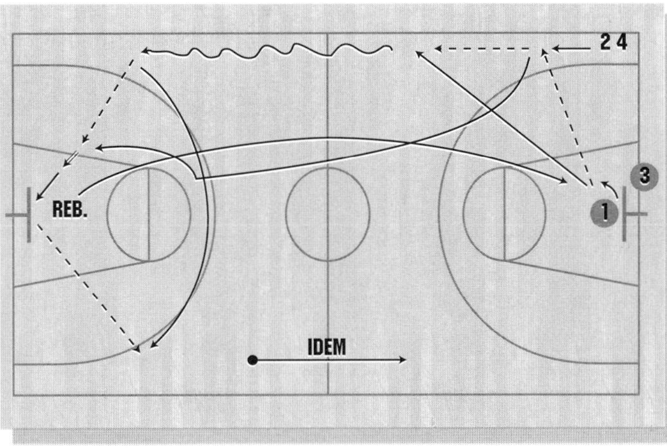

Matériel : 1 ballon pour 2 joueurs.

Concept :

Référentiel :

- Le joueur qui reçoit la balle le long de la touche doit avoir le dos face à la touche ;
- contrôler visuellement tout l'espace de jeu ;
- le joueur du milieu gère sa course par rapport à la disponibilité du porteur de balle ;
- il doit être capable de recevoir la balle latéralement avec les appuis orientés vers le panier ;
- réaliser un aiguillage avant d'aller au panier.

Notes :

Contre-attaque

Situation

Objectif : **améliorer l'organisation et l'occupation de l'espace à 3 joueurs**

Consignes

• Mise en place

Travail sur tout terrain. Groupes de 3 joueurs avec 1 ballon à l'extérieur du terrain au niveau de la ligne médiane. Le 1er groupe est dans le terrain et le 1er joueur a la balle.

• Déroulement

Le 1er joueur va au panier et tire en lay-up. Le 2e joueur va au rebond. Le 3e va toucher le coin inférieur de la zone. Après le tir, le shooteur prend le couloir latéral et reçoit la sortie de balle du rebondeur. Le 3e joueur prend le couloir central et reçoit la passe de l'ailier. Le porteur garde le couloir central, l'ailier reste dans son couloir, le rebondeur occupe le couloir libre. Conclure 3c0.

• Rotation/Continuité

Les vagues de joueurs sortent 1 fois à droite, une fois à gauche.

• Variantes

Ajouter 1, 2 défenseurs en finition.

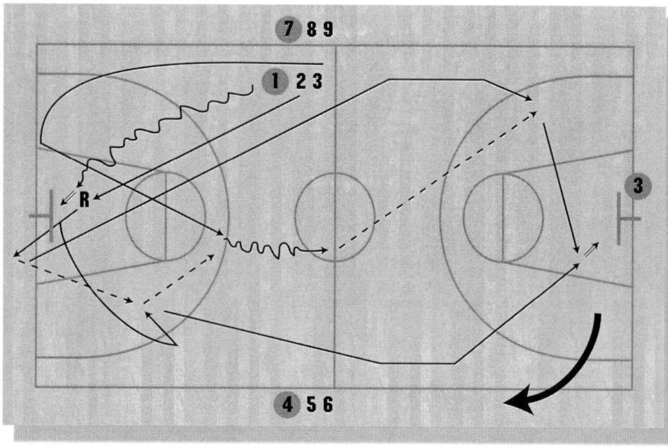

Matériel : **1 ballon pour 3 joueurs.**

Concept :

Référentiel :

- Les joueurs doivent occuper les couloirs le plus rapidement possible ;
- contrôle visuel permanent du ballon (ne pas tourner le dos au ballon).
- réaliser le minimum de dribbles en portant une attention particulière à la vitesse de déplacement des non-porteurs (ne pas attendre la passe pour accélérer) et au timing des passes (pas de passes en retard lorsque les joueurs sont arrêtés).

Notes :

Contre-attaque

Situation

Objectif : **organisation/occupation de l'espace durant la progression en C. Att. à 4 joueurs**

Consignes

• Mise en place

Travail sur tout terrain. 4 colonnes de joueurs. La première vague de joueurs des colonnes 1, 2 et 3 sur la prolongation de la ligne des Lancers francs. Le 1er joueur de la colonne 4 face à la planche et avec un ballon.

• Déroulement

4 fait une claquette et fait la passe de dégagement à 2. 1, 2 et 3 démarrent en contre-attaque ; 4 joue le rôle du suiveur. Lorsque 2 franchit la ligne médiane, il fait la passe à 3 puis prend son couloir. 3 fait un tir en course et prend le couloir opposé. 1 récupère le rebond, fait la passe à 4 et on recommence dans l'autre sens.

• Rotation/Continuité

Travail en vagues. 4 répétitions avant de changer de groupe de travail.

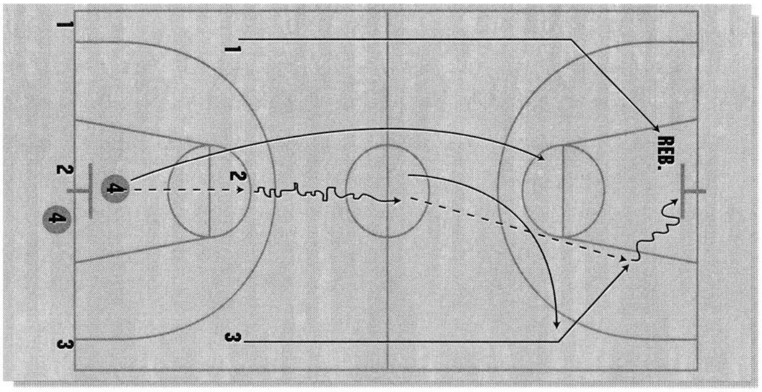

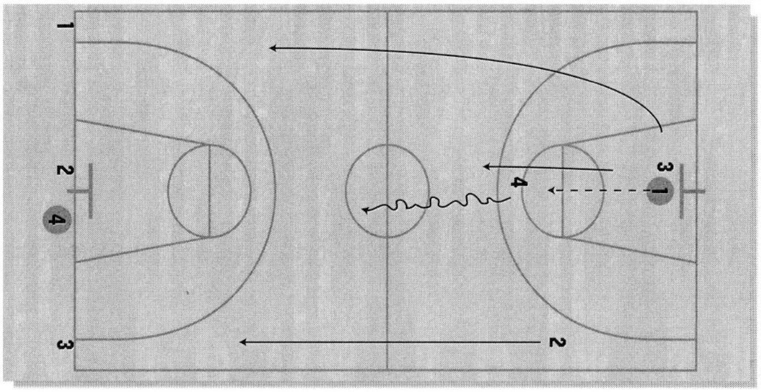

Matériel : **1 ballon pour 4 joueurs.**

Concept :

Référentiel :

☛ Les joueurs doivent occuper leur couloir le plus rapidement possible ;

☛ contrôle visuel permanent du ballon (ne pas tourner le dos lorsque l'on change de direction).

☛ réaliser le minimum de dribbles en portant une attention particulière à la vitesse de déplacement des non-porteurs (ne pas attendre la passe pour accélérer) et au timing des passes (pas de passes en retard lorsque les joueurs sont arrêtés).

Notes :

Contre-attaque

Situation

Objectif : améliorer l'occupation des couloirs par poste de jeu

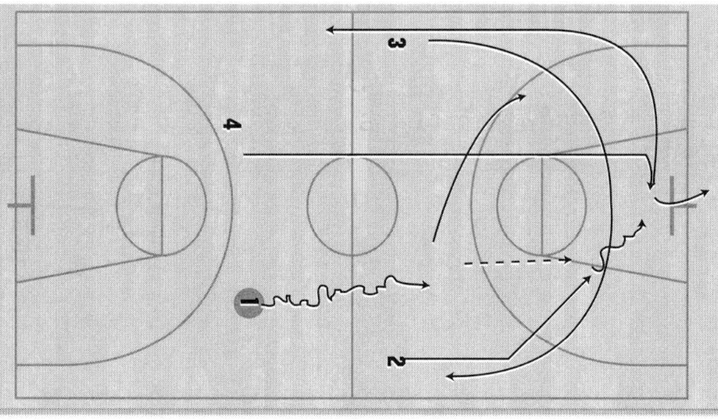

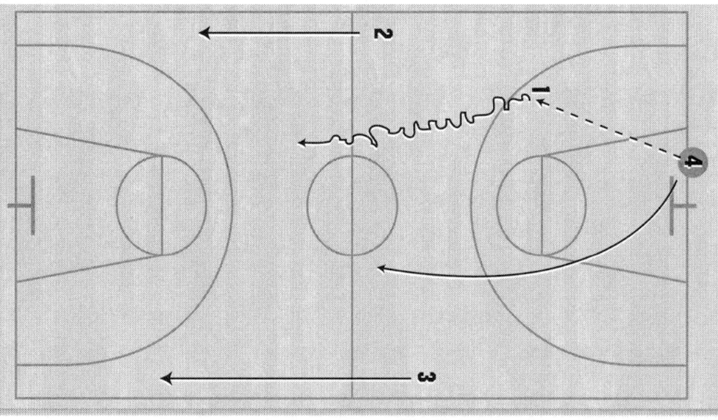

Matériel : 1 ballon par groupe de travail.

Consignes

• Mise en place

Travail sur tout terrain. 2 joueurs ailiers, 1 meneur avec ballon et 1 suiveur.

• Déroulement

Les ailiers progressent le long des ailes, le meneur avance dans son couloir, le suiveur dans le sien. Le meneur fait la passe à l'un des ailiers qui tire au panier et s'en va à l'aile opposée. L'autre ailier coupe également. Le suiveur récupère le rebond avant que la balle ne touche le sol puis fait la remise sur le meneur qui s'est décalé sur le côté opposé à sa passe. Recommencer dans l'autre sens.

• Rotation/Continuité

Travail en vagues ou en séries.

Concept :

Référentiel :

☛ Les joueurs doivent occuper leur couloir le plus rapidement possible ;

☛ contrôle visuel permanent du ballon (ne pas tourner le dos lorsque l'on change de direction).

☛ réaliser le minimum de dribbles en portant une attention particulière à la vitesse de déplacement des non-porteurs (ne pas attendre la balle pour accélérer) et au timing des passes (pas de passes en retard lorsque les joueurs sont arrêtés).

Notes :

Contre-attaque

Situation

Objectif : perfectionner la résolution d'une situation de surnombre à 4c3

Consignes

• Mise en place

Sur tout terrain. 4 attaquants avec un ballon dans l'une des zones restrictives ; 3 défenseurs sur le prolongement de chaque ligne de touche en zone avant, 1 relais sur chaque touche en zone arrière.

• Déroulement

Les 4 attaquants vont marquer le plus rapidement possible. Les 3 défenseurs doivent toucher le cercle central avant de défendre. Ils entrent sur le terrain en même temps que les attaquants entrent en possession du ballon. Jeu 4c3. Lorsque les 3 défenseurs ont la possession de la balle, ils font la sortie de balle sur le joueur relais afin qu'il intègre le groupe. Ils partent à 4 jouer contre les 3 autres défenseurs.

• Rotation/Continuité

Le dernier attaquant qui touche la balle devient relais, les autres joueurs seront défenseurs.

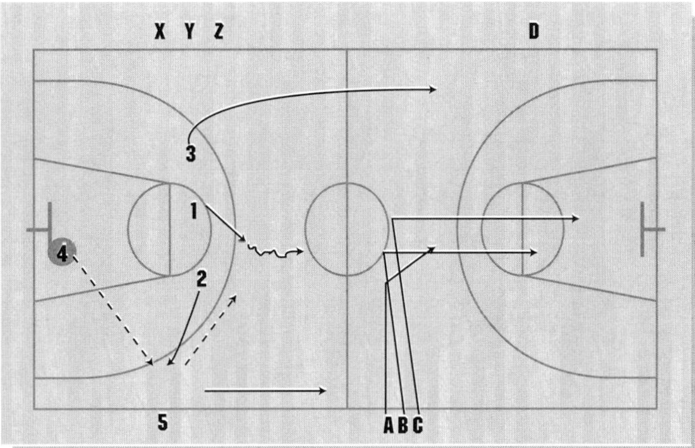

Matériel : 1 ballon par groupe de travail.

Concept :

Référentiel :

- Tous les attaquants avancent rapidement et s'informent pendant les déplacements ;
- le porteur de balle fixe au moins un défenseur ;
- si personne monte sur le meneur, il dribble long vers le panier ;
- le récepteur lit la défense pendant la passe et enchaîne rapidement avec une action vers le panier ou une passe pour les partenaires qui ont amélioré les lignes de passe pendant son choix ;
- vitesse d'exécution et détermination.

Notes :

Contre-attaque

Situation

Objectif : améliorer le timing des trailers (2e vague) par rapport à la 1re vague (ailiers, meneur)

Consignes

• Mise en place

Travail sur tout terrain. 1 joueur à chaque prolongation des lignes de lancers francs. 2 défenseurs dans chaque 1/2 terrain; 4 attaquants avec ballon.

• Déroulement

Jouer 4c2 jusqu'à marquer le panier ou jusqu'à ce qu'il y ait un rebond défensif. Alors, les deux défenseurs font la sortie de balle avec l'appui des deux joueurs qui se trouvent à l'extérieur. Les 4 nouveaux attaquants jouent à 4c2 de l'autre côté. Le rebondeur joue toujours suiveur. Les joueurs extérieurs occupent 2 couloirs de la 1re vague; le défenseur non-rebondeur prend le couloir restant.

• Rotation/Continuité

Les 2 derniers attaquants qui touchent la balle sortent sur les côtés, les autres restent en défense.

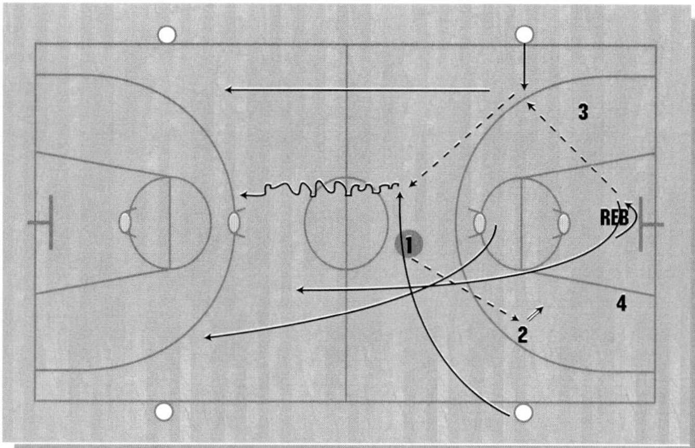

Matériel : 1 ballon par groupe de travail.

Concept :

Référentiel :

☛ Les trailers lisent la situation de jeu pendant leur course; ils accélèrent ou décélèrent en fonction des situations qui se produisent;
☛ ne pas gêner les autres joueurs dans leur progression;
☛ ne pas couper de lignes de passes mais en créer de nouvelles;
☛ occuper les intervalles et les espaces clés libérés par les défenseurs;
☛ participer au rebond offensif; lire la trajectoire du rebond pendant le déplacement.

Notes :

Contre-attaque

Situation

Objectif : **perfectionnement du rôle de trailer durant la transition offensive**

Consignes

• Mise en place

Sur tout terrain.4 attaquants avec un ballon autour de la zone. 1 défenseur dans chaque zone restrictive.

• Déroulement

Faire parvenir la balle au poste bas qui est défendu ; ce dernier renvoie la balle de l'autre côté du cercle (contre la planche) afin que l'autre pivot récupère le rebond défensif. Dès que 4 récupère le rebond, le défenseur de 3 prend le couloir latéral, 2 s'ouvre à la balle sur le côté, 4 fait sa passe de dégagement et 1 prend le couloir central. 1 monte la balle en dribble et fait la passe à l'ailier le plus avancé ; simultanément le rebondeur a pris le couloir du suiveur et coupe fort côté ballon pour jouer 1c1 au poste bas.

• Rotation/Continuité

Après le 1c1, le pivot attaquant reste en défense, les autres sortent. 4 autres attaquants en place contre le n°3.

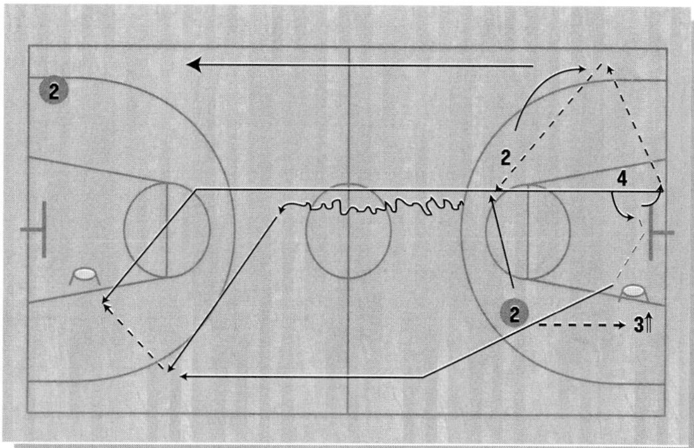

Matériel : **1 ballon par groupe de travail.**

Concept :

Référentiel :

- Le trailer lit la situation de jeu pendant sa course ; il accélère ou décélère en fonction des situations qui se produisent ;
- ne pas gêner les autres joueurs dans leur progression ;
- profiter de son élan pour prendre la position préférentielle à son défenseur ;
- rechercher les passes en triangle si le défenseur est devant ou 3/4.

Notes :

Contre-attaque

Situation

Objectif : perfectionner l'enchaînement rebond-sortie de balle-occupation des couloirs

Consignes

• Mise en place

Travail sur 1/2 ou tout terrain. 2 attaquants à chaque coin supérieur de la zone dont 1 avec ballon, 2 autres au poste bas. 4 joueurs relais à l'extérieur du terrain. 3 plots placés sur la ligne médiane et qui matérialisent les couloirs à respecter.

• Déroulement

Le porteur de balle passe au poste bas de son côté qui fait une claquette pour que l'autre pivot prenne le rebond.
5, après avoir pris le rebond, fait la sortie de balle sur l'ailier côté rebond, l'autre ailier prend le couloir central et reçoit la passe, le pivot non-rebondeur occupe le 3ème couloir. Ces 3 joueurs vont contourner le plot le plus proche. Ils font faire le parcours inverse au ballon et les 4 joueurs se relayent avec les 4 remplaçants.

• Rotation/Continuité

2 ↔ 3, 5 ↔ 6, 7 ↔ 4, 1 ↔ 8.

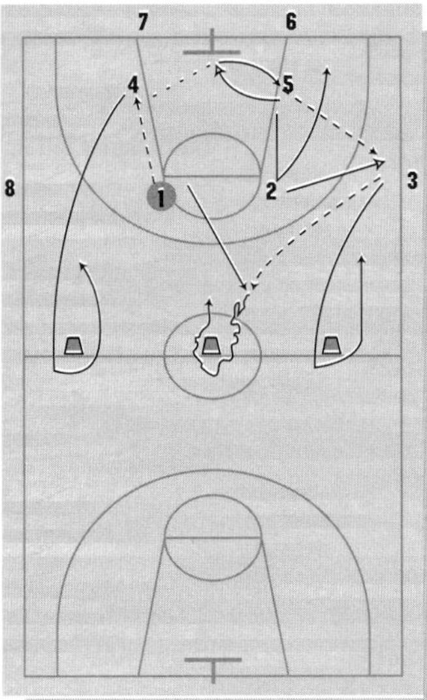

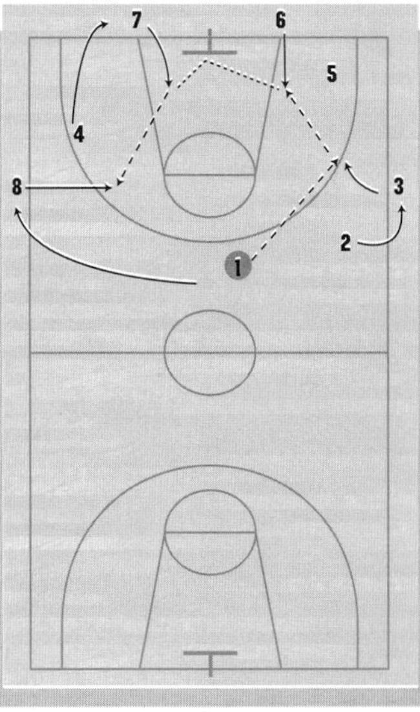

Matériel : **1 ballon et 3 plots par groupe de travail.**

Concept :

Référentiel :

☛ Le rebondeur accélère la prise de balle, il pivote extérieur afin d'éviter les adversaires ;

☛ le meneur ou l'ailier améliorent la ligne de passe ; entre temps les joueurs qui ne sont pas impliqués par cette phase de sortie de balle occupent les autres couloirs et progressent vers les plots ;

☛ renbondeur, ailier et meneur doivent dissocier les appuis des membres supérieurs afin de gagner du temps durant les enchaînements.

Notes :

Contre-attaque

Situation

Objectif : **valoriser le surnombre et la deuxième vague de la contre-attaque**

Consignes

• Mise en place

Travail sur tout terrain. 5 joueurs attaquants placés derrière la ligne de fond ; 5 joueurs défenseurs placés sur la ligne des L.F. et sa prolongation. L'entraîneur avec ballon derrière la ligne à 3 pts.

• Déroulement

L'entraîneur fait la passe à l'un des joueurs qui se trouve derrière la ligne de fond (sauf celui du centre). Dès que la balle arrive à l'un de ces joueurs, ils partent attaquer contre les 3 premiers défenseurs qui assurent le repli. Les 2 défenseurs à l'opposé de la passe doivent toucher la ligne de fond avant d'intégrer la défense.
Chaque panier marqué en contre-attaque (1ère ou 2ème vague) donne droit à une attaque placée.

• Rotation/Continuité

A chaque changement de possession, il faut inverser les rôles.

Matériel : **1 ballon par groupe de travail.**

Concept :

Référentiel :

- Les trailers lisent la situation de jeu pendant leur course ; ils accélèrent ou décélèrent en fonction des situations qui se produisent ;
- ne pas gêner les autres joueurs ;
- ne pas couper de lignes de passes mais en créer de nouvelles ;
- occuper les intervalles et les espaces clés libérés par les défenseurs ;
- participer au rebond offensif ; lire la trajectoire du rebond pendant le déplacement.

Notes :

Contre-attaque.

Situation

Objectif : **améliorer le timing du suiveur qui va au rebond offensif**

Consignes

• Mise en place

Sur tout terrain. 1 colonne de joueurs avec ballon derrière la planche ; une autre à chacune des 2 intersections de la zone avec la ligne de fond. 2 plots placés à l'extérieur de la ligne à 3 pts, au niveau du prolongement des L.F.

• Déroulement

La 1ère vague de joueurs avance de 2 pas. Le porteur lance la balle et les 2 autres joueurs contournent le plot le plus proche puis vont s'emparer du ballon. Celui qui prend la balle est attaquant, l'autre défenseur. Le passeur est suiveur. Ce dernier gère son parcours et sa vitesse en fonction de son partenaire qui joue le 1c1. Tir extérieur obligatoire. Le suiveur prend le rebond avant que la balle touche le sol puis marque le panier.

• Variantes

Placer des obstacles dans la zone afin de prendre des infos air-terre.

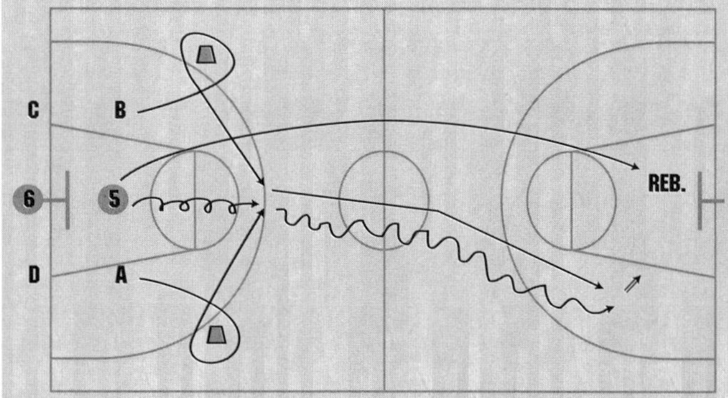

Matériel : **1 ballon pour 3 joueurs.**
2 plots par groupe de travail.

Concept :

Référentiel :

☛ Le suiveur lit la situation de jeu pendant sa course ; ils accélère ou décélère en fonction des situations qui se produisent ;
☛ ne pas gêner l'autre joueur dans sa progression ;
☛ courir à l'opposé de la balle ;
☛ participer au rebond offensif; lire la trajectoire du rebond pendant le déplacement ;
☛ terminer par une claquette si possible.

Notes :

Contre-attaque

Situation

Objectif : **perfectionner la finition avec tir en suspension après course**

Consignes

• Mise en place

Travail sur tout terrain. 3 colonnes de joueurs à chaque ligne de fond. Tous les joueurs avec 1 ballon sauf les 2 ailiers de la 1ère vague qui commence l'exercice.

• Déroulement

La 1ère vague progresse en passes jusqu'à la ligne médiane. Là, le joueur du milieu dribble vers le panier, s'arrête au niveau des L.F. et fait un tir en suspension. Les joueurs de l'aile courent dans leur couloir, arrivés à la prolongation de la ligne des L.F. ils vont vers le panier. Les ailiers qui leur font face leur donnent le ballon pour qu'ils tirent au panier.

• Rotation/Continuité

Les 3 tireurs vont au rebond et se placent dans les 3 colonnes en attente.

• Variantes

Modifier l'emplacement des passeurs (réception latérale, frontale).

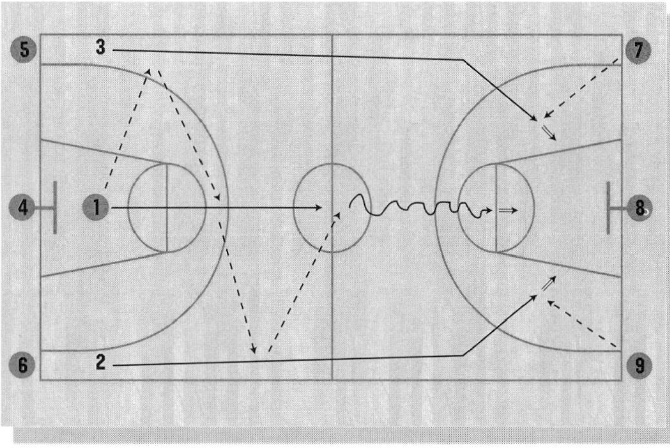

Matériel : **7 ballons par groupe de travail.**

Concept :

Référentiel :

- Recevoir la balle avec les appuis orientés vers la cible ;
- pour le dribbleur, réceptionner la balle après un dernier dribble très puissant ;
- maîtriser le déséquilibre provoqué par l'élan ;
- gérer la force de poussée de balle au fur et à mesure que la fatigue s'instaure ;
- armer le tir depuis l'endroit de réception (ne pas redescendre la balle).

Notes :

Contre-attaque

Situation

Objectif : familiarisation avec différents moments et éléments d'une contre-attaque

Consignes

• Mise en place

Travail sur tout terrain. 1 colonne de joueurs sur un latéral et au niveau de la ligne médiane. 1 joueur avec ballon au niveau du cercle central.

• Déroulement

Le 1er joueur de la colonne va au panier et reçoit la passe du joueur avec ballon. Il tire au panier puis récupère le rebond. Le passeur se décale de l'autre côté et reçoit la sortie de balle. Il dribble le long de la touche puis change de direction et va tirer au panier. Le shooteur qui a assuré la sortie de balle devient suiveur et doit récupérer le rebond après le tir de son partenaire. Il fait la sortie de balle sur le premier joueur de la colonne (3).

• Rotation/Continuité

Le shooteur et le passeur intègrent la colonne des non porteurs.
Exercice en continuité.

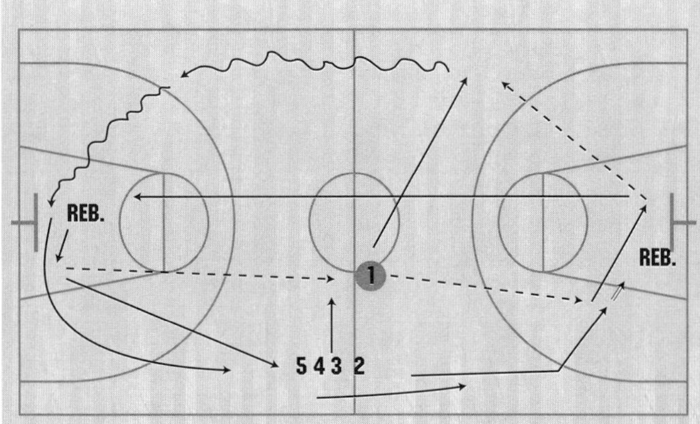

Matériel : 1 ballon pour 4 joueurs.

Concept :

Référentiel :

- Passer à des joueurs en déplacement ;
- se dégager pour recevoir des passes ;
- appel de balle avant chaque réception ;
- dribbler long ;
- accompagner la progression du ballon ;
- lire sa trajectoire de rebond ;
- prendre le rebond et assurer la passe de dégagement ;
- accélérer toutes les prises de balle (après dribble, passe ou rebond).

Notes :

Contre-attaque

Situation

Objectif : **se familiariser avec différents comportements et enchaînements techniques (passes, dribbles, tirs)**

Consignes

• Mise en place

Sur tout terrain. 1 colonne de joueurs dans le cercle de chaque zone ;
1 colonne de joueurs à chaque coin du terrain d'un même côté. 1 joueur avec ballon dans la colonne 1.

• Déroulement

Le 1er joueur de la colonne 1 fait une claquette et récupère le rebond. Il fait la passe de dégagement sur 2 qui reçoit en mouvement et dribble en zone avant. 2 fait la passe au 1er joueur de la 3ème colonne qui s'est démarqué préalablement. 2 coupe dans le dos de 3,˙ 3 fait la passe à 4 et ce dernier redonne à 2 pour un tir. 4 récupère le rebond et fait la sortie de balle sur 2 qui est monté à l'opposé. 2 dribble le long de la touche puis va tirer sur l'autre panier. Le 1er joueur de la colonne 1 va au rebond.

• Rotation/Continuité

1 ➧ 4 ➧ 3 ➧ 2 ➧ 1.

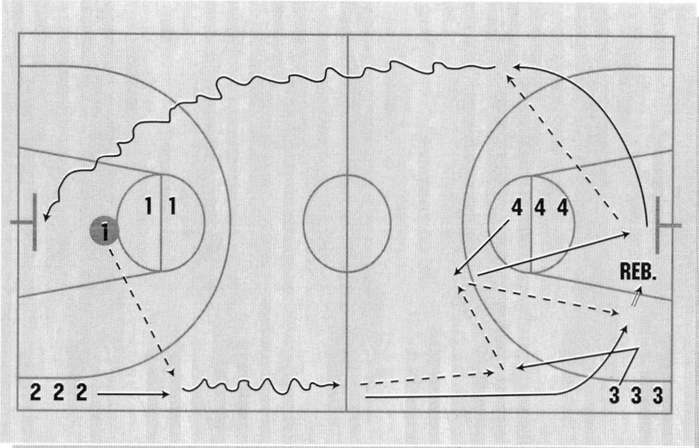

Matériel : **démarrer avec un ballon puis introduire un 2e et un 3e ballon.**

Concept :

Référentiel :

- Passer à des joueurs qui se démarquent (éviter les contre-pieds, lire le démarquage) ;
- se dégager pour recevoir des passes ;
- appel de balle avant chaque réception ;
- dribbler long ;
- accompagner la progression du ballon ;
- lire sa trajectoire de rebond ;
- prendre le rebond et assurer la passe de dégagement ;
- accélérer les prises de balle.

Notes :

Contre-attaque

Situation

Objectif : **perfectionner la sortie de balle et la finition de la contre-attaque**

Consignes

• Mise en place

Travail sur tout terrain. 3 colonnes de joueurs en zone arrière avec 1 ballon à l'une des ailes. 1 défenseur en zone avant.

• Déroulement

La 1ère vague de 3 joueurs évolue en passes jusqu'à la ligne médiane puis le meneur dribble, fixe le défenseur et fait la passe à l'un des ailiers. L'ailier qui tire défend sur le défenseur qui devient meneur. L'ailier qui ne tire pas, récupère le rebond, fait la remise en jeu et prend le couloir opposé. Le meneur reçoit direct de la ligne de fond ou par l'intermédiaire du relais à l'aile. Le meneur fait la passe à un des ailiers qui prolonge sur l'ailier de la vague suivante.
En continuité.

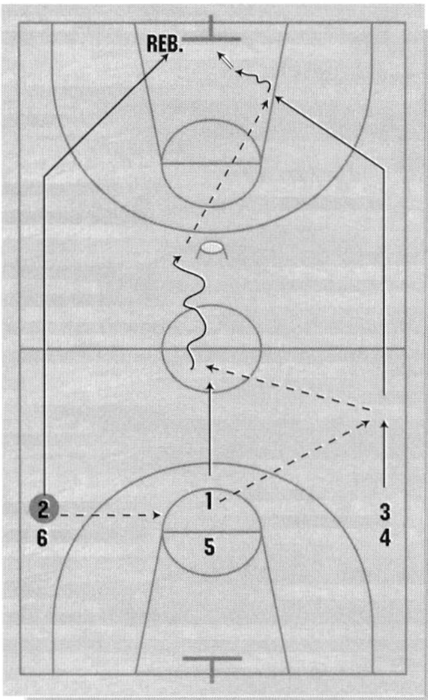

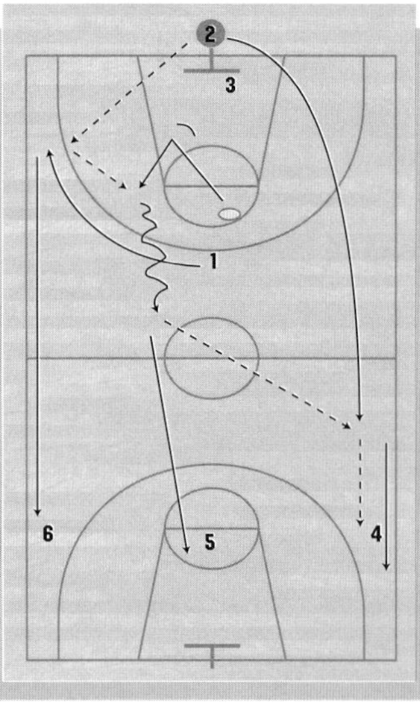

Matériel : **1 ballon par groupe de travail.**

Concept :

Référentiel :

☛ Le porteur évite l'opposition physique du défenseur en choisissant le type de passe le plus adapté ;
☛ l'ailier améliore la ligne de passe ;
☛ lors de la sortie de balle, chercher les passes en triangle si les passes directes sont contestées ;
☛ progresser en jeu de passes ;
☛ baisser le centre de gravité à l'approche de l'attaquant ;
☛ le joueur qui tire améliore le passage du statut d'attaquant à celui de défenseur.

Notes :

Objectif(s)	Illustration	Consignes
72 Maniement de balle, se familiariser avec elle, prendre connaissance du schéma corporel par rapport à la balle.		**Position fondamentale avec prise de balle :** • faire tourner la balle autour d'une jambe; • faire tourner la balle autour des 2 jambes serrées; • faire tourner la balle autour de la taille; • faire tourner la balle autour de la tête; • varier les enchaînements. **Position fondamentale avec prise de balle :** • faire tourner la balle entre les jambes en décrivant un « 8 »; • modifier les enchaînements avec les variables de la situation antérieure.
73 *Idem* + coordination.	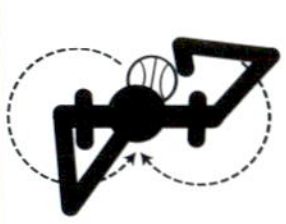	**Le « 8 » cassé :** • exécuter le « 8 » en lâchant la balle contre le sol, à deux mains, lorsqu'elle arrive dans le dos du joueur, la reprendre et continuer.
74 Sensibilité et harmonie du corps.		**Les joueurs avec ballon exécutent des tip-in courts en se déplaçant :** • 3 fois main droite + 3 fois main gauche.
75 Force des bras et coordination bras-œil-mains-balle.		**Position fondamentale avec prise de balle :** • piquer la balle entre les jambes et la récupérer dans le dos; ramener la balle devant et recommencer.
76 Sensibilité tactile.	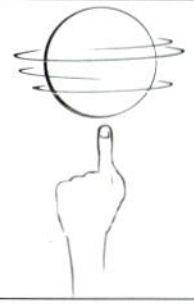	Les joueurs avec ballon font tourner la balle sur un doigt; lancent la balle en l'air puis la récupèrent sur le même doigt ou un autre; etc.
77 Technique et coordination.		Les joueurs avec ballon se déplacent le long du terrain en faisant un « 8 » sans dribble.
78 Vitesse et coordination.		Les joueurs avec ballon font passer la balle de l'avant à l'arrière sans dribble et entre les jambes.

Objectif(s)	Illustration	Consignes
79 Vitesse et coordination.		Les joueurs avec ballon et prise de balle croisée entre les jambes alternent la position des bras sans que la balle touche le sol.
80 Vitesse et coordination.		**Position fondamentale avec prise de balle :** • lâcher la balle placée au niveau des mollets ; taper des mains devant les jambes et rattrapper la balle avant qu'elle ne touche le sol.
81 Vitesse et coordination.		**Position fondamentale avec prise de balle :** • lâcher la balle placée devant la poitrine, taper des mains puis la rattraper. Recommencer de là où l'on récupère la balle.
82 Coordination yeux-mains-balle.		**Position fondamentale avec prise de balle :** • lancer la balle en l'air, taper des mains devant soi (1, 2, 3 fois) et récupérer la balle dans le dos.
83 Vitesse des mains.		**Position fondamentale avec prise de balle :** • lâcher la balle en l'air et la rattraper juste au moment où elle touche le sol. Essayer de la prendre le plus près possible du sol.
84 Vitesse des bras et des mains.		**Position fondamentale avec prise de balle :** • lâcher la balle devant la tête, taper des mains dans le dos et récupérer la balle. Répéter la même chose mais on lâche la balle de là où on la récupère.
85 Vitesse et coordination.		**Un genou au sol :** • faire trois dribbles à droite puis trois à gauche en passant la balle entre les jambes (lors du troisième dribble).
86 Vitesse et temps de réaction.		**Par deux :** • le partenaire place le ballon sur le cou de son coéquipier. Ce dernier a les bras le long du corps. Dès que le partenaire lâche la balle, le joueur doit taper des mains puis récupérer la balle dans le dos.

Objectif(s)	Illustration	Consignes
87 Vitesse dans le changement de direction du dribble.	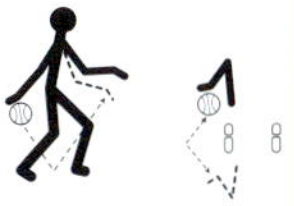	**Position fondamentale avec prise de balle jambes légèrement écartées :** • exécuter 3 dribbles avant-arrière, 1 dribble entre les jambes pour changer de main, puis recommencer de l'autre côté.
88 Vitesse des bras et des mains durant le dribble.		**Position fondamentale avec prise de balle entre les jambes :** • exécuter un dribble de chaque main en avant puis la même chose en passant les mains dans le dos. La balle reste toujours entre les jambes.
89 Vitesse et coordination.		**Un genou au sol l'autre plié en angle droit :** • le joueur avec le ballon décrit un « 8 » en dribblant et en contournant les deux appuis. Le pied arrière est tendu et la balle ne doit pas passer au-dessus des mollets.
90 Contrôle du ballon.	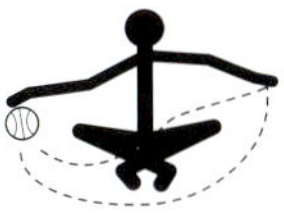	**Le joueur assis au sol avec les jambes croisées :** • dribble autour du corps ; il sent la balle et ne la regarde pas.
91 Contrôle du ballon.		**Le joueur allongé :** • dribble d'une main puis de l'autre sans que le regard intervienne dans le contrôle du ballon.
92 Dissociation segmentaire droite-gauche.	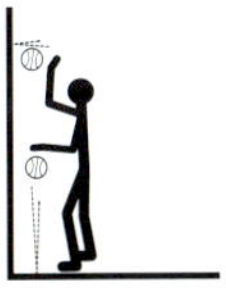	**Le joueur est face au mur :** • dribbler d'une main contre le sol et claquer une autre balle contre le mur avec l'autre main.
93 Dissociation segmentaire droite-gauche.		**Le joueur se déplace vers l'avant en :** • dribblant avec une main et en lançant en l'air un autre ballon avec l'autre main.

Objectif(s)	Illustration	Consignes
94 Dissociation segmentaire droite-gauche.		**Le joueur se déplace vers l'avant en :** • dribblant avec une main et en faisant rouler un autre ballon avec l'autre main.
95 Vitesse des mains et coordination.		**Le joueur est debout avec un ballon dans chaque main :** • avancer en faisant tourner les 2 ballons sur 2 mains ; • idem en attrapant et en lançant la balle à 2 mains.

Les fondamentaux défensifs

Attitudes

Situation

Objectif : être capable de réaliser différents types de déplacements défensifs

Consignes

• Mise en place

Travail sur tout terrain. 1 passeur dans le cercle central, 1 colonne de joueurs sous le panier. 1 ballon au sol dans le demi-cercle et 1 réserve de ballons à côté du passeur.

• Déroulement

Les joueurs sous le panier démarrent en sprint, touchent la balle qui se trouve dans le demi-cercle, se déplacent latéralement en pas défensifs d'un côté puis de l'autre, et contestent puis interceptent la passe de E à un attaquant ailier imaginaire. Puis, ils vont marquer en face en dribble long. Ils reviennent en dribble et posent la balle dans la réserve.

• Variantes

Introduire un attaquant. Si la passe est interceptée, le défenseur va marquer poursuivi par son vis-à-vis ; si l'attaquant reçoit, sanction pour le défenseur.

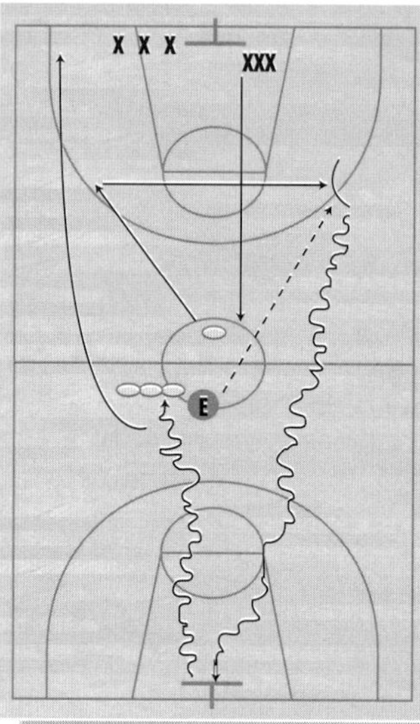

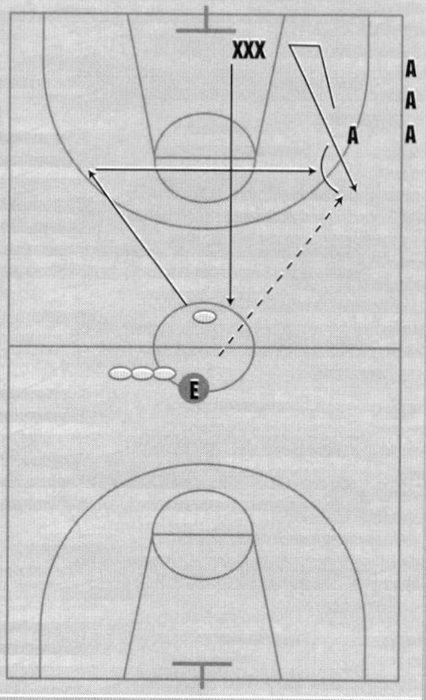

Matériel : 4 ballons par groupe de travail.

Concept :

Référentiel :

- Réduire l'amplitude des appuis et en augmenter la fréquence à l'approche du ballon ;
- pas défensifs à grande fréquence et amplitude moyenne ;
- regard toujours dissocié de la trajectoire de déplacement ;
- interception avec la main extérieure et dribble long pour aller marquer en course ;
- pousser la balle vers l'avant lors de l'interception (ne pas l'attraper).

Notes :

Attitudes

Situation

Objectif : **être capable d'adopter les attitudes défensives de pression, de contestation et d'aide**

Consignes

• Mise en place

Sur 1/2 terrain. 3 joueurs placés en attaque (1-2-3). 3 colonnes de joueurs au niveau de la ligne médiane, dont celle du milieu avec ballon.

• Déroulement

La 1ère vague part ensemble. Le joueur du milieu dribble, fait la passe à l'un des ailiers et va défendre sur le joueur qui se trouve du côté de la passe. L'ailier qui a reçu tire au panier et va défendre sur le meneur. L'ailier qui n'a pas eu la passe récupère le rebond, fait la passe au meneur et va défendre sur l'autre ailier. Jouer 3c3 : les 3 attaquants doivent toucher la balle avant d'avoir droit au dribble et chacun évolue dans son couloir. Dès que les 3 joueurs ont touché la balle, seul le porteur peut s'engager. Les défenseurs ajustent leur placement, aident et reprennent.

• Rotation/Continuité

Voir illustration 4.

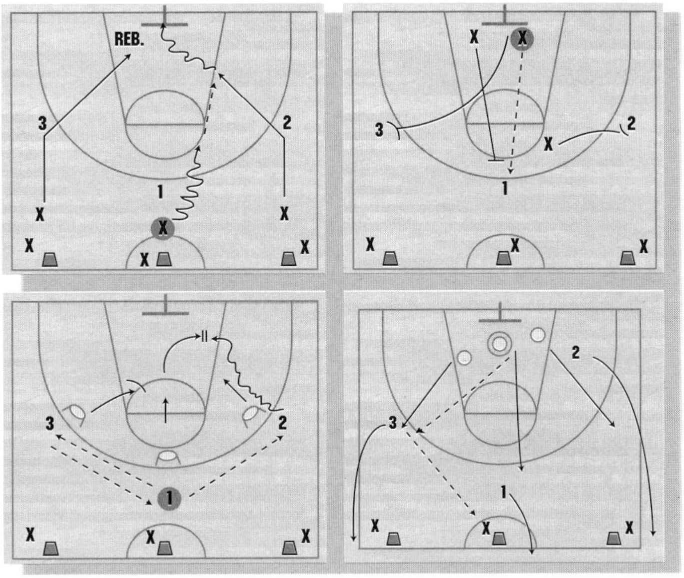

Matériel : **1 ballon ; 3 plots.**

Concept :

Référentiel :

☛ Les joueurs doivent réagir durant la phase aérienne de la passe, ils doivent identifier leur rôle de défenseur sur porteur, sur non-porteur près du ballon ou non-porteur loin de celui-ci ;

☛ lorsque la balle est contrôlée par un attaquant, les défenseurs contrôlent leur vis-à-vis et ont identifié leur statut (crier Ball, Deny ou Help) ;

☛ ne jamais se redresser, pas de relâchement.

Notes :

Attitudes

Situation

Objectif : **être capable d'adopter les différentes attitudes défensives en fonction de la proximité/éloignement de la balle**

Consignes

• Mise en place

Travail sur 1/2 terrain. 2 défenseurs derrière la ligne de fond. 4 attaquants qui forment un carré dans la zone. Le ballon en 4.

• Déroulement

4 fait une claquette, prend le rebond et fait la sortie de balle sur 2 (qui s'est écarté). Les 2 défenseurs se croisent pour aller toucher les coins avant d'aller défendre sur 5 et 2. Les attaquants contournent les plots. Au retour 1 et 4 sont passeurs et 2 et 5 attaquants. Ils n'ont pas le droit de jouer au-dessus de la prolongation des L.F. Les défenseurs ajustent leur placement en fonction de la proximité ou de l'éloignement de la balle. 2 ne peut jouer directement sur 5.

• Variantes

Les passes entre 2 et 5 sont autorisées. La défense peut travailler l'aider-reprendre (ill.4).

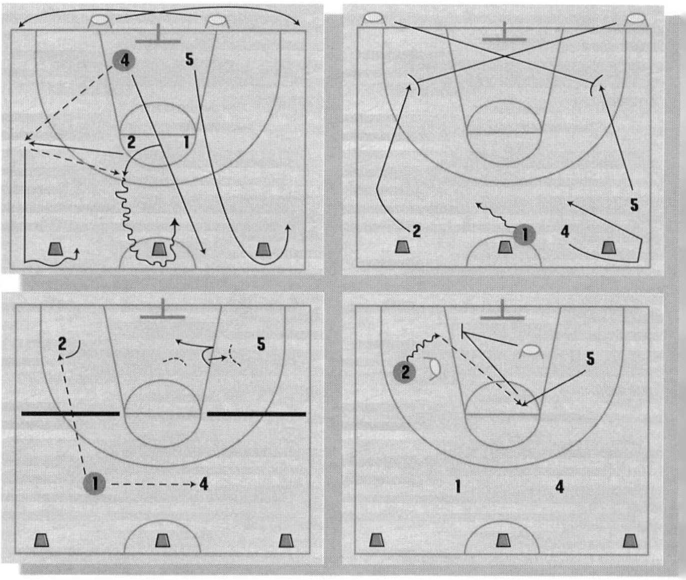

Matériel : 3 plots et 1 ballon par groupe de travail.

Concept :

Référentiel :

- Le défenseur en pression est fléchi, les appuis qui cadrent l'attaquant ; le défenseur se trouve à une distance égale à une longueur de bras maximum ;
- le défenseur du non-porteur côté ballon a ses appuis face à son adversaire, la main extérieure dissuade la passe, la main intérieure contrôle l'adversaire, la tête contrôle ballon et vis-à-vis en alternance ;
- jambes légèrement fléchies ;
- le défenseur opposé aide s'il y a pénétration.

Notes :

Défense sur porteur

Situation

Objectif : **améliorer l'orientation et la contestation des déplacements du porteur**

Consignes

• **Mise en place**

Travail sur 1/2 terrain longitudinal. Matérialiser des « portes » à l'aide de plots. 1 joueur porteur de balle et 1 joueur défenseur.

• **Déroulement**

Le porteur de balle doit passer toutes les portes avant de pouvoir jouer le 1c1. Le défenseur oriente l'attaquant de façon qu'il ne passe pas entre les plots.

• **Rotation/Continuité**

Le défenseur devient attaquant et vice versa. Repartir dans l'autre sens.

• **Variantes**

Varier le temps ou le nombre de dribbles dont dispose l'attaquant pour passer les trois portes.

L'attaquant ne peut s'arrêter ni reculer.

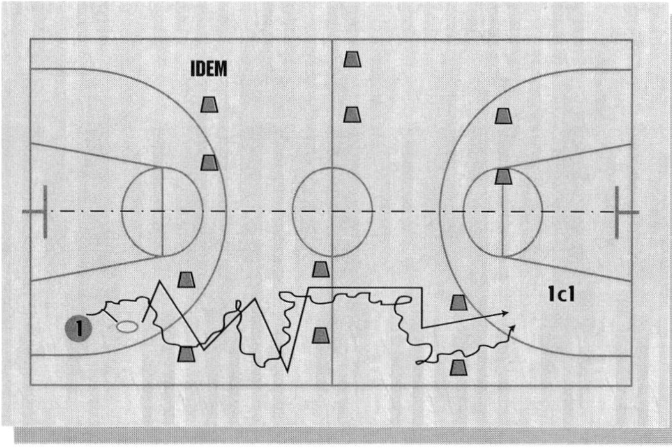

Matériel : **1 ballon par groupe de travail.**
6 plots par 1/2 terrain longitudinal.

Concept :

Référentiel :

☛ Les appuis du défenseur n'autorisent la progression du porteur de balle que dans une direction voulue ;

☛ lorsque la trajectoire du porteur n'est pas la souhaitée, les appuis du défenseur font face à la balle afin de provoquer un changement de direction ;

☛ le défenseur est suffisamment près du porteur afin que son changement de direction soit du type reverse (plus lent, angle ouvert).

Notes :

Pas d'approche

Situation

Objectif : améliorer la technique du pas d'approche sur porteur qui dribble en avant

Consignes

• Mise en place

Tout terrain. 3 couloirs longitudinaux.
1 attaquant avec ballon, 1 défenseur et 1 joueur relais à chaque extrémité du couloir longitudinal.

• Déroulement

Au signal, les défenseurs se retournent et sprintent jusqu'à la ligne médiane où ils se retournent pour courir de dos jusqu'à la zone. Arrivés à la zone, ils font du tipping jusqu'à ce que l'attaquant franchit la ligne médiane (jusque là, l'attaquant se déplace à un rythme modéré et travaille le dribble et les changements de main). Dès qu'il franchit la ligne médiane, il augmente sa vitesse ; le défenseur monte sur lui et le stoppe à l'aide de pas d'approche correctement exécutés. Le défenseur gêne la passe au joueur relais.

• Rotation/Continuité

Déf. ➧ relais ➧ attaq. ➧ déf.

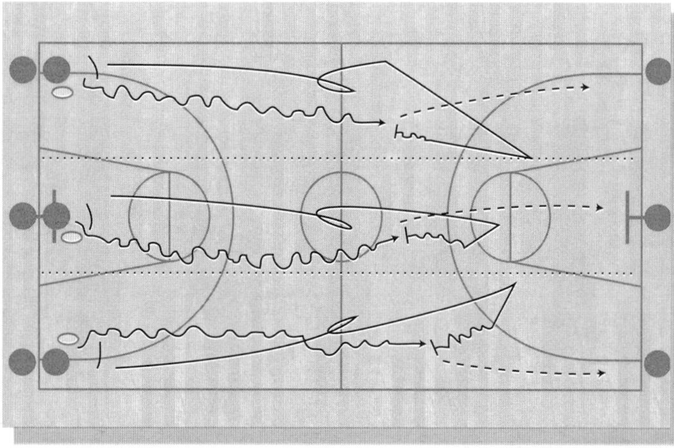

Matériel : **1 ballon par couloir longitudinal ; de quoi matérialiser les couloirs.**

Concept :

Référentiel :

☛ Le défenseur doit réduire l'amplitude et augmenter la fréquence de sa foulée lorsqu'il approche le porteur de balle ;
☛ le défenseur doit s'équilibrer et éviter le contre-pied ;
☛ son centre de gravité est bas afin de réagir plus rapidement ;
☛ le défenseur cadre son adversaire en restant toujours devant la balle.

Notes :

Défenseur sur porteur

Situation

Objectif : améliorer la technique du pas défensif et la capacité à endurer le déplacement

Consignes

• Mise en place

Travail en vagues sur tout terrain. Trois couloirs longitudinaux. 1 ballon, 1 défenseur, un attaquant et 2 relais par couloir.

• Déroulement

1ère phase : 1c1 de la ligne de fond à la ligne médiane sous forme de déplacements en zig-zag. 2ème phase : arrivés à la ligne médiane, le porteur fait la passe en face et le défenseur va défendre sur le nouveau porteur. 3ème phase : le passeur revient en pas défensifs.

• Rotation/Continuité

Travailler des séquences courtes (15 à 30 sec.) pour perfectionner la technique ; des séquences longues (45 sec.) pour améliorer l'endurance. Puis, changer de défenseur.

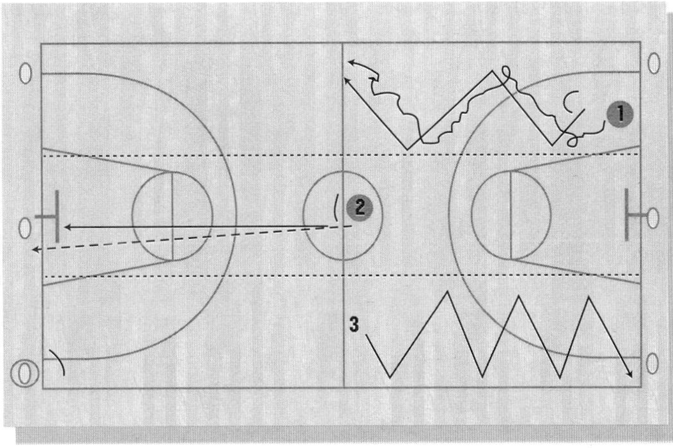

Matériel : **1 ballon par couloir de travail.**
De quoi matérialiser les couloirs de travail.

Concept :

Référentiel :

☛ Les appuis du défenseur n'autorisent la progression du porteur de balle que dans une direction voulue ;

☛ lorsque la trajectoire du porteur n'est pas la souhaitée, les appuis du défenseur font face à la balle afin de provoquer un changement de direction ;

☛ le défenseur est suffisamment près du porteur afin que son changement de direction soit du type reverse (plus lent, angle ouvert).

Notes :

Défenseur sur porteur

Situation

Objectif : **être capable de ralentir et de stopper un porteur de balle en progression**

Consignes

• Mise en place

Travail sur tout terrain. 1 colonne de porteurs de balle derrière la ligne médiane et 1 colonne de joueurs sans ballon de l'autre côté de la médiane et à l'opposé. 2 plots à l'intersection de la zone avec la ligne de fond du côté des porteurs de balle.

• Déroulement

Le premier joueur de la colonne des non-porteurs fait un démarquage et reçoit la passe du premier porteur ; il va faire un tir court puis récupère son rebond. Simultanément, le passeur est allé toucher le plot le plus éloigné et s'est déplacé en pas défensifs jusqu'à l'autre plot. Puis, le rebondeur sort la balle sur le non-porteur suivant qui lui remet dans le couloir central alors que le premier passeur remonte vers lui pour le stopper. Jouer 1c1.

• Rotation/Continuité

2 ▸ 1 ▸ x ▸ 3 ▸ 2

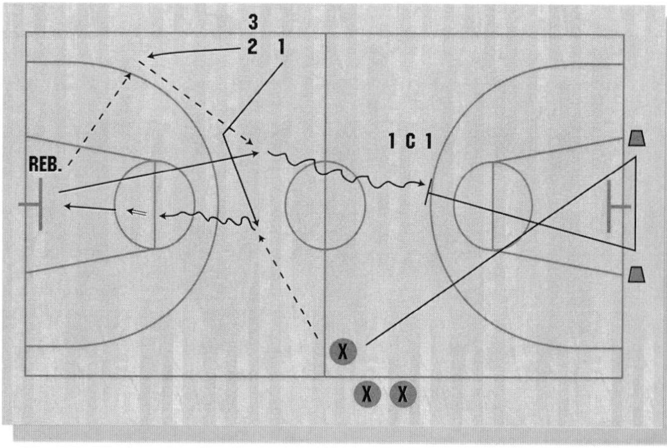

Matériel : **1 ballon pour 3 joueurs.**
2 plots.

Concept :

Référentiel :

☛ Le défenseur doit réduire l'amplitude et augmenter la fréquence de sa foulée lorsqu'il approche le porteur de balle ;

☛ freiner progressivement la progression du porteur ;

☛ le défenseur doit s'équilibrer et éviter le contre-pied ;

☛ son centre de gravité est bas afin de réagir plus rapidement.

Notes :

Défenseur sur porteur

Situation

Objectif : **être capable de contester la progression du porteur vers un espace clé**

Consignes

• Mise en place

Travail sur 1/2 terrain. 1 tapis et un ballon pour 2 joueurs (1 attaquant et 1 défenseur).

• Déroulement

L'attaquant essaye de faire rebondir la balle sur le tapis qui représente l'espace clé à conquérir. Le défenseur doit l'en empêcher. Tous deux respectent les règles qui se reportent aux contacts autorisés ou pas par le règlement.

• Rotation/Continuité

Dès que l'attaquant réussit à faire rebondir le ballon sur le tapis, il inverse son rôle avec le défenseur.

• Variantes

Le ballon se trouve au centre du tapis, le défenseur doit empêcher l'attaquant de se l'emparer.

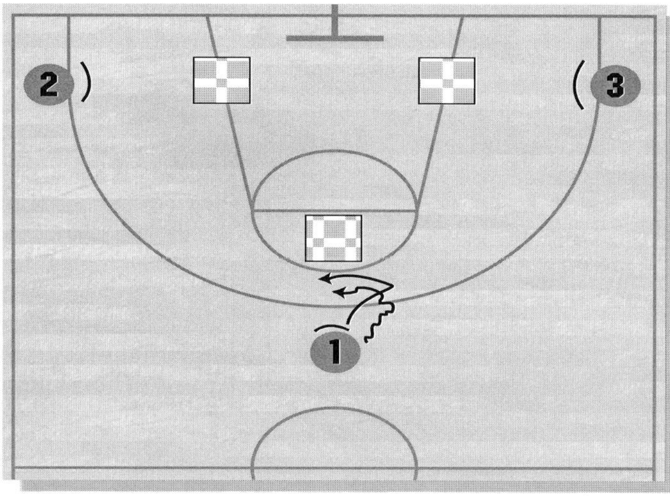

Matériel : **1 ballon et un tapis pour deux joueurs.**

Concept :

Référentiel :

☛ Les défenseurs contestent la progression de l'attaquant vers la cible en cadrant les appuis face à la balle ;

☛ forcer les changements de direction lents (reverse, dribble dans le dos) afin d'avoir le temps de se replacer en contestation de déplacement ;

☛ utiliser le torse à proximité de la cible comme obstacle (ne pas pousser mais faire opposition).

Notes :

Intensité

Situation

Objectif : **développement de l'intensité défensive**

Consignes

• Mise en place

Travail sur tout terrain. 1 attaquant avec ballon face à son défenseur à 45° du panier. Un autre attaquant avec ballon à l'angle opposé au premier attaquant. Un troisième attaquant avec ballon derrière la ligne de fond de l'autre côté du terrain. 1 attaquant sans ballon prolongation des L.F. du même côté que le 3e attaquant.

• Déroulement

Le 1er attaquant joue 1c1 dans le couloir du jeu direct ; après il va défendre sur le 2ème attaquant qui a démarré son dribble dès que le défenseur du 1c1 a pris possession de la balle. Après sa défense 1c1 (pendant que 2 passe à 3), il prend le couloir latéral et assure la finition de la contre-attaque.

• Rotation/Continuité

1 ➧ 2 ➧ 3 ➧ X ➧ déf. ➧ 1

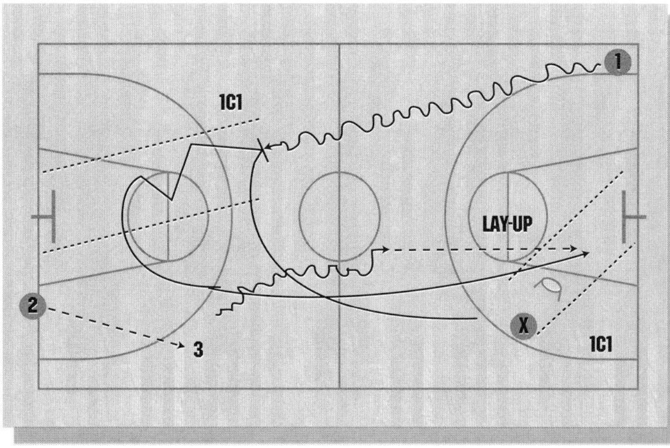

Matériel : **1 ballon pour 5 joueurs.**

Concept :

Référentiel :

☛ Ne pas rester « spectateur » de la trajectoire de balle après le tir du 1c1 mais se replier pour défendre sur 1 ;

☛ stopper le porteur le plus haut possible ;

☛ réduire la distance progressivement avec le porteur, équilibre, éviter le contre-pied ;

☛ lors de la passe de 2 à 3, prendre le couloir latéral en sprint (ne pas courir dans l'axe) ;

☛ montée en force lors du lay-up (dunk si possible).

Notes :

1 C 1

Situation

Objectif : **améliorer l'engagement des appuis de pré-appel et d'appel précédant un tir après passe**

Consignes

• Mise en place

Travail sur 1/2 terrain. 1 plot sur le prolongement de la ligne des L.F. et derrière la ligne à 3 pts ; 1 autre plot sur l'axe à 9 ou 10 mètres du panier. 1 attaquant avec ballon face au panier et 1 défenseur dos au panier autour du cercle.

• Déroulement

L'attaquant et le défenseur se font des passes tout en faisant un travail de tiping avec les appuis. Au signal, chaque joueur contourne le plot le plus proche de sa position puis ils jouent 1c1.

• Rotation/Continuité

Attaquant et défenseur inversent les rôles après chaque passage.

• Variantes

Modifier l'emplacement des plots, l'emplacement des joueurs, le couloir de jeu.

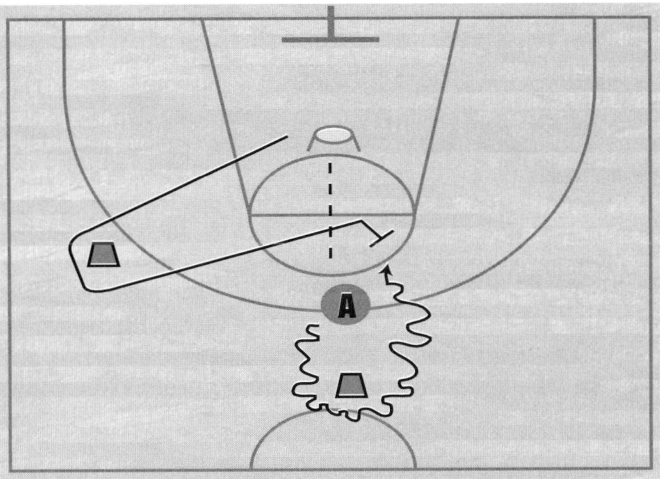

Matériel : **1 ballon et deux plots par groupe de travail.**

Concept :

Référentiel :

- Le défenseur s'informe sur la trajectoire de l'attaquant pendant son déplacement ;
- le défenseur doit réduire la longueur des foulées à mesure qu'il approche l'attaquant ;
- le défenseur augmente la fréquence de ses appuis à mesure qu'il approche l'attaquant ;
- le défenseur descend son centre de gravité à mesure qu'il approche l'attaquant ;
- le défenseur utilise les membres supérieurs pour s'équilibrer et se mouvoir.

Notes :

Stopper la pénétration

Situation

Objectif : **être capable de stopper et/ou freiner la pénétration en dribble d'un vis-à-vis**

Consignes

• Mise en place

Travail sur 1/2 terrain, 3 colonnes dont celle du milieu avec ballon.

• Déroulement

Le joueur du milieu dribble, fait la passe à l'un des ailiers et se décale du côté de la passe. L'ailier qui reçoit tire au panier puis se dirige au poste moyen d'en face afin de recevoir la sortie de balle de l'autre ailier qui a récupéré le rebond. Le rebondeur, après la sortie de balle, va défendre sur 1 qui est devenu ailier porteur de balle.

• Variantes

Selon le niveau des défenseurs exigez que l'attaquant démarre lorsque le défenseur est plus ou moins près.

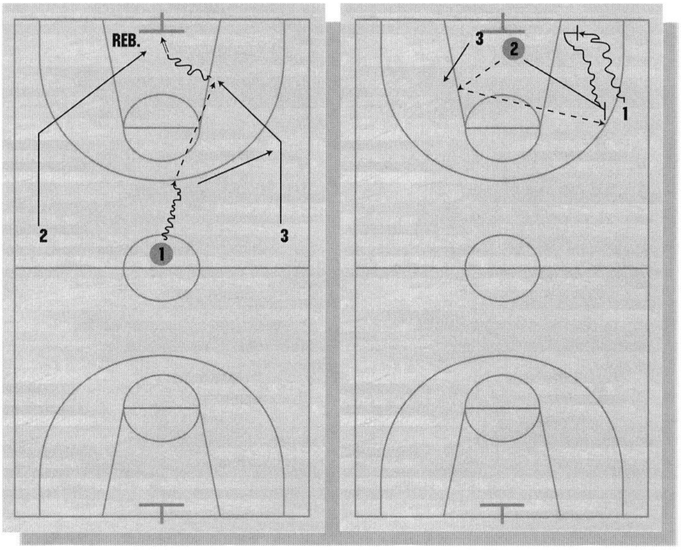

Matériel : **1 ballon par trio de travail.**

Concept :

Référentiel :

☛ Le défenseur doit réduire l'amplitude et augmenter la fréquence de sa foulée lorsqu'il approche le porteur de balle ;

☛ le défenseur doit s'équilibrer et éviter le contre-pied en passant le poids du corps sur l'appui arriéré ;

☛ son centre de gravité est bas afin de réagir plus rapidement ;

☛ le défenseur oriente vers la ligne de fond puis ferme.

Notes :

Stopper la pénétration

Situation

Objectif : être capable de stopper et/ou freiner la pénétration en dribble d'un vis-à-vis

Consignes

• Mise en place

Travail sur 1/2 terrain. 4 colonnes de joueurs au niveau de la ligne médiane. Le joueur 1 avec ballon.

• Déroulement

Faire évoluer la balle de 1 à 4. Après sa passe, 1 va au coin opposé, 2 fait de même, 3 qui est dernier passeur va au rebond, 4 tire au panier. Ce dernier après son tir remonte prendre la position de passeur. 3, après avoir pris le rebond, fait la passe à 4 et devient défenseur. Le passeur donne la balle à l'un des joueurs du bas et le défenseur tente de le stopper.

• Variantes

Selon le niveau des défenseurs exigez que l'attaquant démarre lorsque le défenseur est plus ou moins près.

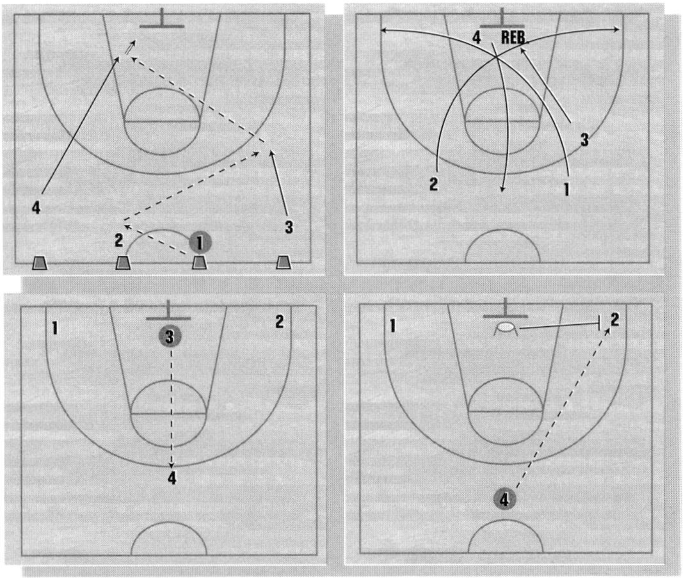

Matériel : 1 ballon par groupe de travail.

Concept :

Référentiel :

- Le défenseur doit réduire l'amplitude et augmenter la fréquence de sa foulée lorsqu'il approche le porteur de balle ;
- le défenseur doit s'équilibrer et éviter le contre-pied en passant le poids du corps sur l'appui arriéré ;
- jambes légèrement fléchies ;
- son centre de gravité est bas afin de réagir plus rapidement ;
- le défenseur empêche la progression du ballon vers le panier.

Notes :

Stopper la pénétration

Situation

Objectif : être capable de stopper la pénétration en dribble d'un vis-à-vis

Consignes

• Mise en place

Travail sur 1/2 terrain. Du 5c5 (faible difficulté) au 3c3 (grande difficulté).
1 ballon.

• Déroulement

Jouer 5c5 en sachant que chaque fois qu'un attaquant pénètre en dribble de l'extérieur jusqu'à l'intérieur de la zone, il cumule 1 point supplémentaire au score. Aussi, chaque faute personnelle sur un attaquant qui pénètre en dribble de l'extérieur vers l'intérieur donne droit à 1 point.
L'équipe qui marque garde la balle.
Aller jusqu'au premier arrivé à 20 points.

• Rotation/Continuité

L'équipe perdante reprend la balle pour la série suivante. Prévoir récompenses et sanctions.

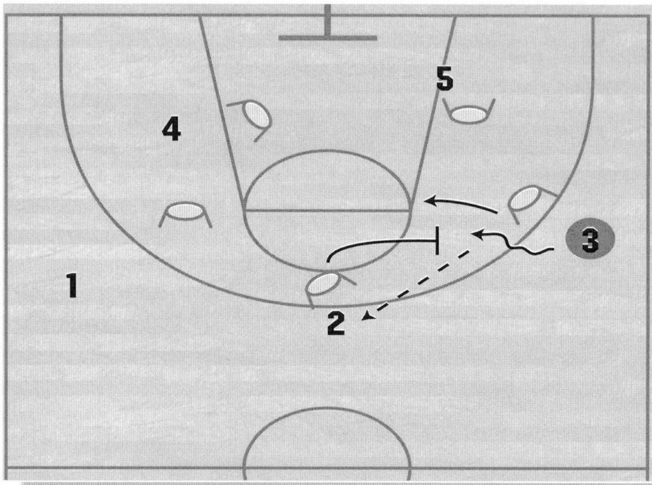

Matériel : 1 ballon par groupe de travail.

Concept :

Référentiel :

- Le défenseur qui aide doit réduire l'amplitude et augmenter la fréquence de sa foulée lorsqu'il approche le porteur de balle ;
- le défenseur doit s'équilibrer et éviter le contre-pied ;
- son centre de gravité est bas afin de réagir plus rapidement ;
- le défenseur « lit » l'intention de l'attaquant afin d'optimiser le temps d'exécution de l'aider-reprendre.

Notes :

Cadrage

Situation

Objectif : **être capable de passer d'une position de contestation sur non-porteur à une position d'orientation sur porteur**

Consignes

• Mise en place

Travail sur tout terrain. 2 passeurs placés à l'extérieur du terrain et suivant la prolongation des lancers francs.
Groupes de 2 joueurs (1 attaquant avec ballon et 1 défenseur).

• Déroulement

L'attaquant fait la passe au 1er passeur puis tente de se démarquer pour la recevoir. Le défenseur conteste la passe. Dès que l'attaquant reçoit la passe, il tente de passer la ligne médiane entre les 2 plots. Le défenseur l'en empêche. L'attaquant ne peut s'arrêter ni reculer. Si la défense est correcte, l'attaquant passera à l'extérieur des plots. L'attaquant fait la passe au 2ème passeur puis se démarque pour recevoir et jouer le 1c1 entre les 2 plots. Le défenseur l'en empêche. Les passeurs n'ont pas le droit de lober les défenseurs.

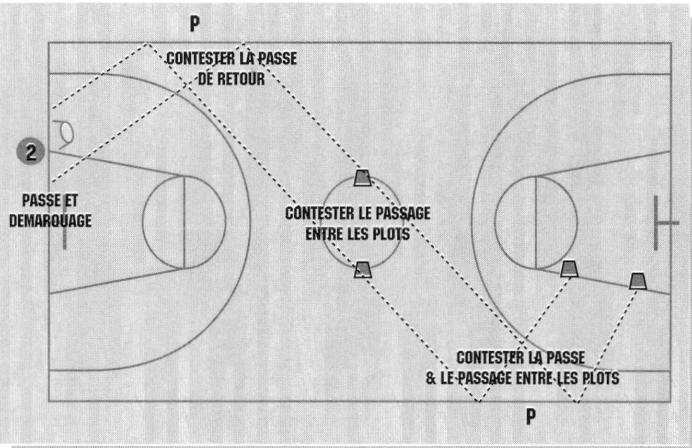

Matériel : **1 ballon par duo.**
4 plots par groupe de travail.

Concept :

Référentiel :

- Le défenseur ne se laisse pas déséquilibrer par les feintes de l'attaquant ;
- le défenseur est toujours face à son vis-à-vis et lui donne la priorité (ne pas s'ouvrir à la balle) ;
- lorsque l'attaquant prend la possession du ballon, il faut l'orienter sur le côté ;
- après chaque passe, le défenseur saute vers la passe et conteste la passe de retour ;
- lors du dernier 1c1, empêcher toute progression du ballon entre les deux plots.

Notes :

Défenseur relation Int.-Ext.

Situation

Objectif : être capable de contester la relation joueur intérieur-joueur du périmètre

Consignes

• Mise en place

Travail sur 1/2 terrain. 3 colonnes de joueurs dont celle du milieu avec ballon. 2 joueurs placés aux postes bas de la zone restrictive.

• Déroulement

La première vague de 3 joueurs est placée en attaque. La 2ème vague démarre en attaque 3c0 pour devenir défenseurs sur les 3 attaquants précédants. Le meneur fait la passe à l'un des ailiers qui va au panier et tire. Le meneur va défendre sur l'attaquant du centre ; l'ailier tireur va défendre sur l'ailier placé à l'opposé ; l'ailier qui n'a pas tiré défend sur l'ailier restant. Le pivot opposé au lay-up prend le rebond et remet en jeu sur l'autre pivot puis monte au poste haut. Dès qu'un attaquant reçoit, jouer 3c3 avec l'aide des postes relais.

• Rotation/Continuité

X ▸ A ▸ ❑ ▸ X

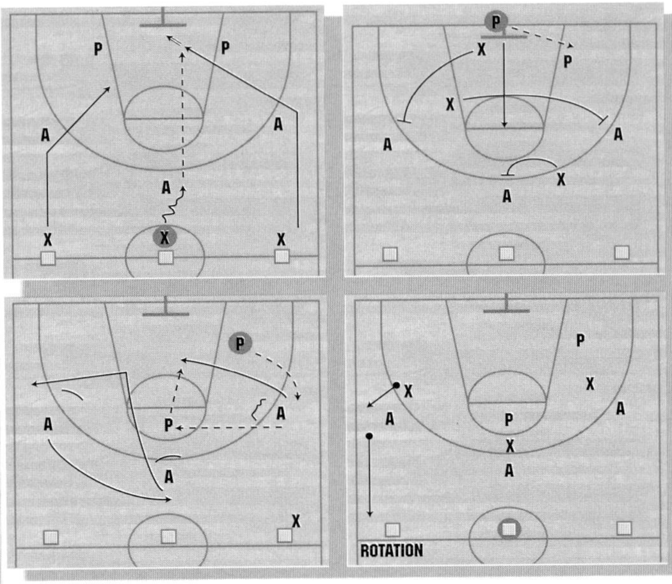

Matériel : **1 ou 2 ballons par groupe de travail.**

Concept :

Référentiel :

☛ Les défenseurs doivent être capables d'inverser rapidement une position de contestation côté droit en une position de contestation côté gauche ;

☛ ils ne doivent pas s'ouvrir à la balle ;

☛ ils doivent donner la priorité au joueur ;

☛ ils doivent être en mesure d'aider lorsqu'ils sont loin du ballon ;

☛ respecter le « spacing » avec les pivots relais.

Notes :

Contestation

Situation

Objectif : **être capable de contester la passe entre deux joueurs extérieurs (2c2)**

Consignes

• **Mise en place**

Travail sur 1/2 terrain. 1 avec ballon à l'intersection de la ligne de fond et de la zone. 1 joueur sur le côté de la zone, encore 1 à la prolongation des L.F. derrière la ligne à 3 pts, puis 1 en position de meneur. E se place à l'opposé de 4.

• **Déroulement**

1 fait la passe à 2 qui déclenche les déplacements de 3 et 4. 1 défend sur 4. 2 tire, va au rebond, fait la sortie de balle sur E, puis va défendre sur 3. 2c2 entre le meneur et l'ailier.
Si 1 arrive trop tôt en défense sur 4, il est possible de lui demander de contourner un plot avant de défendre.

• **Rotation/Continuité**

1 ➧ 2 ➧ 3 ➧ 4 ➧ 1

• **Variantes**

Autoriser le passe et suit, les écrans directs, etc. selon vos objectifs de travail.

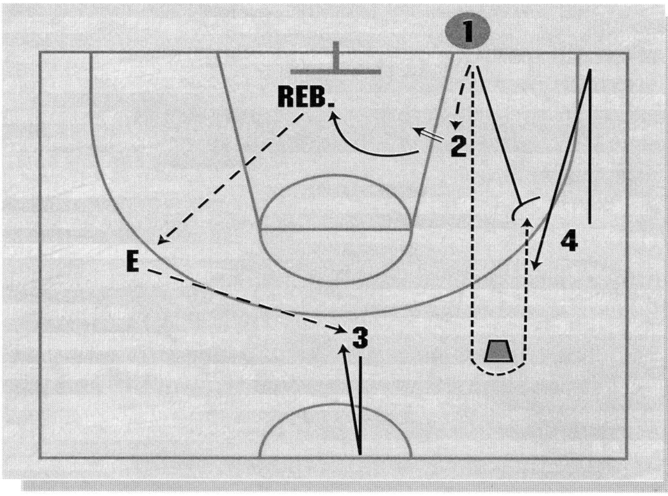

Matériel : **1 ballon par groupe de travail.**
1 plot (facultatif).

Concept :

Référentiel :

☛ Le défenseur en contestation doit avoir les appuis face à son vis-à-vis ;

☛ il est toujours sur la ligne de passe et empêche son adversaire de placer ses appuis au-dessus des siens ;

☛ il ne se laisse pas fixer par les bras et les appuis de son adversaire ;

☛ le défenseur du porteur met la pression sur celui-ci tout en empêchant son vis-à-vis de jouer le 1c1 dans le couloir central.

Notes :

Contestation

Situation

Objectif : **perfectionner la contestation de la coupe d'un joueur extérieur**

Consignes

• Mise en place

Travail sur 1/2 terrain. 3 colonnes de joueurs dont celle du milieu avec ballon. 1 plot placé sur l'un des côtés et au niveau de la prolongation de la limite du demi-cercle intérieur.

• Déroulement

Le porteur de balle fait la passe à l'ailier de droite et suit pour reprendre la balle main à main. Simultanément, l'autre ailier contourne le plot. L'ailier qui remet la balle au meneur va défendre sur l'autre ailier et conteste sa coupe. Le joueur avec balle est passeur non-mobile. Jouer 1c1 avec passeur.

• Rotation/Continuité

1 remplace 2, 2 prend la place de 3 et 3 celle de 1.

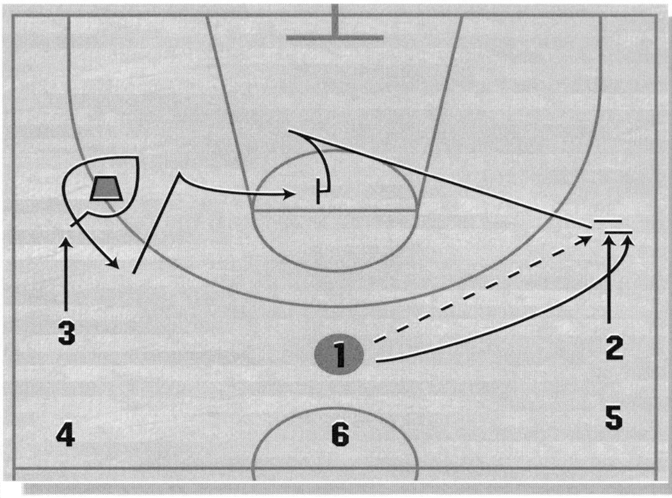

Matériel : **1 ballon et 1 plot par groupe de travail.**

Concept :

Référentiel :

☛ Le défenseur doit être placé en position d'aide au moment où l'ailier coupe ;
☛ il doit repérer et s'adapter par rapport à la trajectoire de l'attaquant (ne pas aller le chercher) ;
☛ une fois l'attaquant près de lui, le défenseur pivote pour se retrouver face à lui et faire corps-obstacle de façon à dévier et à retarder l'attaquant ;
☛ les appuis sont légèrement écartés ;
☛ puis, il reprend une attitude de contestation de passe normale.

Notes :

Contestation

Situation

Objectif : **être capable de contester la passe au poste bas/moyen**

Consignes

• Mise en place

Travail sur 1/2 terrain. 2 passeurs situés au niveau de chaque prolongation des L.F. et derrière la ligne à 3 pts. E avec ballon à l'emplacement du meneur et 2 joueurs sous la planche.

• Déroulement

Les deux joueurs sous la planche sautent et touchent la planche ou le cercle. Au signal (couleurs, numéros pairs ou impairs, droite ou gauche, etc.) donné par E, l'un devient attaquant et l'autre défenseur du côté où E a fait la passe à terre. Le défenseur conteste la passe. Passes lobées non autorisées. Après réception, 1c1.

• Rotation/Continuité

Après 3 répétitions, passeurs et intérieurs inversent les rôles.

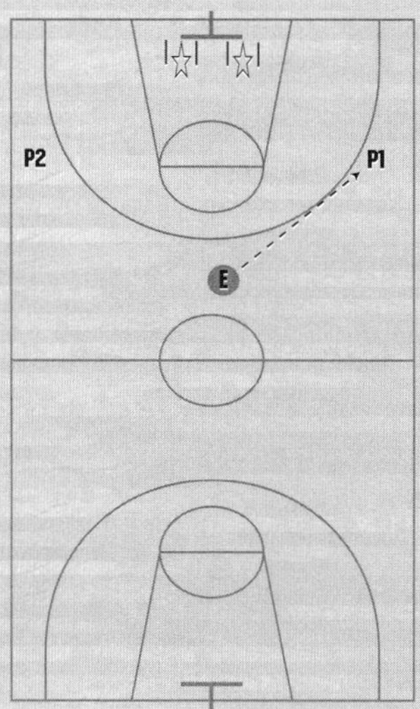

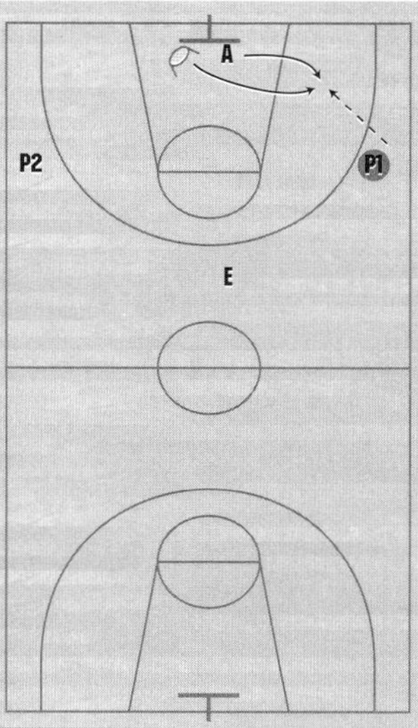

Matériel : **1 ballon par groupe de travail.**

Concept :

Référentiel :

☛ Le défenseur du poste bas/moyen doit défendre en 3/4 dos à la balle ;

☛ les appuis du défenseur doivent cadrer l'appui le plus haut de l'attaquant ;

☛ lors de la passe, le défenseur évalue rapidement ses chances d'interception et intercepte ou se replace derrière l'attaquant ;

☛ baisser ou remonter l'avant-bras de fixation de l'attaquant de façon à réduire les distances avec la main d'appel.

Notes :

Défense

Situation

Objectif : **améliorer la défense du pivot selon qu'il se trouve à une ou deux passes**

Consignes

• Mise en place

Travail sur 1/2 terrain ; 1 pivot attaquant et son défenseur. 2 passeurs (l'un à l'aile et l'autre en position de meneur).
1 ballon pour les attaquants.

• Déroulement

Les 2 passeurs tentent de faire la passe à leur coéquipier au pivot. Son défenseur conteste la passe en permanence, mais régule sa distance en fonction de la proximité ou de l'éloignement du passeur.
Dès que le pivot reçoit, jouer 1c1.

• Rotation/Continuité

Après x possessions, le défenseur et l'attaquant inversent leurs rôles.
Après y possessions, les passeurs et les intérieurs permutent.

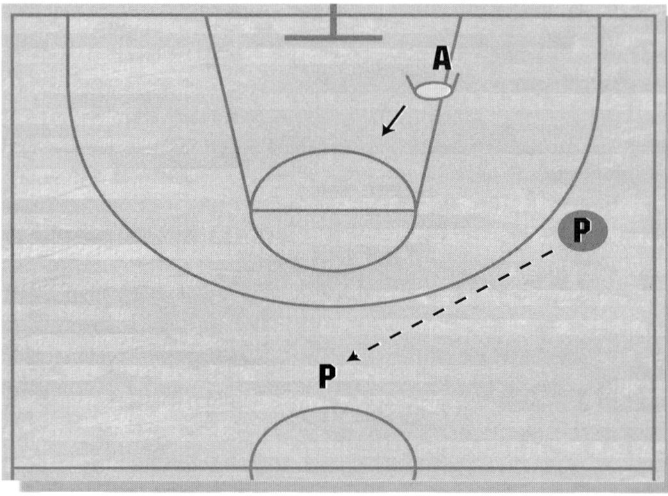

Matériel : **1 ballon par groupe de travail.**

Concept :

Référentiel :

☛ Le défenseur du pivot placé à deux passes (balle au meneur) ne « colle » pas son joueur, il est sur la ligne de passe ;
☛ lorsque la balle arrive à l'ailier, le défenseur est déjà en contestation 3/4 dos à la balle et le contact est obligatoire ;
☛ le défenseur utilise ses bras pour empêcher la fixation de l'attaquant ;
☛ il a des appuis mobiles afin de passer d'une position à une autre rapidement.

Notes :

Défense

Situation

Objectif : être capable de défendre en 3/4 dos vers la balle

Consignes

• Mise en place

Travail sur 1/2 terrain ; 1 pivot attaquant et son défenseur. 3 passeurs (l'un à l'aile basse, l'autre à l'aile haute et le 3e en position de meneur). 1 ballon pour les attaquants.

• Déroulement

Les attaquants tentent de servir leur partenaire intérieur (passes sautées interdites). Le défenseur doit toujours se trouver entre la balle et son vis-à-vis ; en position dite de 3/4 dos à la balle (angle de passe fermé). Dès réception, 1c1.

• Rotation/Continuité

La rotation se fait toutes les 2 possessions. Le pivot défenseur devient attaquant, l'attaquant devient passeur ailier bas, celui-ci passeur ailier haut... meneur.

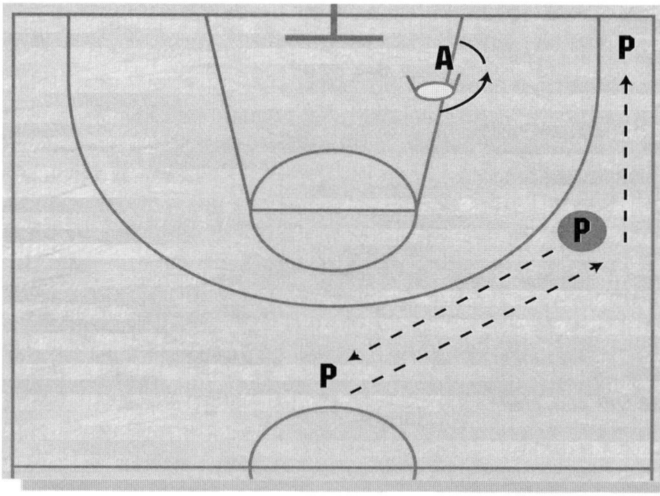

Matériel : 1 ballon par groupe de travail.

Concept :

Référentiel :

☛ Le défenseur du pivot placé à deux passes (balle au meneur) ne « colle » pas son joueur, il est sur la ligne de passe ;

☛ lorsque la balle arrive à l'ailier haut, le défenseur est déjà en contestation 3/4 dos à la balle et le contact est obligatoire ;

☛ lorsque la balle arrive à l'ailier bas, le défenseur passe devant son vis-à-vis et reprend la position 3/4 dos à la balle (ne pas faire le tour par derrière).

Notes :

Défense de l'écran indirect

Situation

Objectif : **être capable de transiter et de maintenir la contestation sur un écran indirect**

Consignes

• Mise en place

Travail sur 1/2 terrain. 4 colonnes de joueurs au niveau de la ligne médiane. Ballon en 1. 1 passeur (X) sans ballon derrière les 6m25.

• Déroulement

Faire évoluer la balle en passes de 1 à 4. Les 2 joueurs côté ballon défendent sur les 2 côté opposé. 3 récupère le rebond et fait la sortie de balle sur X avant de défendre sur 4. Le passeur X se décale pour recevoir la balle dès que le rebondeur prend possession de celle-ci. Une fois que le passeur a la balle, il dribble vers l'axe et les attaquants se font un écran indirect vertical ou diagonal. Jouer 2c2.

• Rotation/Continuité

Le dernier attaquant à toucher la balle devient passeur. Les 4 autres joueurs intègrent les colonnes (les défenseurs sont prioritaires pour occuper les colonnes à l'opposé de la balle).

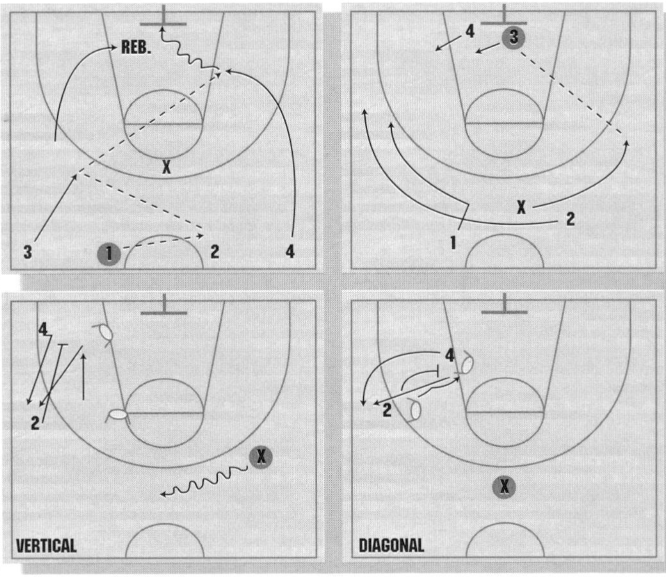

Matériel : 1 ballon pour 4 joueurs.

Référentiel :

☛ Le défenseur règle la distance de sécurité vis-à-vis de son adversaire tout en prenant en compte les difficultés d'un partenaire, les intentions des adversaires ;

☛ les défenseurs communiquent oralement avant l'écran (annonce des intentions « écran ! »), pendant l'écran (annonce de résolution « passe ! ») et après l'écran si la résolution échoue (annonce d'échec « aide ! »).

Notes :

Défense de l'écran sortant

Objectif : **être capable de défendre l'écran sortant entre un intérieur et un ailier au poste bas**

Situation

Consignes

• Mise en place

5 joueurs situés aux emplacements prévus par l'illustration graphique. Le ballon en 1.

• Déroulement

Faire circuler chronologiquement la balle. Les deux premiers passeurs vont défendre sur le vis-à-vis placé dans leur diagonale. Le troisième passeur fait un passe et va, puis revient pour bénéficier de l'écran sortant. Le joueur placé sous le panier monte durant la passe de 3 à 4, reçoit de 4, puis joue le rôle du meneur.
Jouer 2c2 + passeur.

• Rotation/Continuité

Pour joueurs polyvalents :1 prend la place 2, 2 remplace 3, ... et 5 remplace 1.
Pour spécialisés : 1 et 3, et 2 et 4 inversent leurs rôles.

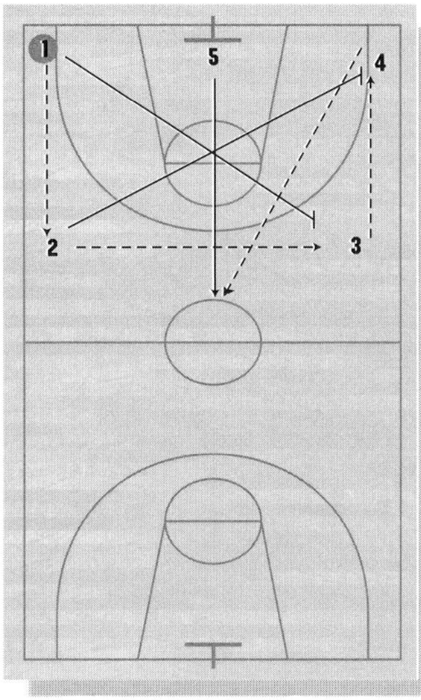

Matériel : **1 ballon par groupe de travail.**

Référentiel :

☛ Le défenseur est toujours entre la balle et son vis-à-vis ;

☛ le défenseur du porteur d'écran se tient en aide afin de compenser un éventuel retard de son coéquipier ;

☛ le défenseur de l'ailier tente de passer entre l'écran et son vis-à-vis, le cas échéant, il passe en se cachant dans le dos de son adversaire puis reprend l'attitude de contestation.

Notes :

Défense de l'écran indirect

Objectif : **être capable de défendre l'écran indirect entre deux joueurs intérieurs au poste bas**

Situation

Consignes

• Mise en place

5 joueurs situés aux emplacements prévus par l'illustration graphique. Le ballon en 1.

• Déroulement

Faire circuler chronologiquement la balle. Les deux premiers passeurs vont défendre sur le vis-à-vis placé dans leur diagonale. Le troisième passeur fait un passe et va, reste au poste bas opposé pour bénéficier de l'écran de son coéquipier. Le joueur placé sous le panier monte durant la passe de 3 à 4, reçoit de 4, puis se décale en dribble pour déclencher l'écran entre les pivots. Jouer 2c2 + passeur.

• Rotation/Continuité

1 prend la place 2, 2 remplace 3, ... et 5 remplace 1

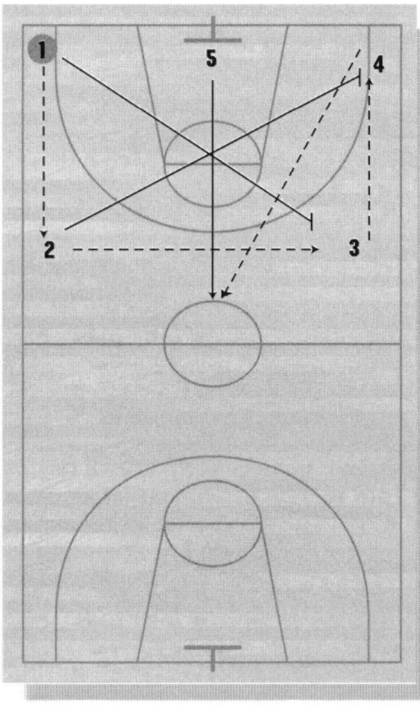

Matériel : **1 ballon par groupe de travail.**

Concept :

Référentiel :

☛ Le défenseur du porteur d'écran ne suit pas son vis-à-vis jusqu'au bout, il reste au niveau de l'axe (son joueur s'éloigne de la balle, donc il reste en aide) ;

☛ si le défenseur qui reçoit l'écran a pris du retard, il change ; sinon il garde son joueur ;

☛ les deux défenseurs doivent se trouver en permanence entre la balle et leur adversaire ;

☛ le défenseur en aide conteste le déplacement du bénéficiaire de l'écran si celui-ci passe par le bas ; le joueur bloqué passe par dessus.

Notes :

Défense de l'écran aveugle

Objectif : **être capable de défendre l'écran aveugle type « flex »**

Situation

Consignes

• Mise en place

Travail sur 1/2 terrain. 4 colonnes de joueurs au niveau de la ligne médiane. Ballon en 1. 1 passeur (X) sans ballon derrière les 6m25.

• Déroulement

Faire évoluer la balle en passes de 1 à 4. Les 2 joueurs côté ballon défendent sur les 2 joueurs côté opposé. 3 prend le rebond et fait la sortie de balle sur X avant de défendre sur 4. Le passeur X, se décale en dribble à l'opposé de ses partenaires. Le poste bas porte un écran aveugle sur l'ailier. Jouer 2c2. Les choix défensifs, bien que pouvant être multiples, doivent correspondre aux consignes de l'entraîneur.

• Rotation/Continuité

Le dernier attaquant à toucher la balle devient passeur. Les 4 autres joueurs intègrent les colonnes (les défenseurs occupent les couloirs opposés à la balle).

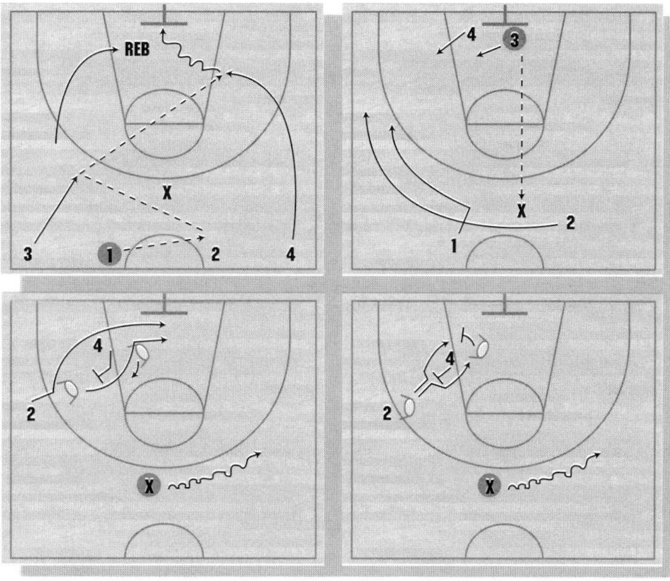

Matériel : **1 ballon pour 4 joueurs.**

Concept :

Référentiel :

☛ Le défenseur de l'ailier s'éloigne de son vis-à-vis en même temps que le ballon se décale, la ligne de passe est toujours contestée ;

☛ le défenseur du porteur d'écran annonce l'écran et se tient disponible pour aider si son coéquipier se fait bloquer ;

☛ le défenseur du bénéficiaire de l'écran doit utiliser ses avant-bras afin de conserver l'espace nécessaire pour partir d'un côté comme de l'autre.

Notes :

Défense des écrans

Situation

Objectif : **être capable de passer le back-screen, améliorer les relations entre les 2 défenseurs concernés**

Consignes

• Mise en place

Travail sur 1/2 terrain. 1 joueur au poste bas (1), 1 passeur (P) à l'aile, 2 joueurs en position de meneur (2 et 3) dont le 1er avec ballon.

• Déroulement

2 fait la passe à P, puis coupe en faisant appel de balle. P fait la passe à 1 qui s'est démarqué vers l'aile basse.
1 redonne à P qui donne à 3. Dès que la passe de P vers 3 s'initie, 1 coupe vers le panier en utilisant l'écran aveugle (back screen) de 2. 3 peut se décaler en dribble latéral pour améliorer l'angle de passe.
Le défenseur de 1 franchit l'écran par dessus, en restant toujours entre la balle et son vis-à-vis. Le défenseur de 2 s'écarte vers le haut, aide sur 1, tout en surveillant le flash de 2.

• Rotation/Continuité

1 prend le rebond, passe à 3 et le remplace. 3 ➧ 2 ➧ 1 ➧ 3.

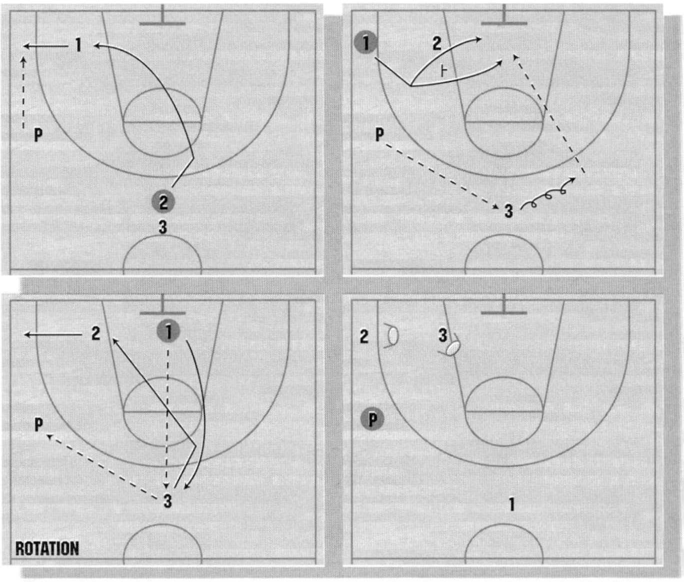

Matériel : **1 ballon par groupe de travail.**

Concept :

Référentiel :

☛ Le défenseur de l'ailier saute vers la balle lors de la passe, la ligne de passe est toujours contestée ;

☛ le défenseur du porteur d'écran annonce l'écran et se tient disponible pour aider si son coéquipier se fait bloquer ;

☛ le défenseur ne doit pas permettre à son adversaire de réduire les distances ; il doit conserver un écart d'env. 50 cms afin de passer les écrans sans rester bloqué.

Notes :

Défense des écrans

Situation

Objectif : apprendre à transiter entre les écrans simples

Consignes

• Mise en place

Travail sur 1/2 terrain. 1 joueur à chaque poste bas (2 et 3), 1 joueur avec ballon en position de meneur (1) et 2 passeurs (P1 et P2) aux ailes.

• Déroulement

1 fait la passe à P1 et va porter un écran à l'opposé pour 3, qui remonte. 1 après avoir porté son écran, ressort pour bénéficier de l'écran de 2. P1 renverse sur 3 qui donne à P2. 2 coupe vers la balle. Recommencer le même enchaînement à l'opposé.

Les défenseurs changent ou pas, passent par dessus ou dessous, contestent le déplacement du receveur d'écran (body-check) ou pas, selon les consignes de l'entraîneur.

• Rotation/Continuité

Après 2 renversements, jeu réel en appliquant les mêmes principes.

Le joueur qui marque et son défenseur remplacent P1 et P2.

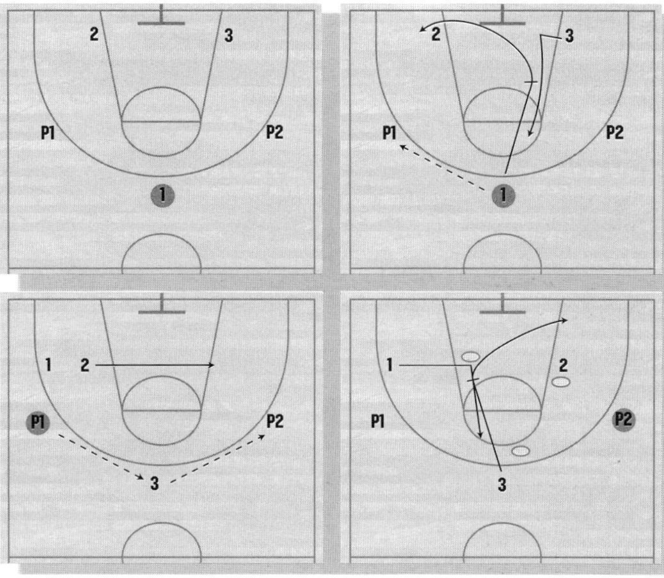

Matériel : 1 ballon par groupe de travail.

Référentiel :

- Le défenseur de l'ailier s'éloigne de son vis-à-vis en même temps que le ballon se décale, la ligne de passe est toujours contestée ;
- le défenseur du porteur d'écran annonce l'écran et se tient disponible pour aider si son coéquipier se fait bloquer ;
- les défenseurs peuvent changer s'il n'y pas d'écart de taille ;
- dans tous les cas, exiger beaucoup de communication.

Notes :

Défense de l'écran indirect

Objectif : perfectionner le rôle du défenseur-cible de l'écran

Situation

Consignes

• Mise en place

Sur 1/2 terrain. 1 colonne de joueurs à chaque coin. 1 des colonnes du bas avec ballon. 2 porteurs d'écrans statiques aux postes moyens.

• Déroulement

La balle évolue en passes de 1 à 4. Après la passe, 1 coupe en diagonale et devient passeur en position d'arrière ; 2 coupe en diagonale et défend sur 4 ; 3 se démarque en V et occupe la position d'arrière; 4 donne à 1 et devient attaquant. Il essaye d'exploiter les écrans pour se démarquer, recevoir et marquer.

• Rotation/Continuité

Les passeurs deviennent joueurs-obstacles, ces derniers remplacent les acteurs du 1c1, attaquant et défenseur du 1c1 deviennent passeurs.

• Variantes

Dès réception, le pivot monte porter un écran direct (nouvel objectif !).

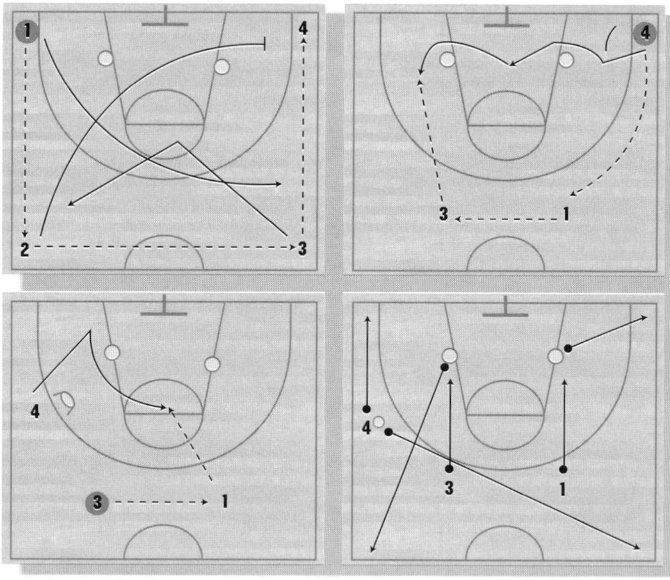

Matériel : 1 ballon par groupe de travail.

Référentiel :

- Le défenseur est toujours entre la balle et son vis-à-vis ;
- il passe les écrans par dessus lorsqu'ils sont au poste bas ;
- il passe les écrans en force et en se cachant dans le dos de l'attaquant lorsque les écrans sont hauts ;
- lorsque l'on passe caché dans le dos, il faut ressortir en accélérant de façon à reprendre la contestation.

Notes :

Défense de l'écran indirect

Situation

Objectif : perfectionner la coordination et le transit des défenseurs impliqués dans un écran

Consignes

• Mise en place

Sur 1/2 terrain. 1 colonne de joueurs à chaque coin. 1 des colonnes du bas avec ballon. 2 porteurs d'écrans et leurs défenseurs aux postes moyens.

• Déroulement

La passe évolue en passes de 1 à 4. Après la passe, 1 coupe en diagonale et devient passeur en position d'arrière ; 2 coupe en diagonale et défend sur 4 ; 3 se démarque en V et occupe la position d'arrière; 4 donne à 1 et devient attaquant. Il essaye d'exploiter les écrans pour se démarquer, recevoir et marquer. Les porteurs d'écran ont le droit de se présenter à la balle après les blocks.

• Rotation/Continuité

Les passeurs deviennent joueurs-obstacles, ces derniers remplacent les défenseurs qui seront les acteurs du 1c1, attaquant et défenseur du 1c1 deviennent passeurs.

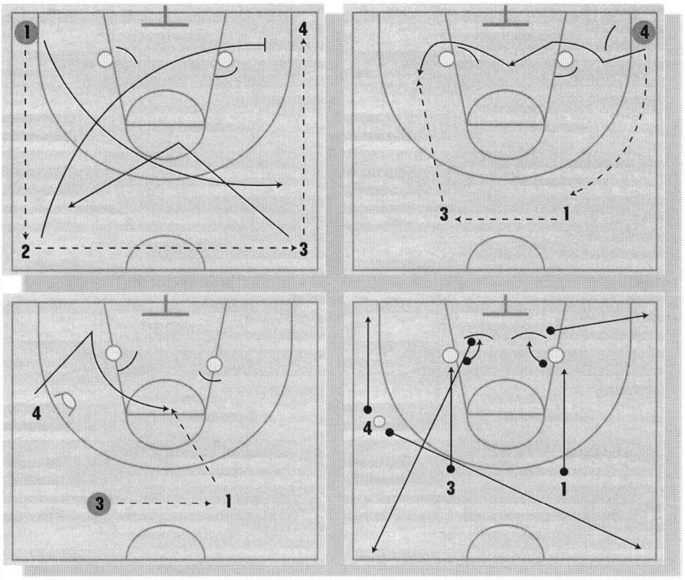

Matériel : 1 ballon par groupe de travail.

Référentiel :

☛ Les défenseurs des porteurs d'écran, tout en gardant la contestation de passe, s'écartent de leur joueur afin de faciliter la passage du défenseur du bénéficiaire de l'écran ;

☛ lorsque l'attaquant réalise un curl, le défenseur du porteur d'écran conteste le déplacement et/ou la passe ;

☛ le défenseur qui se trouve à l'opposé se tient prêt à aider ;

☛ passer l'écran latéralement afin de réduire la surface cible.

Notes :

Défense de l'écran indirect

Situation

Objectif : **perfectionner la coordination et le transit des défenseurs impliqués dans un double écran**

Consignes

• Mise en place

Sur 1/2 terrain. 1 colonne de joueurs à chaque coin dont une du bas avec balle. 2 porteurs d'écrans et leurs défenseurs au poste moyen côté balle.

• Déroulement

La passe évolue en passes de 1 à 4. Après la passe, 1 coupe en diagonale et devient passeur en position d'arrière ; 2 coupe en diagonale et défend sur 4 ; 3 se démarque en V et occupe la position d'arrière; 4 donne à 1 et devient attaquant. Il essaye d'exploiter l'écran double pour se démarquer, recevoir et marquer. Les porteurs d'écran ont le droit de jouer libre après le double écran.

• Rotation/Continuité

Les passeurs deviennent joueurs-obstacles, ces derniers remplacent les défenseurs qui seront les acteurs du 1c1, attaquant et défenseur du 1c1 deviennent passeurs.

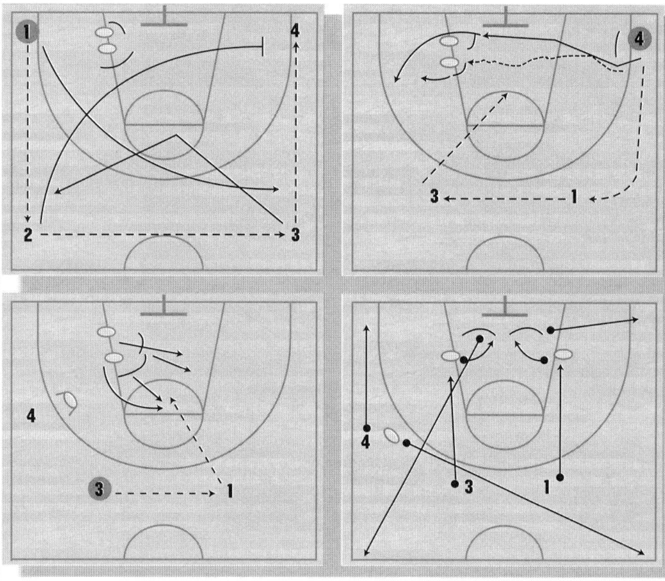

Matériel : **1 ballon par groupe de travail.**

Concept :

Référentiel :

☛ Le défenseur du bénéficiaire du double écran reste entre la balle et son joueur ;

☛ durant les coupes donner toujours priorité au joueur ;

☛ le défenseur tente de passer entre l'écran et son vis-à-vis ; le cas échéant dans le dos de l'attaquant ;

☛ le défenseur du porteur d'écran du haut change avec lui s'il s'agit d'un ailier.

Notes :

Défense de l'écran indirect

Situation

Objectif : **perfectionner la coordination et le transit des défenseurs impliqués dans des écrans successifs**

Consignes

• Mise en place

Sur 1/2 terrain. 1 colonne de joueurs à chaque coin dont une du bas avec balle. 2 porteurs d'écrans et leurs défenseurs au poste moyen côté balle.

• Déroulement

La passe évolue en passes de 1 à 4. Après la passe, 1 coupe en diagonale et devient passeur en position d'arrière ; 2 coupe en diagonale et défend sur 4 ; 3 se démarque en V et occupe la position d'arrière; 4 donne à 1 et devient attaquant. Il essaye d'exploiter les écrans successifs pour se démarquer, recevoir et marquer. Les porteurs d'écran ont le droit de s'ouvrir à la balle après leur écran.

• Rotation/Continuité

Les passeurs deviennent joueurs-obstacles, ces derniers remplacent les défenseurs qui seront les acteurs du 1c1, attaquant et défenseur du 1c1 deviennent passeurs.

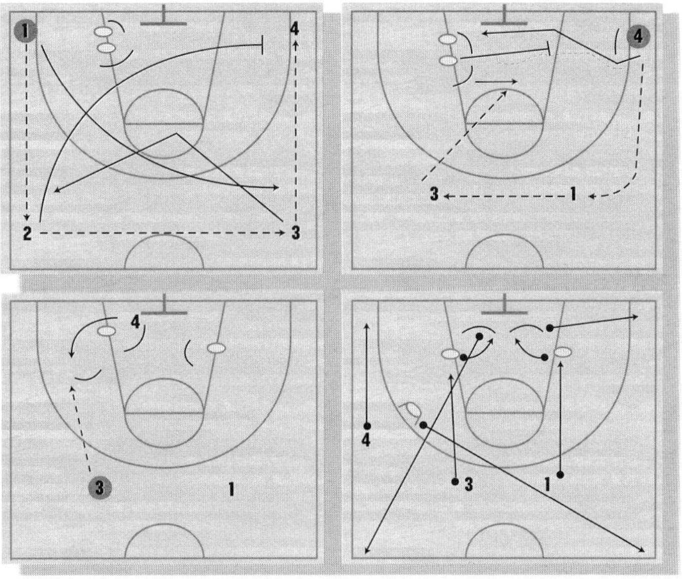

Matériel : **1 ballon par groupe de travail.**

Référentiel :

☛ Le défenseur est entre la balle et son vis-à-vis ;
☛ il passe les écrans par dessus lorsqu'ils sont au poste bas ;
☛ il passe les écrans en force et en se cachant dans le dos de l'attaquant lorsque les écrans sont hauts ;
☛ lorsque l'on passe caché dans le dos, il faut ressortir en accélérant de façon à reprendre la contestation ;
☛ les défenseurs des porteurs d'écran aident sur les situations de curl.

Notes :

Défense de l'écran indirect

Situation

Objectif : **perfectionner la coordination et le transit des défenseurs impliqués dans une situation de *Triple Post***

Consignes

• Mise en place

Travail sur 1/2 terrain. 3 passeurs ; 3 postes ; 3 défenseurs sur les postes.

• Déroulement

Ballon en 1 au départ. Les 3 passeurs font circuler la balle entre eux. Chaque fois que la balle va de 1 à l'un des ailiers, la cascade d'écrans se déclenche.
Les défenseurs appliquent les consignes, les choix défensifs déterminés par l'entraîneur.

• Rotation/Continuité

3 possessions par trio. Après, les passeurs deviennent défenseurs, ceux-ci deviennent attaquants et les attaquants font passeurs.

• Variantes

Les défenseurs qui encaissent le panier restent en défense.

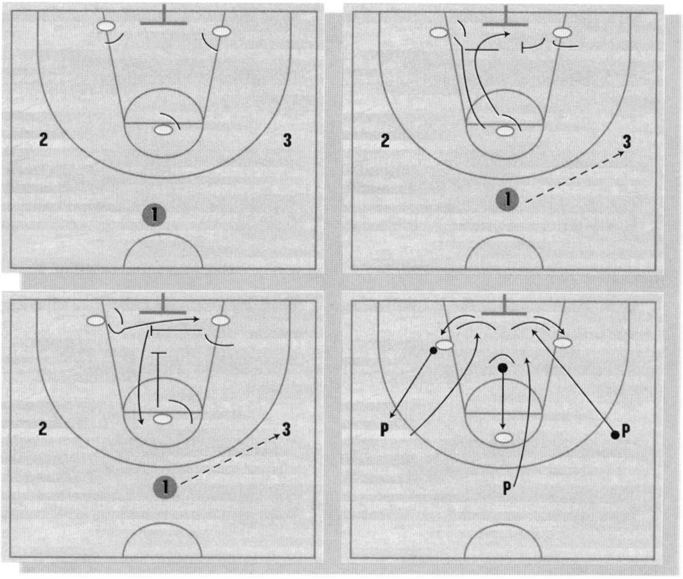

Matériel : **1 ballon par groupe de travail.**

Référentiel :

☛ Les défenseurs de même taille accompagnent leurs vis-à-vis puis changent au moment de l'écran ;

☛ lorsque l'écran implique des écarts de taille importants, le défenseur du porteur d'écran aide puis reprend son vis-à-vis, le joueur bloqué reprend le plus rapidement possible ;

☛ le défenseur du poste bas qui va porter un écran à l'opposé reste côté ballon pour aider puis remonte en contestation.

Notes :

Défense du Trap

Objectif : **améliorer la coordination des deux joueurs impliqués dans le trap**

Situation

Consignes

• Mise en place

Travail sur 1/2 terrain ; 1 attaquant avec ballon dans le demi-cercle central ; 2 défenseurs.

• Déroulement

L'attaquant tente d'aller marquer le plus rapidement possible. Les 2 défenseurs l'en empêchent et cherchent à l'orienter puis à le trapper.

• Rotation/Continuité

Si l'attaquant marque, il repart dans le demi-cercle et recommence. Les défenseurs sortent et les deux joueurs en attente rentrent en défense.

Si un des défenseurs récupère la balle, il devient attaquant et les deux autres joueurs sortent. Les 2 joueurs en attente rentrent en défense.

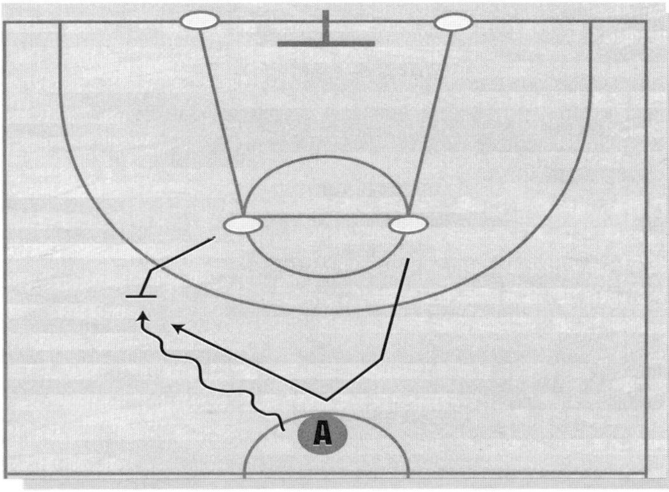

Matériel : **1 ballon par groupe de travail.**

Concept :

Référentiel :

☛ Les « trappeurs » ne doivent pas être pressés de prendre la balle (sinon fautes et trap dans l'axe peu favorable) ;

☛ ils doivent orienter le meneur ;

☛ ensuite, ils réduisent la distance qui les sépare petit à petit (pas défensifs, Grande fréquence) ;

☛ finalement ils le « coincent » ;

☛ ne jamais autoriser le changement de côté ;

☛ les deux trappeurs n'inversent jamais leur placement (celui de droite est toujours à droite).

Notes :

Défense du Trap

Situation

Objectif : **améliorer la lecture des intentions du joueur « trappé »**

Consignes

• Mise en place

Travail sur 1/2 terrain ; 3 attaquants intérieurs et 3 défenseurs ; 1 passeur avec ballon.

• Déroulement

Les attaquants se démarquent dans leurs espaces clés (sans écrans). Dès que l'un d'entre-eux reçoit la passe au poste bas, la défense enclenche un trap au poste avec l'aide du défenseur du poste haut. L'autre défenseur se place de façon à pouvoir intercepter la passe la plus probable (d'après certains indicateurs). Jouer le 3c3 + passeur.

• Rotation/Continuité

Les défenseurs et attaquants inversent leurs rôles après 3 possessions.

• Variantes

Autoriser les écrans entre attaquants que pour recevoir la 1ère passe du passeur.

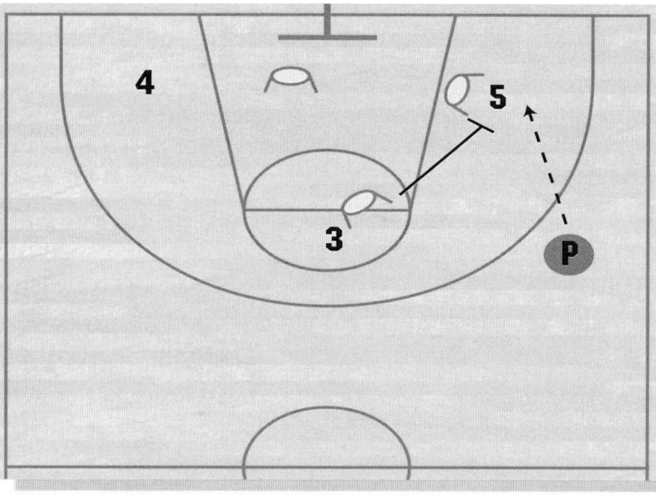

Matériel : **1 ballon par groupe de travail.**

Concept :

Référentiel :

☛ Le défenseur chargé de la rotation doit lire les « appuis » du joueur trappé, regarder leur orientation ;

☛ il doit observer l'orientation du corps, la position de la balle ;

☛ selon l'agressivité de ses coéquipiers, il doit prendre plus ou moins de risques ;

☛ contrôler visuellement les déplacements des deux joueurs non-porteurs, ajuster son placement par rapport à leurs déplacements.

Notes :

Perfectionnement du Trap

Situation

Objectif : **améliorer la prise à deux et sa rotation défensive**

Consignes

• Mise en place

Travail sur 1/2 terrain. 4 joueurs à chaque angle intérieur du 1/2 terrain (1, 2, 3 et 4). 4 autres joueurs à l'extérieur de chaque angle (a, b, c et d). Un ballon sur 1.

• Déroulement

Les joueurs intérieurs font circuler la balle à leur droite ; après chaque passe, le passeur va défendre sur le joueur qui se trouve à l'opposé. Lorsque la balle revient à l'angle de départ, nous avons 4 attaquants et 4 défenseurs qui évoluent dans leur 1/2 de terrain. Chaque fois que la balle franchit la ligne des lancers francs, les défenseurs (du passeur et du receveur) font un piège à deux. Dès que la balle ressort, rotation défensive selon les consignes de l'entraîneur.

• Rotation/Continuité

Les attaquants remplacent les défenseurs tout en tournant d'un cran.

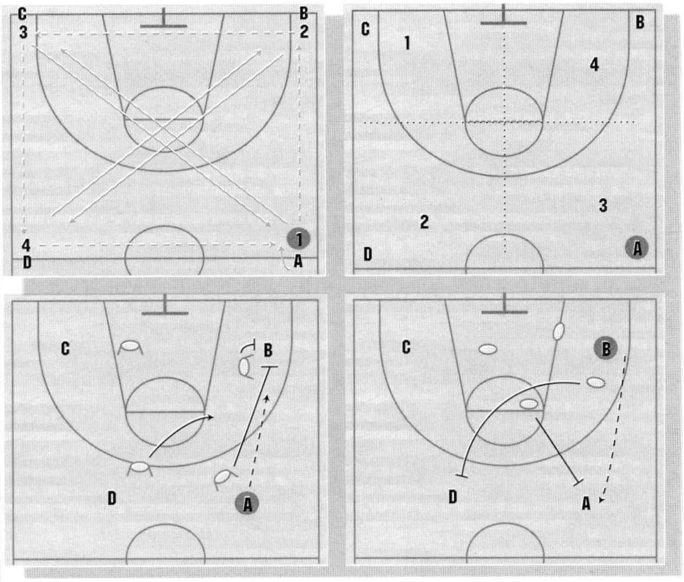

Matériel : **1 ballon par groupe de travail.**

Concept :

Référentiel :

☛ Les « trappeurs » ont leurs appuis collés et empêchent le porteur de passer entre les deux ;
☛ le joueur qui fait la rotation doit « lire » les appuis et l'orientation du corps du joueur trappé ;
☛ lorsque la balle ressort, le trappeur qui était descendu remonte à l'opposé rapidement de façon à être correctement placé lorsque le joueur qui était resté seul reçoit la balle ;
☛ les défenseurs se déplacent durant la phase aérienne des passes.

Notes :

Repli

Situation

Objectif : vitesse d'identification et d'adaptation aux rôles

Consignes

• Mise en place

Travail sur 1/2 terrain. 1 colonne de joueurs à chaque intersection de la ligne à 3 pts avec la ligne de fond, et à chaque intersection des lignes latérales de la zone avec cette dernière. Les colonnes paires et impaires déterminent les équipes.

• Déroulement

Au signal de l'entraîneur, les 4 premiers joueurs sprintent vers la balle pour essayer de la conquérir. L'équipe de joueurs qui n'a pas la possession de la balle doit prendre en charge le plus rapidement possible les attaquants porteur et non-porteur.

• Rotation/Continuité

Par équipe, inverser les positions (1 ↔ 3 ; 2 ↔ 4).

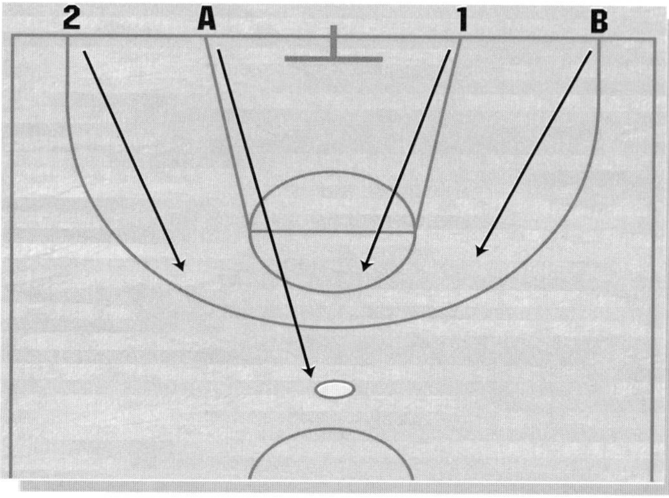

Matériel : 1 ballon par groupe de travail.

Concept :

Référentiel :

☛ Les 4 joueurs sprintent tout en s'informant des probabilités d'avoir un rôle offensif et défensif ;
☛ chaque défenseur prend en charge l'attaquant le plus proche de lui ;
☛ si nécessaire, le changement se fera lors d'un écran direct, d'une passe main à main ou d'un croisement de joueurs ;
☛ les attaquants doivent tenter de marquer dans les 7 secondes.

Notes :

Démarquage simple

Situation

Objectif : être capable de s'organiser et de communiquer collectivement durant une phase de repli

Consignes

• Mise en place

Travail sur tout terrain. 5 attaquants avec 1 ballon et cinq défenseurs.

• Déroulement

5c5 dans le demi-terrain. Au signal « changez ! », les attaquants posent le ballon au sol et deviennent défenseurs. Les défenseurs deviennent attaquants et tentent d'aller marquer en face, le plus rapidement possible.
Les attaquants qui deviennent défenseurs ne peuvent défendre sur le joueur qui défendait sur eux. Ils doivent se parler, s'organiser et en même temps retarder la progression de la balle.

• Rotation/Continuité

3 possessions consécutives puis replacer le jeu 1/2 terrain.

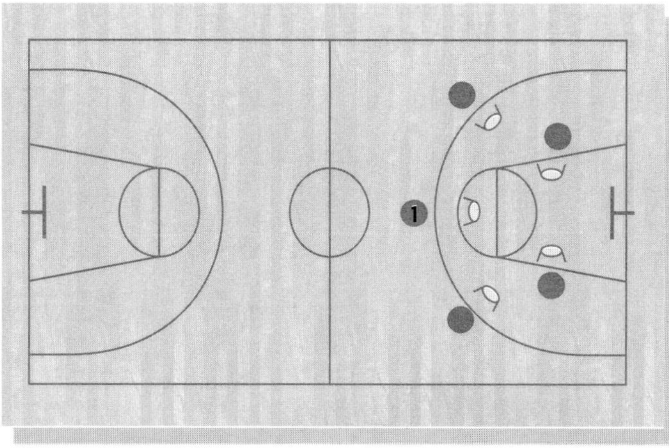

Matériel : 1 ballon par groupe de travail.

Concept :

Référentiel :

☛ Les défenseurs contestent en priorité la progression de la balle en passes ; ils forcent le porteur à dribbler ;

☛ les défenseurs prennent en charge les attaquants le plus rapidement possible ;

☛ les changements défensifs pour reprendre chacun son adversaire doivent se faire uniquement lorsque la situation est peu risquée (croisement des joueurs, proximité).

Notes :

Repli

Situation

Objectif : **être capable de retarder l'attaque et de provoquer un mauvais choix offensif**

Consignes

• Mise en place

Tout terrain. 3 colonnes de joueurs sur la ligne de fond ; 2 attaquants aux bords de la zone et 1 défenseur sous le panier. 1 passeur au niveau des L.F.

• Déroulement

E donne la balle à un attaquant qui fait la remise sur l'autre. Le défenseur prend en charge le non-porteur. Ce dernier, tente de recevoir la passe de son côté, sans franchir la prolongation des L.F. La passe faite, le défenseur force le dribble en contestant la passe sur le non-porteur (si celui-ci est devant la balle). A l'approche du panier, le défenseur feinte et provoque un mauvais choix offensif.

• Variantes

Les 2 attaquants démarrent en haut de la zone, ils sprintent jusqu'à la ligne de fond, pivotent pour se retrouver face au passeur. Le 1er qui fait face reçoit la balle et fait la remise.

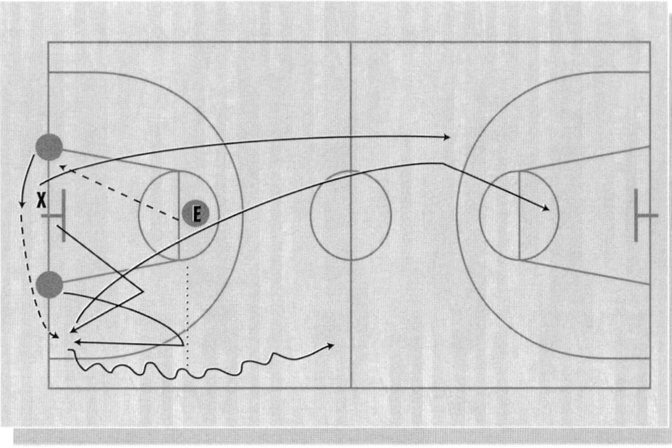

Matériel : **1 ballon par groupe de travail.**

Concept :

Référentiel :

☛ Le défenseur est toujours sur le joueur le plus avancé (avec ou sans ballon) ;

☛ lorsque le porteur arrive en zone dangereuse (7/8 mts), il est entre les deux attaquants et se sert des feintes pour provoquer un mauvais choix offensif ;

☛ il retarde la balle par son placement (être sur la ligne de passe) et par l'incertitude qu'il développe (feintes).

Notes :

Repli

Situation

Objectif : **être capable de retarder l'attaque et de provoquer un mauvais choix offensif**

Consignes

• Mise en place

Tout terrain. 3 colonnes de joueurs sur la ligne de fond ; 2 joueurs sur les côtés, 1 joueur avec ballon au milieu.

• Déroulement

Les joueurs font un criss-cross avec tir en course au bout. Le shooteur défend sur celui qui lui a fait la passe. Le joueur qui n'a pas tiré ni fait la dernière passe fait la remise en jeu. La passe faite, le défenseur force le dribble en contestant la passe sur le non-porteur (si celui-ci est devant la balle). A l'approche du panier, le défenseur feinte et provoque un mauvais choix offensif.

• Rotation/Continuité

Travail en séries.

• Variantes

5c0 au départ et 3c2 au retour.

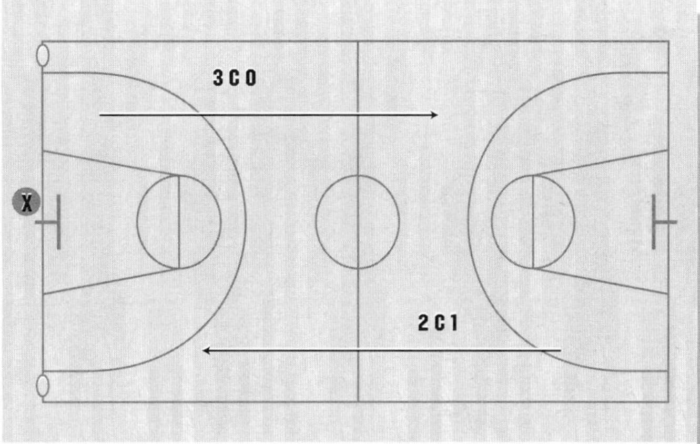

Matériel : **1 ballon par groupe de travail.**

Concept :

Référentiel :

☛ Le défenseur est toujours sur le joueur le plus avancé (avec ou sans ballon) ;

☛ lorsque le porteur arrive en zone dangereuse (7/8 mts), il est entre les deux attaquants et se sert des feintes pour provoquer un mauvais choix offensif ;

☛ il retarde la balle par son placement (être sur la ligne de passe) et par l'incertitude qu'il développe (feintes).

Notes :

Repli

Situation

Objectif : être capable d'empêcher le panier dans une situation d'infériorité numérique à 3c2 et à 2c1

Consignes

• Mise en place

Tout terrain. 2 rebondeurs, 2 joueurs extérieurs. 1 shooteur E. 2 défenseurs prolongation de la ligne médiane.

• Déroulement

E tire au panier ; 4 et 5 vont au rebond. Sortie de balle côté rebond. L'autre pivot part en contre-attaque et les 2 défenseurs touchent le cercle central avant de défendre 3c2. L'ailier côté opposé à la sortie de balle prend le milieu, reçoit et monte la balle. Le 3c2 terminé, les 2 défenseurs jouent 2c1 contre le dernier attaquant qui a touché la balle.

• Rotation/Continuité

Les 2 attaquants restants sont défenseurs au milieu. Les 3 joueurs qui terminent le 2c1 occupent les colonnes relais par poste.

• Variantes

Donner un t' maxi pour déclencher le tir lors de la contre-attaque.

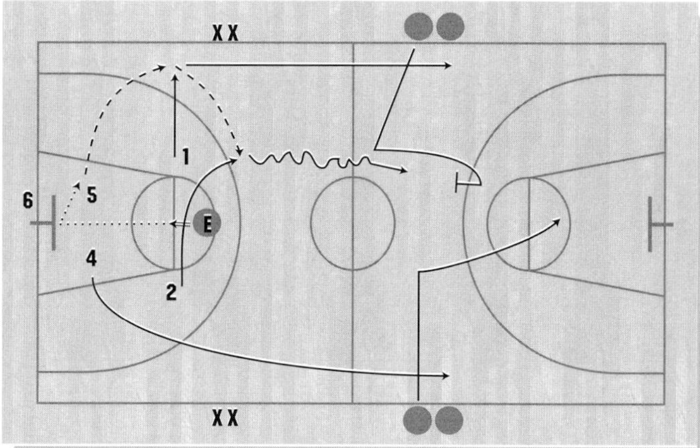

Matériel : 1 ballon par groupe de travail.

Concept :

Référentiel :

☛ Les défenseurs sont toujours sur les joueurs les plus avancés (avec ou sans ballon) ;
☛ lorsque le porteur arrive en zone dangereuse (7/8 mts), les défenseurs sont dans la zone et provoquent un mauvais choix offensif (mauvaise passe, tir de loin) ;
☛ ils retardent la balle par leur placement (être sur la ligne de passe) et par l'incertitude qu'ils développent (feintes) ;
☛ lors du 3c2 assurer les rotations en « L ».

Notes :

Repli

Situation

Objectif : **être capable de retarder la contre-attaque à 2c1 (+1)**

Consignes

• Mise en place

Tout terrain. 2 défenseurs et 2 attaquants. 1 shooteur E. Attaquants et défenseurs de part et d'autre de la ligne des L.F.

• Déroulement

E tire au panier et annonce un numéro (1 ou 2). Pendant que les défenseurs récupèrent le rebond et partent en contre-attaque, l'attaquant dont le numéro est annoncé doit toucher la ligne de fond avant de revenir en défense. L'attaquant qui n'a pas été appelé assure le repli à 2c1 et retarde l'attaque afin de permettre à son coéquipier d'intégrer le jeu.

• Rotation/Continuité

Le 2c1(+1) fini, les défenseurs de départ deviennent attaquants, les attaquants sortent, les X se placent en défense. Travail en continuité.

• Variantes

idem à 3c2+1, à 4c3+1.

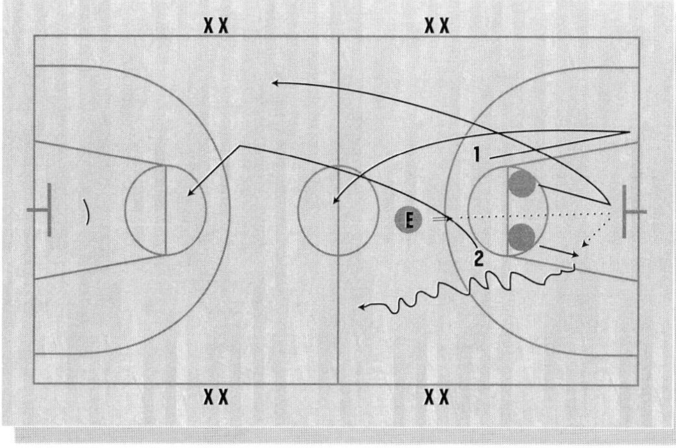

Matériel : **1 ballon par groupe de travail.**

Concept :

Référentiel :

- Le défenseur est toujours sur le joueur le plus avancé (avec ou sans ballon) ;
- lorsque le porteur arrive en zone dangereuse (7/8 mts), il est entre les deux attaquants et se sert des feintes pour provoquer un mauvais choix offensif ;
- il retarde la balle par son placement (être sur la ligne de passe) et par l'incertitude qu'il développe (feintes) ;
- le partenaire prend le joueur qui est seul.

Notes :

Repli

Situation

Objectif : **être capable de retarder la contre-attaque à 3c2 + 1**

Consignes

• Mise en place

Travail sur tout terrain. 3 attaquants avec ballon qui démarrent derrière la ligne médiane. 3 défenseurs dont 1 à l'extérieur du terrain, prolongation de la ligne médiane. 3 autres défenseurs à l'extérieur du terrain.

• Déroulement

Les attaquants jouent 3c2. Dès que la balle franchit la ligne médiane, le 3e défenseur touche le cercle central et va aider en défense.
Les défenseurs doivent retarder l'attaque avec des feintes, en provoquant toujours la passe supplémentaire, en créant l'incertitude, etc.

• Rotation/Continuité

Après le panier ou la récupération de balle, les défenseurs partent jouer contre les défenseurs qui se trouvent en attente sur le côté. Les attaquants vont sur le côté.

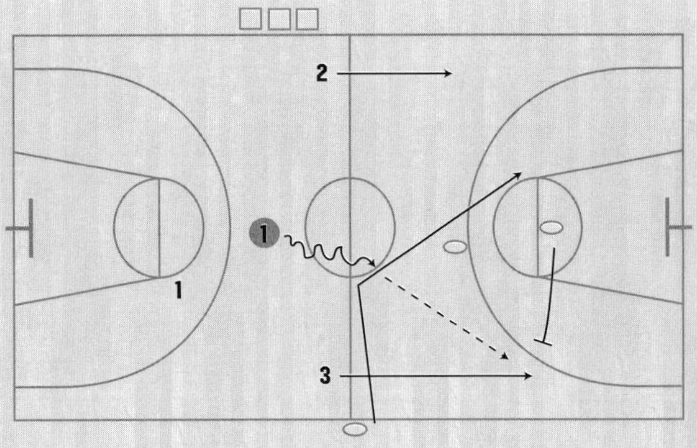

Matériel : **1 ballon par groupe de travail.**

Concept :

Référentiel :

☛ Les défenseurs sont toujours sur les joueurs les plus avancés (avec ou sans ballon) ;
☛ lorsque le porteur arrive en zone dangereuse (7/8 mts), les défenseurs sont dans la zone et provoquent un mauvais choix offensif ;
☛ ils retardent la balle par leur placement (être sur la ligne de passe) et par l'incertitude qu'ils développent (feintes) afin que leur coéquipier arrive en défense sur le joueur seul.

Notes :

Repli

Situation

Objectif : **être capable de retarder la contre-attaque à 4c3 + 1**

Consignes

• Mise en place

Travail sur tout terrain. 4 attaquants avec un ballon et 4 défenseurs. L'entraîneur assigne 1 numéro à chaque joueur.

• Déroulement

4c4. A chaque tir, l'entraîneur annonce un numéro (de 1 à 4). Le joueur annoncé devra aller toucher la ligne de fond avant d'assurer le repli défensif. Ses coéquipiers doivent retarder l'attaque afin de lui permettre de revenir et jouer jeu égal.

• Rotation/Continuité

En continuité jusqu'à arriver à 10 points. Possibilité de donner la balle en attaque placée à l'équipe qui marque en surnombre.

• Variantes

Toucher la ligne de touche ou toucher la main de l'entraîneur.

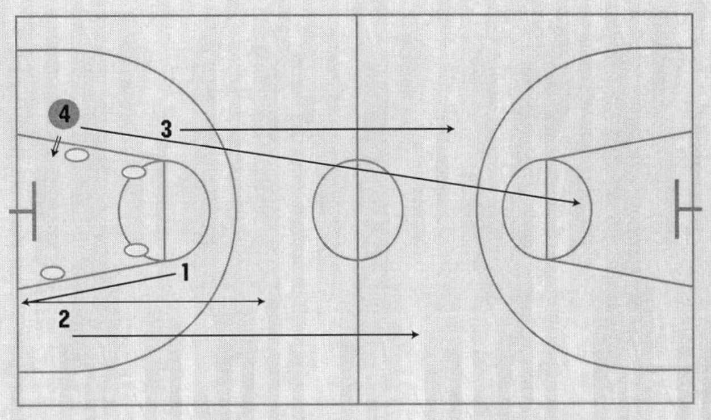

Matériel : **1 ballon par groupe de travail.**

Concept :

Référentiel :

- Les défenseurs sont toujours sur les joueurs les plus avancés (avec ou sans ballon) ;
- un défenseur stoppe le porteur ;
- lorsque le porteur arrive en zone dangereuse (7/8 mts), les défenseurs sont dans la zone et provoquent un mauvais choix offensif ;
- ils retardent la balle par leur placement (être sur la ligne de passe) et par l'incertitude qu'ils développent (feintes) afin que leur coéquipier intègre la défense.

Notes :

Repli

Situation

Objectif : améliorer le passage du statut d'attaquant à celui de défenseur

Consignes

• Mise en place

Travail sur tout terrain. 1 colonne d'attaquants avec ballon (1, 2 et 3) et 1 colonne de défenseurs (a, b et c) derrière la ligne médiane et près de la ligne de touche. 1 colonne de joueurs de l'autre côté de la ligne médiane et près de la touche opposée (x).

• Déroulement

Le porteur de balle démarre en dribble et va marquer en lay-up. Son défenseur ne démarre que lorsque le porteur franchit la ligne médiane. Après son tir, l'attaquant fait un repli rapide sur l'attaquant qui va recevoir la balle du défenseur-rebondeur. Jouer 1c1.

• Rotation/Continuité

(1) remplace (a) et celui-ci va dans la colonne des (x). L'attaquant (x) va dans la colonne de (1).

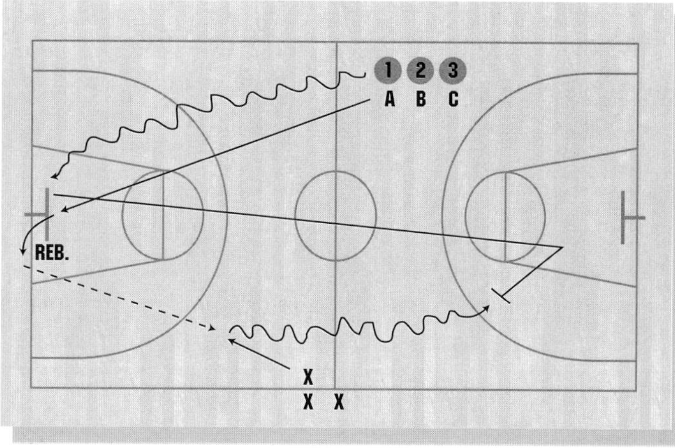

Matériel : 1 ballon par groupe de 3 joueurs.

Concept :

Référentiel :

- Saut vertical du shooteur ;
- optimisation des appuis pour le changement de direction ;
- courir se placer devant le porteur de balle ;
- réduire la distance progressivement afin d'éviter les contre-pieds ;
- baisser le centre de gravité à l'approche de l'attaquant ;
- maîtriser sa course, équilibre.

Notes :

Repli

Situation

Objectif : être capable de se replier et de s'organiser rapidement

Consignes

• Mise en place

Travail sur tout terrain. 5 joueurs placés derrière la ligne de fond ; 1 joueur placé sur la prolongation de la ligne médiane hors du terrain ; l'entraîneur avec ballon au L. Franc.

• Déroulement

L'entraîneur passe la balle à l'un des 5 joueurs. Les 2 joueurs qui se trouvent de part et d'autre de celui qui a reçu la balle doivent se replier rapidement et empêcher la contre-attaque des 3 autres joueurs. Le défenseur qui se trouve au niveau de la ligne médiane rentre (et touche le cercle central) dès que l'entraîneur à fait la passe et participe à retarder la progression du ballon.

• Rotation/Continuité

Le dernier attaquant qui touche la balle devient défenseur à la ligne médiane. Les autres reprennent les 5 emplacements de la ligne de fond.

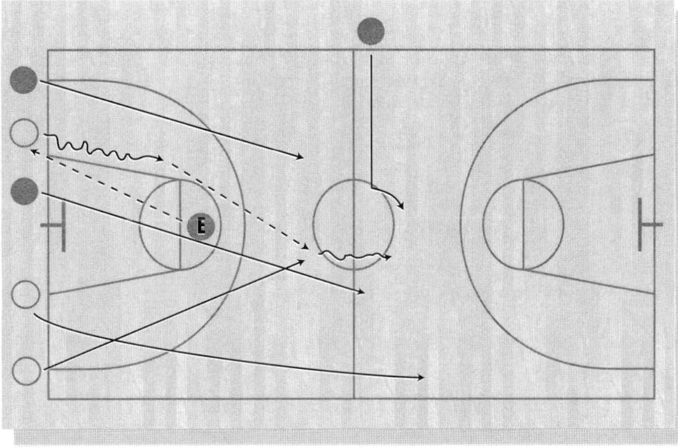

Matériel : 1 ballon par groupe de travail.

Concept :

Référentiel :

- Les défenseurs sont toujours sur les joueurs les plus avancés (avec ou sans ballon) ;
- ils se parlent pour améliorer leur organisation, leurs relais et éventuellement changer de vis-à-vis dans de bonnes conditions ;
- ils retardent la balle par leur placement (être sur la ligne de passe) et par l'incertitude qu'ils développent (feintes) afin que leur coéquipier arrive en défense sur le joueur seul.

Notes :

Transition attaque-press défensif

Objectif : perfectionnement de la mise en place du 1er rideau d'une zone-press après panier marqué

Situation

Consignes

• Mise en place

Sur tout terrain. 3 attaquants avec 1 ballon au milieu et 2 défenseurs dans chaque 1/2 terrain. 2 colonnes de joueurs relais sur les côtés. Matérialiser la porte d'entrée des relais à l'aide d'un plot.

• Déroulement

Les attaquants jouent contre deux défenseurs jusqu'à ce qu'ils marquent. Après le panier, les attaquants deviennent défenseurs et placent le(s) premier rideau(x) de leur zone-press. Les deux défenseurs font la remise en jeu et tentent de passer le press pour aller jouer 3c2 de l'autre côté. Le troisième joueur (relais) rentre dès que la balle franchit le milieu.

• Rotation/Continuité

L'attaquant qui touche en dernier la balle intègre la colonne des relais ; les autres restent en défense. En continuité.

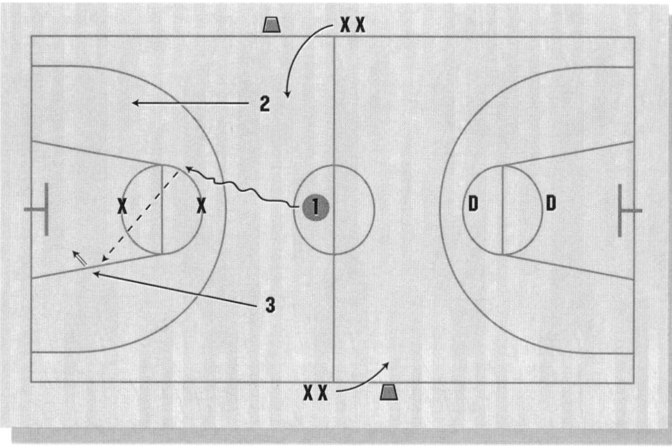

Matériel : **1 ballon et 2 plots par groupe de travail.**

Concept :

Référentiel :

- Les défenseurs doivent parler afin de s'organiser rapidement ;
- ils doivent se placer dès que la balle pénètre dans le cercle, ils doivent être prêts lorsque le joueur adverse est derrière la ligne de fond pour faire la remise en jeu ;
- l'attaquant qui ne participe pas au rebond offensif peut anticiper et démarrer son placement dès que le tir d'un coéquipier est déclenché.

Notes :

Transition attaque-press défensif

Situation

Objectif : **améliorer le passage du statut d'attaquant à celui de défenseur + perfectionnement de la prise à deux en zone-press**

Consignes

• Mise en place

Travail sur tout terrain. 2 attaquants prolongation de la ligne des L.F. 1 défenseur sur la ligne de fond. 2 plots de l'autre côté de la ligne médiane, à l'opposé. 1 plot derrière la ligne de fond d'en face, à l'opposé.

• Déroulement

L'attaquant avec ballon va marquer en lay-up ; son coéquipier va toucher la ligne des L.F. ; le défenseur tente de récupérer le ballon avant qu'il ne touche le sol après le lay-up. Après le tir, le shooteur se place au 1er rideau et oriente le rebondeur. Le joueur 2 se place au 2ème rideau et participe à la formation du trap. Le rebondeur passe à l'extérieur du plot ligne de fond puis tente de passer les 2 défenseurs. S'il arrive à franchir la porte (2 plots), les défenseurs ont une sanction.

• Rotation/Continuité

2 ➧ déf. ➧ 1 ➧ 2

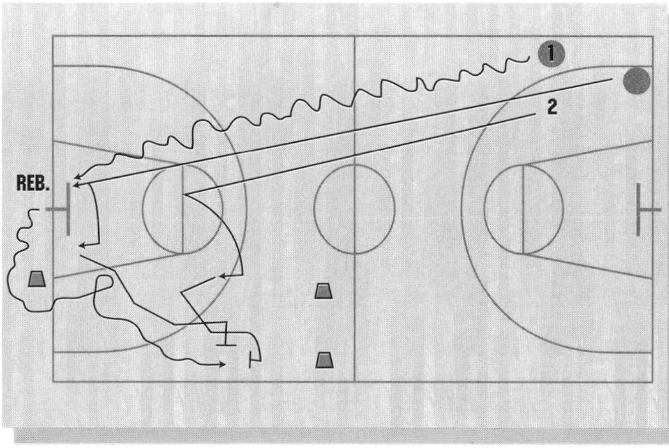

Matériel : **1 ballon pour 3 joueurs.**
3 plots.

Concept :

Référentiel :

☛ Saut vertical du shooteur ;

☛ optimisation des appuis pour le changement de direction ;

☛ courir se placer en orientation du porteur de balle ;

☛ le joueur du 2ème rideau : réduire la distance progressivement afin d'éviter les contre-pieds ;

☛ maîtriser sa course, équilibre ;

☛ coordination des deux joueurs.

Notes :

Transition attaque-press défensif

Situation

Objectif : **perfectionnement de la mise en place d'une zone-press après panier marqué**

Consignes

• Mise en place

Sur tout terrain. 3 attaquants avec 1 ballon au milieu et 2 défenseurs dans chaque 1/2 terrain. 2 colonnes de joueurs relais sur les côtés. Matérialiser la porte d'entrée des relais à l'aide d'un plot.

• Déroulement

Les attaquants jouent contre deux défenseurs jusqu'à ce qu'ils marquent. Après le panier, les attaquants deviennent défenseurs et placent leur zone-press. Les deux défenseurs de l'autre côté forment les derniers rideaux de la press. Les deux défenseurs font la remise en jeu et tentent de passer le press pour aller jouer 3c2 de l'autre côté. Le troisième joueur (relais) rentre dès que la balle franchit le milieu.

• Variantes

Travail en 4c2 avec l'introduction de 2 joueurs relais.

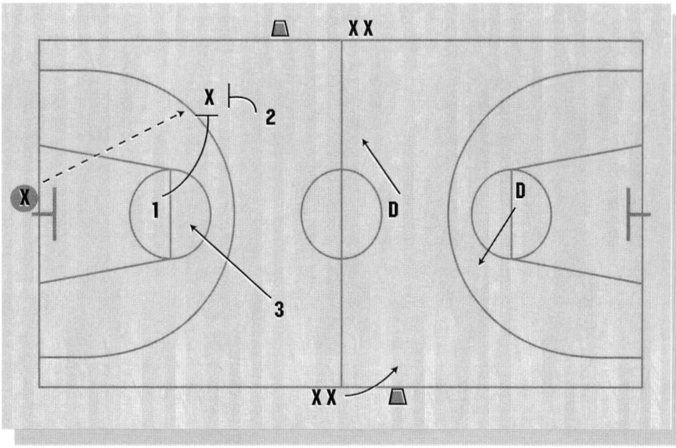

Matériel : **1 ballon et 2 plots par groupe de travail.**

Concept :

Référentiel :

- Les 3 premiers joueurs doivent empêcher la progression de la balle en dribble ;
- ils forcent le porteur à réaliser une passe longue ;
- les 2 derniers défenseurs doivent intercepter la passe longue (contrôler balle et ailier) ;
- les 2 derniers défenseurs font la rotation de trap si le porteur perce le 1er rideau en dribble ;
- anticiper la passe en lisant les appuis du passeur.

Notes :

Block-out

Situation

Objectif : **être capable de verrouiller le rebond sur une situation de repli défensif**

Consignes

• Mise en place

Travail sur 1/2 terrain. 2 colonnes de joueurs. L'une au pied de la zone et l'autre au coin du terrain. La colonne 1 avec ballon. 1 plot entre la ligne à 3 pts et la ligne médiane et 1 autre plot derrière la prolongation des L.F.

• Déroulement

1 fait la passe à 2. 1 contourne le plot latéral et 2 celui du milieu. Les plots contournés, 2 fait la passe à 1 qui dribble pour aller tirer le plus rapidement possible à 4 ou 5 mts du panier. 2 revient en défense et verrouille le rebond. Il doit maîtriser l'élan de sa course pour ne pas faire faute.

• Rotation/Continuité

Inverser les rôles à chaque passage.

• Variantes

Modifier l'emplacement des plots, la zone de tir, etc afin de travailler par poste de jeu.

Matériel : **1 ballon par duo.**
2 plots.

Concept :

Référentiel :

☛ Le défenseur gêne le tir bras levés sans chercher à contrer, il maîtrise son élan et l'obsession du contre ;

☛ le défenseur serre l'attaquant le plus près possible sans pénétrer dans son cylindre ;

☛ tant que le shooteur n'a pas mis ses appuis au sol, le défenseur ne doit pas toucher l'attaquant ;

☛ les appuis au sol, le défenseur contrôle l'attaquant puis verrouille le rebond si ce dernier s'engage au rebond offensif.

Notes :

Block-out

Situation

Objectif : **améliorer le verrouillage du rebond côté ballon et côté aide**

Consignes

- **Mise en place**

Travail sur 1/2 terrain. 2 défenseurs derrière la ligne de fond. 4 attaquants qui forment un carré dans la zone. Le ballon en E.

- **Déroulement**

E fait une claquette, prend le rebond et fait la sortie de balle sur 2 (qui s'est écarté). Les 2 défenseurs se croisent pour aller toucher les coins avant d'aller défendre sur 5 et 2. Les attaquants contournent les plots. 1 est passeur et 2 et 5 attaquants. Les défenseurs ajustent leur placement en fonction de la proximité ou de l'éloignement de la balle.
1 fait la passe à l'un des ailiers et suit pour la reprendre main à main, il dribble vers la ligne de fond et tire. Les défenseurs contrôlent leur vis-à-vis, verrouillent le passage et prennent le rebond.
Etablir un système de récompenses pour obtenir de l'agressivité.

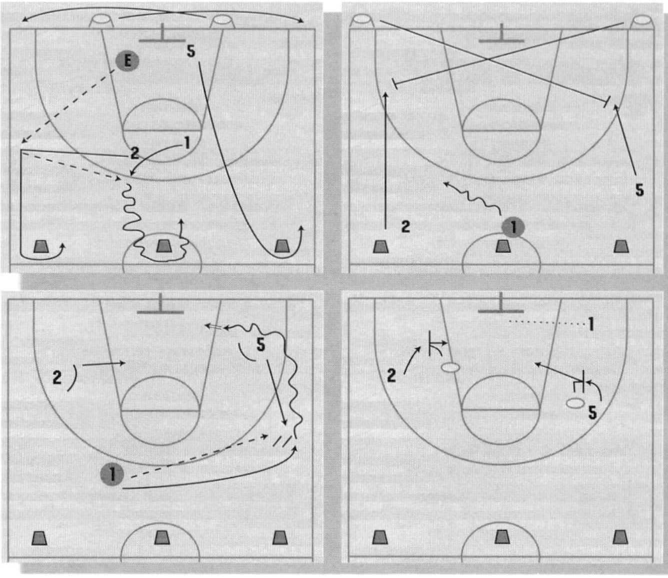

Matériel : **1 ballon par groupe de travail.**
3 plots.

Concept :

Référentiel :

- Les défenseurs contrôlent simultanément le ballon et leur adversaire direct ;
- une fois le tir repéré, les défenseurs dissocient leur regard du ballon et restent concentrés sur la réaction et le contrôle de leur vis-à-vis ;
- les défenseurs contrôlent leur attaquant puis verrouillent le rebond si ce dernier s'engage au rebond offensif.

Notes :

Block-out + Dégagement

Objectif : **être capable d'enchaîner verrouillage, rebond et sortie de balle**

Situation

Consignes

• Mise en place

Travail sur 1/2 terrain. 2 défenseurs derrière la ligne de fond. 4 attaquants qui forment 1 carré dans la zone. Le ballon en E. 2 réceptionneurs P.

• Déroulement

E fait une claquette, prend le rebond et fait la sortie de balle sur 2 (qui s'est écarté). Les 2 défenseurs se croisent pour aller toucher les coins avant d'aller défendre sur 5 et 2. Les attaquants contournent les plots. 1 est passeur, 2 et 5 attaquants. Les défenseurs ajustent leur placement en fonction de la proximité ou de l'éloignement de la balle.
1 fait la passe à l'un des ailiers et suit pour la reprendre main à main, il dribble vers la ligne de fond et tire. Les défenseurs contrôlent leur vis-à-vis, verrouillent le passage, prennent le rebond et sortent la balle sur le P se trouvant de leur côté (opposition des attaquants).

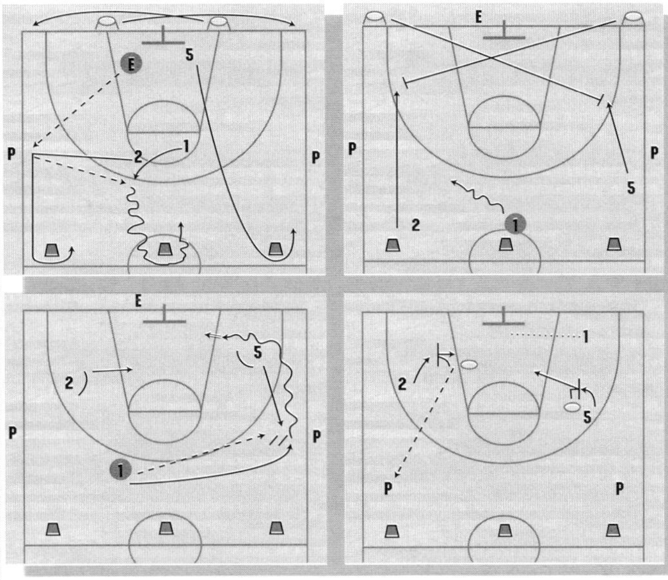

Matériel : **1 ballon par groupe de travail.**
3 plots.

Concept :

Référentiel :

☛ une fois le tir repéré, les défenseurs dissocient leur regard du ballon et restent concentrés sur la réaction et le contrôle de leur vis-à-vis ;
☛ les défenseurs contrôlent leur attaquant puis verrouillent le rebond si ce dernier s'engage;
☛ ils vont vers la balle que si celle-ci a déjà touché le cercle puis la prennent avec force sans la descendre plus bas que le menton ;
☛ ils font la passe sur le joueur le plus proche en assurant la protection par le pied de pivot.

Notes :

Block-out et contre-attaque

Situation

Objectif : **être capable d'enchaîner verrouillage, rebond, sortie de balle et contre-attaque**

Consignes

• Mise en place

Travail sur tout terrain. 2 défenseurs derrière la ligne de fond. 4 attaquants qui forment 1 carré dans la zone. Le ballon en E. 2 réceptionneurs P.

• Déroulement

Idem que la situation précédante jusqu'à la réception de la passe de dégagement par l'un des réceptionneurs. Les 2 P avancent dans leurs couloirs respectifs jusqu'à une position offensive d'ailiers. Les deux rebondeurs partent en contre-attaque. S'ils ne peuvent recevoir la balle parce que les défenseurs ont assuré un bon repli, ils enchaînent avec un mouvement de transition.

• Rotation/Continuité

Les 2 défenseurs du début et les 2 P deviennent attaquants. Les 4 attaquants deviennent défenseurs et P (à tour de rôle).

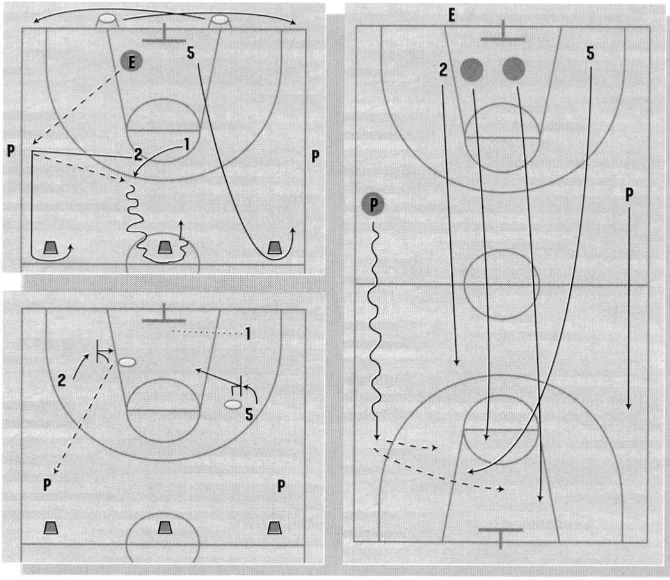

Matériel : **1 ballon par groupe de travail.**
3 plots.

Concept :

Référentiel :

- les défenseurs contrôlent leur attaquant puis verrouillent le rebond si ce dernier s'engage;
- ils vont vers la balle que si celle-ci a déjà touché le cercle puis la prennent avec force sans la descendre plus bas que le menton ;
- ils font la passe sur le joueur le plus proche en assurant la protection par le pied de pivot ;
- tous les joueurs courent et s'organisent dès que leur tâche est accomplie.

Notes :

Démarquage simple

Situation

Objectif : développer la volonté d'aller au rebond, améliorer la recherche d'un partenaire lors de la relance

Consignes

• Mise en place

Travail sur 1/2 terrain. 3 shooteurs avec ballon à 5 mètres du panier. 3 plots derrière les joueurs à 7 mètres du panier. 1 rebondeur dans la zone. L'entraîneur derrière la ligne de fond.

• Déroulement

Au signal de E, un des shooteurs tire au panier, le rebondeur prend le rebond. Simultanément, un des joueurs qui n'a pas tiré fait la passe au shooteur. Le shooteur fait le tour de son plot en dribble et revient se placer. Le rebondeur doit faire la passe de dégagement sur le joueur qui n'a pas de balle. L'entraîneur désigne à nouveau un shooteur et on refait la même chose.

• Rotation/Continuité

Changer tous les 6 rebonds.

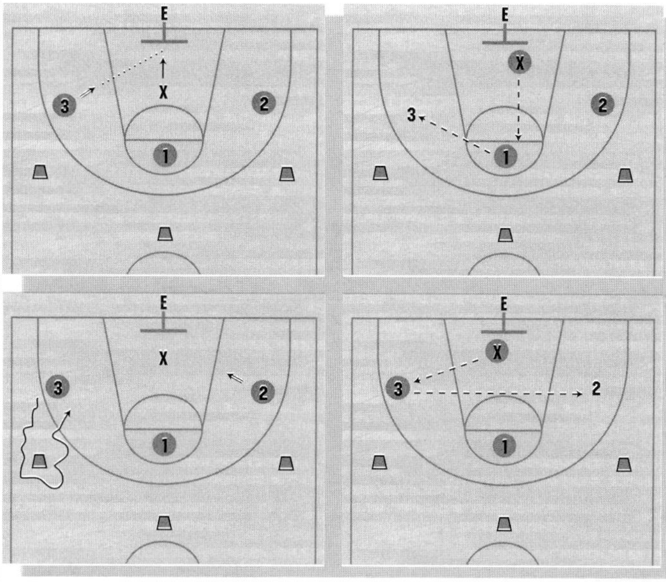

Matériel : 3 ballons et 3 plots par groupe de travail.

Concept :

Référentiel :

- Le rebondeur doit repérer la trajectoire du rebond et l'attraper avant que la balle ne touche le sol ;
- la passe de dégagement doit se faire le plus rapidement possible, avec la balle au dessus de la tête ;
- le tir suivant se déclenche lorsque le rebondeur a lâché la balle ;
- après chaque rebond, tirer la balle vers soi avec une accélération mais sans la descendre plus bas que son menton ou son épaule.

Notes :

Rebond défensif

Situation

Objectif : améliorer l'enchaînement aider-reprendre + verrouillage du rebond + rebond ou contre-attaque

Consignes

• Mise en place

Travail sur tout terrain. 3 colonnes sur la ligne médiane dont celle du milieu avec ballon. 1 passeur P sur la prolongation des L.F. à droite.

• Déroulement

1 fait la passe à 2 qui se trouve du côté de P. 2 fait un lay-up et remonte à l'opposé comme attaquant ; 3 va au rebond, fait la passe sur P et va défendre sur l'ailier shooteur ; 1 se décale pour défendre sur P. P pénètre par le couloir central afin de provoquer l'aide de l'autre défenseur ; il fait la passe à 2 qui tire au panier. Le déf. qui a aidé, reprend et verrouille le rebond, tout comme 1. Le défenseur côté rebond récupère la balle, fait une passe de dégagement de son côté. L'autre défenseur court pour recevoir et tirer au panier.

• Rotation/Continuité

Reb. ➧ P ; les autres au milieu.

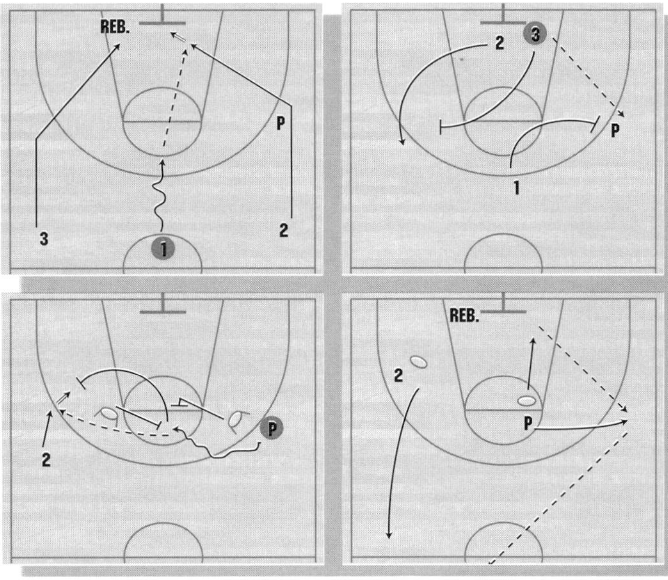

Matériel : 1 ballon pour 4 joueurs.

Concept :

Référentiel :

☛ Le défenseur du non-porteur doit maintenir la contestation de passe tout en étant en aide ;
☛ lorsque son vis-à-vis a du mal a contenir la pénétration du porteur, il éxécute l'aide (si le défenseur se suffit à lui même pas d'aide) ;
☛ après l'aide, la reprise de son joueur passe par un transfert du poids du corps au niveau des appuis pour repartir dans l'autre sens (ne pas tourner en cercle) ;
☛maîtriser la course de déplacement et équilibre pour exécuter le verrouillage du reb. défensif.

Notes :

Sortie de balle

Objectif : perfectionner la technique de passe de dégagement avec opposition

Situation

Consignes

• Mise en place

Travail sur 1/2 terrain. 1 rebondeur, 1 shooteur, 1 joueur ligne de fond et 1 réceptionneur de passe.

• Déroulement

Le shooteur situé au niveau des L.F. fait un tir au panier puis va au rebond. D qui défend sur lui, conteste son déplacement et verrouille le rebond. Lorsque D récupère le rebond, le joueur qui se trouve derrière la planche, rentre et gêne la sortie de balle avec le shooteur.

• Rotation/Continuité

Shooteur devient rebondeur, ce dernier remplace le joueur derrière la planche et celui-ci prend la place du shooteur.

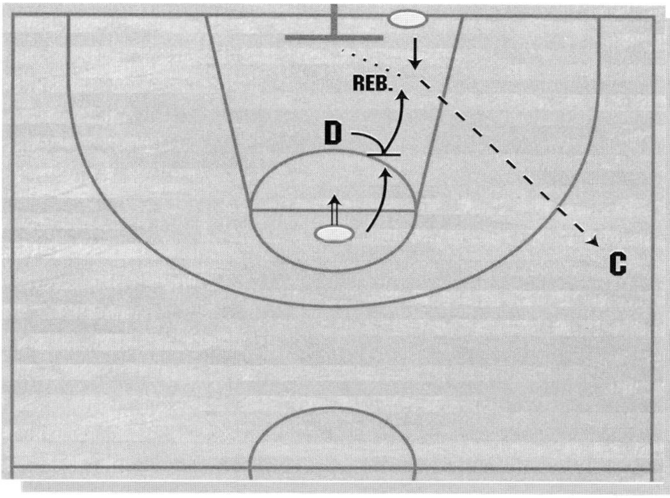

Matériel : 1 ballon par groupe de travail.

Concept :

Référentiel :

- Le rebondeur tire la balle vers lui (accélération) ;
- le rebondeur protège la balle avec ses coudes ;
- le rebondeur ne redescend pas la balle plus bas que ses épaules ;
- il réalise un pivot extérieur pour se dégager de la pression défensive ;
- il choisit la meilleure technique de passe selon l'opposition (passe au dessus de la tête, passe en sautant,...).

Notes :

Démarquage simple

Situation

Objectif : **mettre en valeur les actions défensives**

Consignes

• Mise en place

Travail sur tout terrain. 5 attaquants avec 1 ballon jouent contre 5 défenseurs.

• Déroulement

Nous jouons 5c5 avec un règlement particulier qui permet aux défenseurs d'accroître leur score sans attaquer :
- chaque interception suivie d'une récupération de balle + 2 pts ;
- chaque interception sans récupération de balle + 1 pt ;
- chaque violation des attaquants donne + 1 pt ;

L'équipe qui a additionné (points offensifs et défensifs) le plus de points au bout de 3 minutes remporte la série.
La 1ère équipe à 3 séries gagnantes remporte la victoire (récompense).

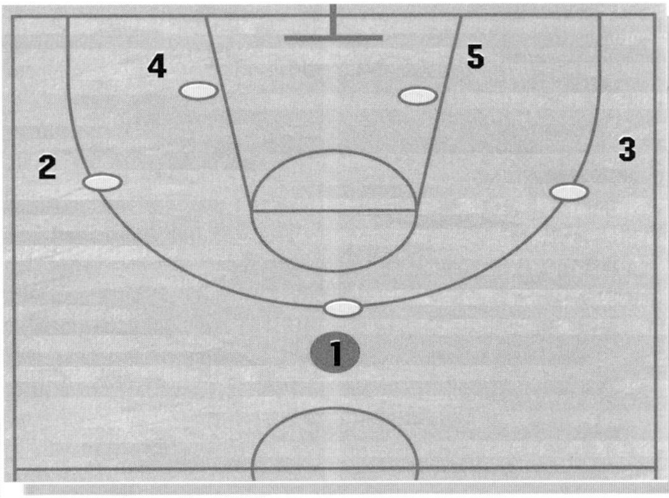

Matériel : **1 ballon par groupe de travail.**

Concept :

Référentiel :

- Les défenseurs prennent un maximum de risques ;
- agressivité sur le porteur ;
- vélocité dans les interceptions de passe ;
- anticipation dans les rotations défensives ;
- créer de l'incertitude (feintes défensives) ;
- verrouillage du rebond.

Notes :

Lexique

« **Adversaire** » : joueur ou équipe opposée.

« **Aide** » : la pression défensive exercée sur un joueur qui se trouve loin du ballon est peu intense afin de permettre au défenseur d'être disponible pour collaborer avec un coéquipier en difficulté.

« **Aider-reprendre** » : se dit du défenseur qui apporte du soutien à un coéquipier, puis reprend en charge l'adversaire dont il avait la charge initialement.

« **Aile** » : les couloirs latéraux en zone d'attaque. Par extension, le joueur qui évolue dans cet espace de jeu.

« **Ailier** » : les joueurs qui évoluent dans les couloirs latéraux. Suivis des adjectifs « haut » ou « bas », ils donnent les coordonnées exactes de leur placement.

« **Arrêt** » : geste moteur qui permet au joueur de s'arrêter. L'arrêt peut se faire avec les deux pieds en même temps « arrêt simultané », ou un pied après l'autre « arrêt alternatif ».

« **Arrière** » : le joueur chargé d'aider le meneur de jeu. Par définition, il joue un rôle protecteur par son placement sur le terrain et ses qualités physiques.

« **Back-door** » : mouvement de démarquage vers l'extérieur pour recevoir une passe intérieure après un changement de direction.

« **Basketball** » : sport d'équipe qui consiste à lancer un ballon dans un panier.

« **Block** » : obstacle formé par un joueur dans le but d'empêcher ou de retarder la progression d'un joueur adverse.

« **Bonne main** » : la main droite pour un droitier et la main gauche pour un gaucher.

« **Bras roulé** » : terme technique qui désigne un mouvement de tir qui rappelle la forme d'un crochet.

« **Cadrer (se)** » : action de pivoter qui permet au joueur de s'orienter face à une cible (joueur, panier).

« **Cercle** » : support métallique par lequel le ballon doit pénétrer pour comptabiliser des points.

« **Cercle central** » : zone réservée pour effectuer les entre-deux.

« **Changement défensif** » : lorsque deux joueurs s'échangent leurs vis-à-vis.

« **Changement de direction** » : action qui permet aux joueurs de modifier leur sens de déplacement.

« **Changement de rythme** » : action qui permet aux joueurs de passer d'un déplacement lent à un déplacement rapide ou vice-versa.

« **Chasser** » : déplacement d'un ou plusieurs joueurs vers l'opposé d'où se trouve le ballon pour libérer des espaces.

« **Cible** » : point d'arrivée ou repère d'un tir ou d'une passe.

« **Claquette** » : contrôle momentané du ballon pendant la trajectoire aérienne du saut qui consiste à le renvoyer vers le panier.

« **Contester la passe** » : placement qui permet au défenseur de s'interposer à une passe entre son vis-à-vis et le porteur du ballon.

« **Contester le déplacement** » : déplacement du défenseur pour retarder ou dévier le déplacement d'un attaquant sans ballon.

« **Contre-attaque** » : transition d'une situation de défense à une autre d'attaque, recherchant une possession rapide et le surnombre offensif.

« **Contrer** » : interception ou déviation du ballon sur un tir des adversaires. Action très spectaculaire.

« **Contre** » : résultat de l'action de contrer. Terme technique.

« **Côté fort** » : partie ou zone du terrain où se trouvent le ballon et les joueurs en interaction.

« **Côté opposé** » : partie ou zone du terrain éloignée du ballon et où les joueurs qui s'y trouvent n'ont pas de rapport direct avec le jeu.

« **Couloirs** » : espaces longilignes dans lesquels les joueurs évoluent et transitent. Il y a le « couloir central », les « couloirs latéraux » et les « couloirs des suiveurs ».

« **Couloir des lancers francs** » : espace délimité par la zone restrictive dans l'intention de recevoir une passe.

« **Couper** » : action par laquelle un joueur attaquant traverse la zone restrictive dans l'intention de recevoir une passe.

« **Crochet** » : terme technique qui désigne une mécanique de tir qui rappelle le « bras roulé » mais dont la phase d'impulsion est beaucoup plus brève.

« **Démarquer (se)** » : action de se libérer, par ses propres moyens ou avec l'aide de partenaires, de la surveillance d'un adversaire.

« **Départs** » : action qu'entreprend un attaquant avec ou sans ballon afin d'initier un déplacement. La norme différencie deux types de départs : le « départ direct », le pied de progression correspond à la main du ballon ; le « départ croisé », le pied de progression ne correspond pas à la main du ballon.

« **Double pas** » : tir en course qui exige deux foulées après la réception de la balle ou l'arrêt du dribble pour aller tirer au panier.

« **Dribbler** » : action de faire rebondir le ballon par terre afin de permettre au joueur qui en a la possession de se déplacer en toute légalité. Le rebond du ballon par terre se dit « dribble ».

« **Dribble de protection** » : la hauteur du rebond est peu importante et ne permet pas une progression rapide du dribbleur. En revanche, ce dribble donne une grande sécurité et une grande protection.

« **Dribble de renversement** » : action du dribbleur qui lui permet de faire un changement de direction en pivotant sur l'un des appuis.

« **Dribble de progression** » : la hauteur du rebond est assez importante et le déplacement plus rapide car le porteur ne rencontre aucune opposition.

« **Écran** » : action de retarder la progression d'un joueur adverse mais, sans que le joueur-obstacle se déplace. L'usage tend à préférer le terme français « écran » et à délaisser le terme anglais block. Même s'il s'agit de deux actions quelque peu différentes, tous les nouveaux concepts se composent du signe « écran ».

« **Écran aveugle** » : écran dans le dos du défenseur et donc très difficile d'anticiper.

« **Écran de retard** » : action de pivoter et de laisser derrière soi l'adversaire lors d'un tir au panier. On utilise aussi « verrouiller » ou « verrouillage ».

« **Écran direct** » : écran sur le défenseur du porteur du ballon.

« **Écran et rouler** » : écran direct suivi d'un pivot pour se remettre face au panier.

« **Écran indirect** » ou « inverse » : écran sur le défenseur d'un non-porteur.

« **Écrans successifs** » : un premier écran suivi immédiatement d'un deuxième (les écrans ne sont pas simultanés).

« **Effacer** (l') »: renversement simple qui permet de s'écarter de l'adversaire ou de la ligne des trois points.

« **Engager** (l') »: pivot simple qui permet de s'approcher de l'adversaire.

« **Enrouler** (l') »: renversement long et en arrière qui permet de passer l'adversaire lorsqu'il tente l'interception.

« **Feinte** » : manœuvre technique pour tromper l'adversaire.

« Filet » : tissu à larges mailles, suspendu aux anneaux qui freine momentanément le ballon lorsqu'il passe au travers.

« **Fixer** » : action d'un attaquant qui cherche à attirer sur lui un ou plusieurs défenseurs afin de libérer ses coéquipiers.

« **Fondamentaux** » : ensemble d'éléments techniques servant de base à la pratique du Basketball.

« **Fouetter du poignet** » : geste du poignet, semblable à celui d'un ressort, visant à accélérer le déplacement du ballon lors d'une passe et à lui donner un effet coupé lors d'un tir.

« **Glissement défensif** » : déplacement des appuis du défenseur qui rase le sol pour pouvoir agir ou réagir plus vite.

« **Intercepter** » : action du défenseur pour s'emparer du ballon qui a été envoyé à son vis-à-vis.

« **Intérieurs** » : les joueurs qui évoluent à proximité de la zone restrictive.

« **Jeu de jambes** » : déplacement des appuis semblable aux pas chassés mais dont l'amplitude du va-et-vient est moins importante.

« **Jeu direct** » : couloir qui relie le porteur du ballon au panier.

« **Jeu placé** » : exploitation de la possession du ballon à cinq contre cinq en zone avant.

« **Jeu rapide** » : exploitation de la possession du ballon dans les sept ou huit premières secondes.

« **Joueur extérieur** » : joueur qui évolue en dehors de la zone restrictive (ailiers, arrières, meneurs).

« **Lancer-franc** » : tir sans opposition accordé au joueur victime d'une faute pendant son action de tir ou après la huitième faute d'équipe.

« **Lay-up** » : désignation technique d'un tir en course caractérisé par l'emplacement à l'avant-plan des doigts et à l'arrière-plan de la paume de la main. Rappelle le port d'un plateau de serveur.

« **Ligne de fond** » : ligne qui délimite la longueur du terrain de jeu.

« **Ligne de touche** » : ligne qui délimite la largeur du terrain de jeu.

« **Ligne médiane** » : ligne qui sépare le terrain en deux parties égales : la « zone avant » et la « zone arrière ».

« **Lire le jeu** » : capacité à interpréter ou à prendre de l'information dans le but de choisir la meilleure réponse technico-tactique.

« **Meneur** » : joueur chargé d'organiser et de diriger le jeu de son équipe. On dit de lui qu'il est la prolongation de l'entraîneur sur le terrain.

« **Panier** » : cible circulaire par laquelle doit pénétrer le ballon. Elle comprend un anneau et un filet. Par extension, tir réussi.

« **Panier à trois points** » : tir réussi au delà des 6m25 et qui donne droit à trois points au lieu de deux.

« **Panneau** » ou « **planche** » : surface à laquelle est fixé le panier. Elle peut être en bois ou en plastique transparent. Elle peut, éventuellement, servir d'appui à un tir.

« **Pas de recul** » : pivot en arrière de l'un des deux appuis du défenseur.

« **Pas hésités** » : action de l'attaquant avec ballon qui piétine le sol de façon alternée (pied droit-pied gauche) afin de surprendre le défenseur avec un démarrage rapide.

« **Passage en force** » : faute d'un attaquant qui percute un défenseur légalement placé.

« **Passe à terre** » : passe qui fait rebondir le ballon au sol avant de parvenir à son destinataire.

« **Passe dans le dos** » : passe spectaculaire qui consiste à protéger le ballon avec le corps en exécutant un renversement du bras dans le dos.

« **Passe décisive** » : passe à un coéquipier qui l'amène à marquer directement le panier sans opposition.

« **Passe et va** » : jeu à deux où le passeur coupe vers le panier en espérant recevoir une passe de retour.

« **Passe de base-ball** » : passe à une main qui commence la phase d'impulsion à côté de la tête et qui fait penser au lancer de base-ball.

« **Passe main à main** » : passe dont la trajectoire aérienne (sans contrôle) est nulle ou presque.

« **Passe lobée** » ou « **sautée** » : passe avec une trajectoire aérienne importante en forme de courbe. Le rapport distance entre les deux intervenants et la distance parcourue montre qu'elle est lente et dangereuse (peu de contrôle).

« **Pénétration** » : action de rentrer en dribble dans la zone restrictive adverse alors que la défense est placée.

« **Piège à deux** » ou « **trap** » : action défensive qui cherche à enfermer entre deux défenseurs le porteur du ballon. On se sert des lignes de touche et de la ligne médiane pour que l'attaquant ne puisse pas échapper.

« **Pivot** (le) » : généralement, le joueur le plus grand de l'équipe. Il joue à l'intérieur et sa principale tâche consiste à récupérer des rebonds.

« **Pivoter** » : mouvement technique qui permet au joueur de s'orienter dans différentes directions en utilisant un pied comme axe de rotation.

« **Pointer un tir** » : placement défensif qui permet de revenir en arrière rapidement tout en ayant une surveillance étroite du joueur avec ballon.

« **Porteur de balle** » : le joueur qui a la possession du ballon.

« **Poste** » : historiquement, le joueur intérieur qui joue en haut de la zone restrictive. Actuellement, ce substantif désigne plutôt un emplacement géographique à proximité du panier; on distingue :

*le « poste bas »

*le « poste moyen »

*le « poste haut »

« **Prise de balle** » : façon d'attraper et de tenir le ballon caractéristique du basketteur.

« **Rebond** » : ballon renvoyé par le cercle ou la planche lors d'un tir non réussi. Le ballon reste momentanément en phase aérienne et sans contrôle.

« **Rebondeur** » : le joueur qui a pris le rebond.

« **Relais** » : joueur attaquant qui servira de récepteur intermédiaire lorsque le récepteur logique ne sera pas démarqué.

« **Renversement** » : geste technique qui consiste à changer de direction en pivotant vers l'arrière sur son pied avancé ou action de faire passer le ballon d'un côté du terrain à l'autre soit par une passe haute soit par des passes intermédiaires très fluides et rapides.

« **Rideau** (premier, deuxième etc.) » : placement des joueurs défensifs répartis en plusieurs alignements.

« **Saison** » : substantif désignant la période de championnat. Elle est d'un an et s'étale de Juin à Juin.

« **Surnombre** » : en contre-attaque se dit lorsque le nombre d'attaquants est supérieur au nombre de défenseurs ; en jeu placé et contre une défense de zone se dit lorsque l'on trouve plus d'attaquants que de défenseurs dans l'un des côtés du terrain.

« **Temps d'exécution** » : l'intervalle entre l'initiation d'un mouvement et sa complétion.

« **Temps de réaction** » : l'intervalle entre la présentation d'un stimulus inattendu et le début de la réponse.

« **Terrain de jeu** » : salle où se déroulent les entraînements et les rencontres de Basketball.

« **Tiping** » : terme technique qui consiste à taper des pieds contre le sol en ayant les jambes écartées au niveau des épaules.

« **Tir à trois points** » : tir au delà de la ligne des 6m25.

« **Tir croisé** » : double pas qui se termine par un tir dos au panier.

« **Tir en course** » : double pas avec un tir face à la cible.

« **Tir en suspension** » : tir à l'arrêt où le ballon quitte les mains du joueur lorsque celui-ci a atteint le sommet de son saut.

« **Transition** » : phase de jeu durant laquelle on passe de la défense à l'attaque. La transition de l'attaque à la défense est dite « repli défensif ».

« **Vision périphérique** » : champ visuel plus ou moins important chez chaque joueur. Il permet de contrôler ce qui se passe à droite et à gauche de l'individu alors qu'il centre son regard sur une cible.

« **Zone réservée** » ou « **zone restrictive** » : partie de terrain proche au panier et dans laquelle les attaquants n'ont pas le droit d'y rester plus de trois secondes consécutives.

Bibliographie

ASIN Gerardo ; Mini-Basket :
Barcelona ; editorial Sintes ; 1 982 ; 124 p.

Asociación Española de Entrenadores de Baloncesto :
Primer Clínic de Base ;
Bilbao ; edita A.E.E.B ; 1 989 ; 70 p.

Asociación Española de Entrenadores de Baloncesto :
Segundo Clínic de Base ;
Alicante ; edita A.E.E.B ; 1 989 ; 20 p.

Asociación Española de Entrenadores de Baloncesto :
Clínic Final Four ;
Madrid ; edita A.E.E.B ; 1 990 ; 140 p.

Asociación Española de Entrenadores de Baloncesto :
Clínic Costa Brava ;
Madrid ; edita A.E.E.B ; 1 992 ; 123 p.

Asociación Española de preparadores y Entrenadores de Baloncesto :
Clínic del Descubrimiento ;
Madrid ; ediciones Gemisa ; 1 986 ; 149 p.

Asociación Española de preparadores y Entrenadores de Baloncesto :
Seminario de preparacion fisica en el baloncesto ;
Madrid ; edita A.E.E.B. ; 1 990 ; 128 p.

BAYER Claude ;
La enseñanza de los juegos deportivos colectivos :
Barcelona ; editorial Hispano europea S. A ; 1 986 ; 236 p.

BEARD Butch :
El jugador completo de Baloncesto ;
Barcelona ; editorial Hispano europea ; 1 988 ; 204 p.

BONHOMME Michel et HOSTAL Pilippe :
Premiers pas vers le Basket
Paris ; éditions Amphora ; 1 985 ; 175 p.

BONNET J.P.:
Vers une pédagogie de l'acte moteur:
Paris; éditions Vigot; 1988; 165p.

BOSC Gérard:
Le Basket, jeu et sport simple;
Paris; éditions Vigot; 1982; 109 p.

BOSC Gérard et GROSGEORGE Bernard:
L'entraîneur de Basketball;
Paris; éditions Vigot; 1978; 254 p.

BOSC Gérard et POULAIN Thierry:
Des clefs pour le Basket;
Paris; éditions Vigot; 1990; 185 p.

CLOSAS Sara:
Pelota al cesto, técnica y metodología;
Buenos Aires; ediciones Stadium; 1983; 262 p.

CREVECOEUR Guy, LECHIEN Marcel et REDOUTE Pierre:
Basketball, mieux s'entraîner; Tome I;
Paris; éditions Amphora; 1989; 184 p.

CREVECOEUR Guy, LECHIEN Marcel et REDOUTE Pierre:
Basketball, exercices; tome 2;
Paris; éditions Amphora; 1990; 167 p.

DAIUTO Moacyr:
Basquete, metodologia do ensino; 6e édition;
Brésil; 1991; 281 p.

DEAN E. S.:
El Baloncesto, técnica y estrategia;
Barcelona; ediciones Hispano europea; 1984; 340 p.

DEL FREO Alessandro:
500 ejercicios para un Basket veloz;
Madrid; edita A.E.E.B; 1991; 255 p.

DEL RIO Jose Antonio:
Metodología del Baloncesto;
Barcelona; editorial Paidotribo; 1990; 270 p.

DE VINCENZI Jean-Pierre:
Fiches techniques de Basketball;
Paris; éditions Vigot; 1994; 195 p.

Federación Española de Baloncesto:
1° aula europea de Baloncesto;
Madrid; 1986; 106 p.

Federación Española de Baloncesto :
Clínic de Perugia;
Madrid; 1986; 185 p.

Federación Española de Baloncesto:
Clínics MundoBasket España 86;
Madrid; 1987; 491 p.

FONT Fernando:
Baloncesto auténtico;
Madrid; edita Comité Olimpico Español; 1963; 198 p.

FORQUET Jofre:
Cómo se hace un jugador de Baloncesto;
Barcelona; editorial Sintes S. A; 1978; 288 p.

GAROS Alain & GOUYGOU Dominique:
Des outils pédagogiques pour programmer, concevoir et conduire vos séances; document non publié.

GIORDANI Marco:
Curso de Baloncesto;
Barcelona; ediciones De Vecchi; 1991; 140 p.

GLADMAN George:
Baloncesto;
España; editorial Sintes S. A; 1979; 222 p.

GOMELSKI Alexander:
Baloncesto, la dirección del equipo;
Barcelona; editorial Hispano europea; 1990; 164 p.

GONZALEZ J.L.:
Psicologia y deporte;
Madrid; editorial Biblioteca nueva; 1992; 269 p.

HERNANDEZ MORENO José:
Baloncesto, iniciación y entrenamiento;
Barcelona; ediciones Paidotribo; 1989; 288 p.

IMBRODA Javier et BROWN Hubie:
Ejercicios de fundamentos en situaciones reales de juego; Madrid; edita A.E.E.B; 1991; 149 p.

INSEP :
Mémento de l'Educateur Sportif deuxième degré ; Paris ; INSEP publications ; 1 993 ; 587 p.

KIRKOV Dragomir :
Entrenamiento del basquetbolista ;
Buenos Aires ; editorial Stadium ; 1 984 ; 272 p.

KIRKOV Dragomir :
Basketbol ;
República Argentina ; editorial Stadium ; 1 990 ; 164 p.

LENDON (Mc) John Jr. :
Fastbreak Basketball, fundamentals and fine points ;
Etats-Unis, Parker Publishing Company ; 1 965 ; Xvp. et 205 p.

LOPEZ Robert :
L'action pédagogique en EPS ; Dossier EPS n° 12 ;
Paris ; éditions Revue EPS ; s.d. ; 69 p.

MONDONI Maurizio :
Il Basket nella scuola americana ;
Roma ; 1 987 ; 219 p.

OLIVERA BETRAN Javier :
1 250 ejercicios y juegos en Baloncesto ; 3 volumenes ;
Barcelona ; editorial Paidotribo ; 1 992 ; 391 p. 390 p. y 392 p.

OSTRIC André :
La menace dans le Basketball, analyse des comportements d'intimidation offensifs dans le 1c1 ; Mémoire pour le diplôme de l'INSEP ; 1 988 ; 107p.

PETERSON Dan :
Basket essenziale ; Roma ; édite Giganti del Basket ; 1 988 ; 263 p.

PEYRO Rafael et SAMPEDRO Javier :
Pedagogía del Baloncesto ;
Valladolid ; editorial Miñon ; 1 986 ; 127 p.

PEYRO Rafael :
Manual para escuelas de Baloncesto ;
Madrid ; editorial Gymnos ; 1 991 ; 167 p.

PIERON Maurice :
Pédagogie des activités physiques et du sport ;
Paris ; éditions Revue EPS ; 1 992 ; 188p.

PINHOLSTER Garland:
Encyclopedia of Basketball drills;
Etat-Unis; Prentice Hall; 1958; XIIp. et 228 p.

PRIMO Giancarlo:
Baloncesto, el ataque;
Barcelona, editorial Martinez Roca; 1988; 190 p.

PRIMO Giancarlo:
Baloncesto, la defensa;
Barcelona; editorial Martinez Roca; 1988; 200 p.

SCHMIDT R.A.:
Apprentissage moteur et performance;
Paris; éditions Vigot; 1993; 339p.

THILL Edgar:
Motivation et stratégies de motivation en milieu sportif;
Paris, P.U.F; 1989; 226 p.

VALDES Tito:
Técnica del Baloncesto;
Barcelona; ediciones Sintes; 1990; 384 p.

VARY Peter:
1 000 exercices et jeux de Basketball;
Paris; éditions Vigot; 1990; 317 p.

WOODEN John:
Il Basket;
Bologne; éditions Zanichelli; 1985; VIIIp. et 360 p.

WISSEL Hal:
Basketball, steps to success;
éditions Human Kinétics; 1994; USA.

ZININ Alexander:
Los primeros pasos en el Baloncesto;
Moscou; editorial Raduga; 1982; 212p.

Les auteurs

Josep Martin
Francis Jordane

Après « Basket Performance » (chez le même éditeur), cet ouvrage est la consolidation d'une collaboration qui réunit deux entraîneurs complémentaires, de part leurs expériences, mais tous deux passionnés par l'enseignement d'un « même » Basketball.

En l'écrivant, les auteurs transmettent au lecteur le bilan d'un vécu riche d'expériences et d'enseignements, une méthodologie de travail et une batterie de situations pédagogiques. Outil de travail et point de départ pour une réflexion de l'approche didactique et pédagogique de l'entraînement, « Basket, 150 situations d'entraînement » doit permettre aux entraîneurs, de tous niveaux, de consolider leurs savoirs-faire.

Les auteurs restent persuadés que cet ouvrage saura trouver place qui est la sienne tant dans le quotidien des entraîneurs que dans celui des formateurs.

CODE DU SPORTIF

Tout sportif,
débutant ou champion
s'engage à :

1 - **Se conformer aux règles du jeu,**

2- Respecter les décisions de l'arbitre,

3 - Respecter adversaires et partenaires,

4 - **Refuser toute forme de violence et de tricherie,**

5 - Être maître de soi en toutes circonstances

6 - Être loyal dans le sport et dans la vie

7 - **Être exemplaire, généreux et tolérant**

AFSVFP

ASSOCIATION FRANÇAISE POUR UN SPORT SANS VIOLENCE ET POUR LE FAIR PLAY
1, avenue Pierre-de-Coubertin - 75640 PARIS cedex 13

Imprimé en France par CCIF à Saint-Germain-du-Puy (18390)
Dépôt légal : février 2005 - N° d'imprimeur : 05/76